회복적 생활교육

어떻게 실천할 것인가

IMPLEMENTING RESTORATIVE PRACTICES IN SCHOOLS

First published in 2013 by Jessica Kingsley Publishers Ltd
73 Collier Street, London, N1 9BE, UK
www.jkp.com

회복적 생활교육
어떻게 실천할 것인가

초판 1쇄 발행 2017년 11월 10일
초판 4쇄 발행 2022년 1월 17일

지은이 마거릿 소스본, 페타 블러드
옮긴이 권현미, 조일현 **감수** 박숙영

발행인 김병주
COO 이기택 **CMO** 임종훈 **뉴비즈팀** 백헌탁, 이문주, 김태선, 백설
행복한연수원 배희은, 박세원, 이보름, 반성현 **에듀니티교육연구소** 조지연 **경영지원** 박란희
편집부 이하영, 최진영 **디자인** 디자인붐

펴낸 곳 (주)에듀니티 **도서문의** 070-4342-6110
일원화 구입처 031-407-6368 (주)태양서적
등록 2009년 1월 6일 제300-2011-51호
주소 서울특별시 종로구 인사동5길 29 태화빌딩 9층
홈페이지 www.eduniety.net
페이스북 www.facebook.com/eduniety
인스타그램 www.instagram.com/eduniety/
www.instagram.com/eduniety_books/
포스트 post.naver.com/eduniety
편집부 이메일 book@eduniety.net

문의하기

투고안내

ISBN 979-11-85992-69-3 (13370)

Implementing Restorative Practices in Schools

회복적 생활교육

어떻게 실천할 것인가

마거릿 소스본 · 페타 블러드 지음
권현미 · 조일현 옮김 | 박숙영 감수

에듀니티

2010년 이후 학교폭력에 대한 관심에 대한 대안으로 급속히 퍼진 회복적 생활교육 영역에 이 책은 학교 전체의 접근방식에 대한 통합적인 비전을 제공한다는 점에서 중요한 기여를 한다. 왜냐하면, 이제 국내 학교 현장에서도 학급 적용을 넘어 학교 전반의 회복적 실천에 대한 안정적인 문화와 시스템 구축 방법에 대한 현장 교사들의 목마른 요청이 늘고 있기 때문이다. 이를 위해 이 책의 제안에 따라 토대를 구축하기, 변화 과정을 형성하기 그리고 단계별 적용하기에 대한 통합적인 제안을 학교가 받아들인다면 큰 변화가 일어날 것이다. 학생들은 행복하고 교사의 수업과 지도는 수월해질 것이 틀림없다.

_박성용 (비폭력평화물결 대표, 경기도교육청 및 서울시교육청 회복적 생활교육 매뉴얼 공동저자)

나에게 회복적 정의라는 단어는 아직도 가슴을 뜨겁게 뛰게 하는 말이다. 그래서 회복적 정의를 실천하고자 하는 개인, 학교, 기관, 자료를 만날 때 너무나도 기쁘고 흥분된다. 그런 점에서 이제 막 걸음마를 떼기 시작한 한국의 회복적 생활교육 실천에 이 책은 보배로운 자원이고 선물이다. 회복적 생활교육에 있어 '어떻게'가 아닌 '왜'라는 이유를 이해하고 교육의 방향을 새롭게 제시하는 것만으로도 이 책은 훌륭한 자료이다. 많은 도전 앞에 위태롭게 서 있는 학교 현장에서 생활지도와 교육의 방향을 재설정하기 기대하는 교사라면 반드시 이 책을 읽어보아야 한다. 이 책을 통해 더 많은 학교가 회복적 학교로 변화되기를 기대하며….

_이재영 (한국평화교육훈련원 원장, 한국회복적정의협회 이사장)

학교의 시간을 생각해본다. 쌓이고 숙성되어 시간 속에서 내려 고여진 문화는 강고하다. 지금 이 순간, 한국사회에 난무하는 독단들이 양 극점을 넘나들고 넘치는 정보 속에 개인은 소외되고 있다. 학교폭력이라는 언설에 사회화를 위한 학교의 역할과 교육자적 소명이 치환되는 아이러니 속에서 신호등이 켜진 것은 하나의 희망이다.

이 책은 그동안 학교와 교사들에게 안내되는 수많은 자료집의 얕음과 가벼움을 깨고 근본은 인간과 인간의 만남을 통해서 부딪침을 통해서 부대끼며 손잡고 같이 함께 만들어 가야 한다는 사실을 다시금 일깨우고 있다. 의사를 전달하고 토론하고 판단하는 것을 통해 인간 상호 간의 결합력의 끈끈함이 시민성의 토대이며 교육의 출발임을 삶을 만들어가는 학교의 기본임을 성찰해주고 있다. 또한, 삶에서 부딪히는 갈등과 시련을 도약의 발판으로 삼아 더 높이 뛰어오르는 마음의 근력을 단련해주고, 생활교육에서 응보와 회복의 균형점에서 회의하는 학교 현장에 이론과 실제의 면을 깊이 있게 채워주고 있다. 오늘도 파천의 혼돈 속에서 어려움을 안고 고민하는 동료 교사, 학교에 적극 추천한다.

_안영길 (토월초등학교 교장, 前 경기도부천교육지원청 민주시민교육 담당 장학사, 부천소나기 기획자)

2013년 신흥중학교에 회복적 생활교육부가 열리고 부장을 맡아 작년까지 회복적 생활교육을 학교 현장에서 실천하였다. 처음에는 중학교 시스템으로 정착된 사례가 없어 모호함으로 혼란스러웠다. '좋은 교사' 연수로 일 년간의 '회복적 생활교육 실천가 과정'을 이수하고 캐나다 연수를 통해 브렌다 모리슨(Brenda Morrison)의 통합적 학교 접근법도 배우고 다양한 사례를 접하면서 회복적 생활교육 철학을 실천해 보려는 용기를 얻었다. 이 책은 다양한 사례를 통해 그리고 구체적이고 체계적인 방법으로 학교에서의 회복적 실천 방안을 제시하고 있다. 우선 저자는 '1부 통합적 학교 접근법'에서 교육학과 사회적 정서적 문해력(또는 사회 정서적 학습)과 회복적 실천을 연결하여 설명하였다. 여기서 사회 정서적 학습 공동연구가 밝힌 학습의 핵심능력은 제4차 산업혁명에서 강조하는 미래핵심 역량의 내용에 해당하는 것으로 사회 정서적 학습을 발달시키는 회복적 생활교육이 학교 교육과정의 필수 요소로 강조한다. 다음으로 '2부 변화 과정 관리하기'에서는 '로저스의 혁신 확산 모델'을 통해 학교에서 변화의 시작을 선택하는 다양한 교사 집단의 특성을 설명하고 실행과정에서 함께 일하기 위해 지원할 수 있는 방법을 모색하고 있다. 여기서 변화에 대해 저항하거나 반대하는 교사와의 협력 방안을 구체적으로 제시하여 회복적 실천을 실행하며 현장에서 관계로 고민하고 있는 교사들에게 실질적인 해법으로 작동하기를 기대한다. '3부 실행하기: 실행 안내서'에서는 회복적 실천을 위해 '변화를 사건이기보다는 과정'이라고 보는 코터의 8단계를 통해 실행을 돕고자 하였다. 여기서 단계별 가능한 과제를 분류하고 사례연구 자료 제시를 통한 직접적인 도움은 학교 현장에서 회복적 실천의 세부 실천 방안을 수립하고 실천하는 실행 팀에게 용기를 줄 것이다.

_안보경 (강화여자중학교 교사)

회복적 생활교육을 실천하는 교사는 누구나 자신의 변화와 학급 안에서의 실천만으로는 한계에 부딪히지 않을 수 없었다. 학교 문화와 동료 교사의 변화에 목마를 수밖에 없다. 2013년부터 차근차근 학교 문화를 바꾸고 동료 교사들의 실천을 이끌어 내고자 나름대로 고민하고 기다리고 전략을 짜 보기도 하면서 5년째 회복적 생활교육 실천학교를 일궈오고 있지만 온전한 변화를 이루기가 쉽지 않다. 이 책은 회복적 생활교육으로 학교 문화를 바꾸려는 교사들에게 무조건 기다리기보다는 변화 과정과 구성원과 리더십에 대해 이해를 하게 하고, 또한 구체적인 단계별 실행 안내는 각 학교 상황에 맞게 전략을 짜는 데 많은 도움을 준다. 회복적 생활교육이 소개되고 여기저기 실천이 일어나는 시기에 매우 적절한 안내서가 되기를 기대한다.

_박은지 (안양관악초등학교 교사)

감수의 글

한국에서의 회복적 생활교육의 전개

학교폭력의 방법적 대안으로써의 회복적 정의의 실천

한국에서 회복적 정의를 사법에서 적용하기 위한 프로젝트가 시작한 것은 2006년부터이다. 2006년부터 3년간 한국모델 개발연구가 단계별로 진행되었고, 2007년 서울경찰청에서 피-가해자 대화모임이 시작되었고, 2010년 5월부터 서울가정법원에서 화해권고위원회가 위촉되어 소년 사건에 대해 피-가해자 대화모임이 진행되었다. 2000년 오스트리아 빈에서 열린 제10차 UN 범죄 예방 및 범죄자 처우에 관한 회의에서 각 회원국에 회복적 정의 프로그램을 적극적으로 활용할 것을 권고한 이후 한국에서도 변화가 시작된 것이다.

사법에서 시작된 회복적 실천이 한국의 교육현장에 적용되기 시작한 것은 2011년이다. 2011년 좋은교사운동은 한국에서 처음 학교폭력 해결을 위한 대안으로 회복적 생활교육을 소개했다. 당시 학교폭력이 심각해지고 있었지만, 학교의 대처는 매우 미흡할 뿐 아니라 부적절하기까지 했다. 학교폭력에 대한 대처는 크게 두 가지 방식으로 나타났는데, 하나는 처벌을 강조하는 엄벌주의적 접근이고, 또 다른 방식은 처벌보다는 학생이 자신의 잘못을 스스로 깨닫도록 기다려야 한다는 온정주의적 접근이었다. 하지만 두 접근 모두 학교폭력 문제를 해결하는 데 도움이 되지 않았다. 처벌 중심의 엄벌주의는 가해 학생의 처벌에만 집중되었고, 피해 학생의 피해와 고통은 소외되었다. 온정주의적 접근은 가해 학생의 행동에 미온적 대처로 폭력의 은폐를 낳게 했다. 엄벌주의도 온정주의도 학교폭력문제 해결에 실효성 있는 대응이 되지 못했다. 그런 가운데 학교와 교사는 학교폭력에 대해 무능하고 무기력하다는 사회적 비난을 면할 수 없었고, 실제로 현장의 교사들은 학교폭력에 어떻게 대처해야 할지 길을 잃는 상태였다.

이런 가운데 '어떻게 학교폭력에 교육적으로 대처할 수 있는가?'라는 질문과 함께 회복적 정의의 실천이 하나의 대안으로 떠오르기 시작했고, 한국에서의 회복적 생활교육의 출발이 되었다.

훈육의 새로운 패러다임, 회복적 생활교육

현 사법 시스템과 마찬가지로 학교 안에서의 훈육은 '잘못하면 벌을 받는다'라는 응보적 관점에 기반을 두어왔다. 이러한 응보적 훈육은 권위주의적 질서와 통제에 의해 유지되었는데, 교실 현장의 현실은 점차 권위에 대해 저항하는 분위기로 변화되어 가고 있었다. 아이들은 더 이상 교사의 지시에 무조건 순종하기를 거부했고, "왜요?"라고 질문하기 시작했다. 기존처럼 학생들을 억지로 누르고 통제하는 훈육 방식은 더 이상 먹히지 않게 되었다.

이러한 흐름 속에서 학교는 과거의 권위에 의존한 훈육 방식에서 탈피하고, 민주적인 생활지도 방식으로 변화되고 혁신되어야 한다는 필요에 직면하게 되었다. 초기 학교폭력의 방법적 대안으로 제시되었던 회복적 정의 실천은 훈육에 대한 새로운 철학과 성찰을 둔 회복적 생활교육으로 확장되어 갔다.

회복적 생활교육이란 회복적 정의의 교육적 접근이며, 통제 중심이 아닌 존중과 자발적 책임, 협력을 이끌어내는 것을 목적으로 한다. 또한 회복적 생활교육은 구성원 간의 관계성 강화를 통해 평화로운 공동체를 세우는 과정이다. 회복적 생활교육의 인간에 대한 기본 이해는 인간은 존엄하고 상호의존적 관계로 연결되어 있으며, 내면의 지혜를 가진 존재라는 인식을 전제한다.

회복적 생활교육은 훈육에 대한 새로운 패러다임인 만큼, 기존의 교사 역할에 변화를 요구한다. 회복적 생활교육을 실천하는 교사의 역할은 다음과 같다.

1. '어떻게 하면 교사의 말을 잘 따르게 할 것인가?'가 아니라 '학생들의 필요는 무엇인가?'를 질문한다.
2. 학생을 변화시키려 하기보다는 변화를 위한 배움의 공간을 창조한다.
3. 정해진 답을 전달하는 것이 아니라 학생들에게 질문하고 대화한다.

4. 힘을 독점하기보다 힘을 공유하며 협력의 리더십을 이끌어낸다.
5. 갈등을 평화적으로 조정하여 배움과 성장의 기회로 삼는다.

이처럼 회복적 생활교육은 훈육에 대한 새로운 교육 철학이다.

회복적 생활교육의 확산

2011년 회복적 생활교육을 제안한 이후 학교 현장의 실험은 2012년에 좋은교사운동과 경기도 덕양중학교가 협력하는 가운데 진행되었다. 그 이후 회복적 생활교육은 빠르게 확산되어 갔다. 2014년 경기도 교육청에서 정책으로 추진하기 시작했고, 2015년부터는 서울시 교육청과 대구교육연수원에서 회복적 생활교육을 교사연수로 꾸준히 진행하고 있다. 그뿐만 아니라 교사임용시험에서도 회복적 생활교육을 다루기 시작했다. 강원도 교육청은 2017년부터 본격적으로 회복적 생활교육을 '관계중심 생활교육'이라는 이름으로 정책을 추진하고 있다. 그 외에도 전북, 전남, 경북, 경남, 제주 등 교사연수로 회복적 생활교육이 주요하게 다루어지고 있다. 2011년 회복적 생활교육의 첫 제안을 시작으로 지금까지 전국적으로 빠르게 확산되고 있다. 이러한 변화는 학생을 지도하는 훈육의 변화 필요성뿐 아니라, 교육 전반에 대한 재정립과 혁신의 필요성과 맞물려 있다.

미래사회는 지금보다 복잡성이 더하고 불확실성이 더욱 높아질 것이다. 이에 따라 다양한 미래를 창조해야 하는 교육적 과제가 있는데,

학교는 여전히 입시 중심과 통제와 전체주의적 교육 형태에 머물러 있다. 미래사회를 대비하기 위한 기존의 교육 형태에서 벗어나서 새롭게 요구되는 역량을 키워낼 수 있도록 교육체제에 대한 총제적 변화에 직면해 있는 것이다.

이러한 시대적 요구에 따라 최근 학교마다 회복적 생활교육 구축에 관심을 보이고 있다. 하지만 한국은 아직 회복적 생활교육의 도입 초창기로 학교시스템 구축을 위한 자료가 충분히 준비되어 있지 못하다. 그런 가운데, 이 책이 번역 출판되게 되어 매우 반갑고 다행이다.

한국에서 학교시스템 구축의 필요성과 맞물려 번역되어 소개되는 이 책은 회복적 시스템 구축을 위한 단계적인 안내를 제공하며, 시스템 구축 과정에서 직면하게 될 어려움을 예측하고 대비할 수 있도록 해준다. 특히 문화와 시스템의 변화 과정은 감정의 과정으로, 변화에 대한 저항을 다루기 위해 긍정적 감정을 만들고 교사 간의 연대감이 중요하다는 현실적 조언은 매우 도움이 된다.

학교혁신을 위해, 새로운 교육을 준비하기 위해 회복적 생활교육을 학교 안에 시스템으로 구축하기를 원하는 학교와 교사들에게 이 책을 적극 추천한다.

박숙영

회복적생활교육센터 대표

여러분의 건설적인 시행착오가
교육 공동체의 교육적 자양분이 되길 고대하며

교사의 길을 선택한 이들이라면 누구나 그랬듯이, 교직에 발을 내디딜 즈음 우리는 이런 꿈을 품었다. 요컨대, 아이들이 어려울 때 곁에 있어 주고 공부보다는 인성을 이야기해주는 선생님! 그렇게 아이들에게 존경받고 자부심을 느끼는 교사이길 원했다.

하지만 학교 현장의 모습은 우리의 기대와는 달랐다. 학생들과 이야기를 나눌 시간은 많지 않았고, 아이의 인성보다는 학업에 대해 더 많은 이야기를 하고 있는 우리 모습을 자각하게 되었다. 그래서 교과수업을 담당했던 교사의 길을 과감히 접고, 상담교사라는 새로운 길을 걷게 되었다. 더 나은 길이 될 것이라는 믿음으로….

그래서 우리는 상담을 통해 아이들의 마음의 소리를 듣고 그 고충을 덜어주는 일에 전념하였고, 더 나은 대안을 모색하기 위하여 아이들의 마음을 탐구하는 공부를 병행하였다. 우리의 노력으로 차츰 변화되는 아이들의 모습에 보람도 느끼고, 우리가 선택한 이 길에 대한 자부심도 커져만 갔다.

어느덧 우리가 상담교사의 길을 밟아온 지 십여 년이 흐르면서, 차츰 현실적인 한계에 봉착하게 되었다. 한 아이를 변화시키는 것만으로는 근본적인 문제를 해결할 수 없다는 벽에 부딪힌 것이다. 도움을 줄 수 없는 학생들에 대한 안타까움이 더해졌고 무력감이 깊어 갔다!

그렇다면 우리가 교사로서 할 수 있는 일은 무엇인가? 한계를 받아들일 수밖에 없는가?

선생님들은 점점 아이들 지도하는 것이 힘들다고 하는데 학생들도 힘들지는 않을까? 서로에 대한 갈등이 커져 가는 상황을 전환시킬 수는 없을까? 학교의 문화가 달라진다면 어떨까? 그것은 가능할까?

상담에 대해 공부하면서 생태학적 접근의 체계적 지원시스템에 대하여 들은 적이 있다. 이는 아이의 상담을 일방적인 관계에서 무언가를 제공하기보다 다각적인 방식으로 접근해야 아이에게 내재한 근본적 문제를 해결할 수 있다는 것이다. 예컨대, '한 아이를 키우려면 온 마을이 필요하다'는 아프리카 속담처럼 종합적인 안목으로 통찰해야만 교육이 잘 이루어진다는 생각이 들었다.

우리는 부천 소나기('소중한 나와 너의 기막힌 활동') 프로그램을 만나고 회복적 생활교육과 조우하게 되었다. 기존의 응보적 생활지도에서는 문제의 책임과 원인을 학생들에게 추궁하고, 그에 대해 체벌로 책임을 묻는 게 일반적이었다. 이런 상황에 봉착하면 많은 학생들은 체벌이 두렵고, 수치심을 느껴 선한 책임마저도 회피하려는 경향을 보인다. 여기서 우리는 '회복적 서클', '또래 조정'을 통해 주로 아이들 사이에서 생기는 문제에 아이들이 주체성을 갖고, 또래와의 관계 속에서 책임감 있게 해결해가는 과정을 지켜보았다. 이것은 기존의 응보적 생활지도의 과정에서 느낄 수 없는 새로운 '기적'이라고 생각될 정도였다. 기존의 한계를 극복해주는 회복적 생활교육을 통해 교사와 아이들이 함께 행복해지는 공동체에 한 걸음 더 다가가게 되었다.

그러면서 회복적 생활교육에 대해 더 많은 관심을 가지게 되어 더 알고 싶어졌다. 그리고 가능한 한 많은 이들에게 널리 알리고 싶어졌다! 하지만 불과 수년 전이지만, 당시 회복적 생활교육에 대한 국내 서적이나 논문은 고작 한두 편 정도가 전부였다.

그래서 자연스레 국내외 관련 서적을 찾아보고 필요하다고 판단되는 서적들을 폭넓게 찾고 탐독하는 과정이 이어졌다. 우리는 적절한 책을 선정하고자 회복적 생활교육을 현장에서 실천하고 계신 박숙영 선생님과 함께 석 달에 걸쳐 수시로 만남을 가졌다. 관련 서적들을 분석하고 토론하면서 회복적 생활교육의 이론적 토대를 잘 나타낼 수 있고, 한국적인 상황에 적용하는 데 도움이 될 수 있는 책으로 좁혀 나가게 되었다.

그 결과, 원서의 제목인 'Implementing Restorative Practices in Schools'에서 '회복적 생활교육 어떻게 실천할 것인가'라는 제목으로 독자 여러분 앞에 놓이게 된 것이다. 왜냐하면 본래 국외에서 '회복적 실천(Restorative Practice)'이라는 용어가 우리나라에 도입되면서 '회복적 생활교육'이라고 사용되어 보편적으로 알려져 독자 여러분께는 생소하지만, '회복적 실천'을 '회복적 생활교육'과 동일한 개념으로 기술하였다.

우리는 본서가 교육 현장에 계신 분들께 회복적 생활교육의 본질을 이해하고, 현장의 다양한 문제들을 회복적으로 해결하고자 할 때 가늠해 볼 수 있는 이론적 토대의 디딤돌이 되길 바란다. 이는 학교에서 교사, 아이들 간의 상황별 갈등 국면을 전환해주는 역할로써 회복적 생활교육이, 우리와 아이들에게 도움이 되길 바라는 간절한 마음에서 비롯되었음을 거듭 말씀드리는 바이다.

탈고를 하고 나서, 지난 여정과 글을 곱씹어 볼수록, 이론적 체계의 구축 노력에도 불구하고 더러 아쉬움이 남는다. 이는 회복적 생활교육에 입문하거나, 혹은 이미 알고 있어 본서를 선택한 독자 여러분의 깊은 관심과 비판, 주어진 상황에 맞는 각자의 실천만이 우리에게 후속적인 연구가 진행되는 원동력이 되리라 생각하며 역자의 소견을 마치고자 한다.

권현미, 조일현

차례

감수의 글 7
옮긴이의 글 12

머리말 18
감사의 말 21
들어가며 23

1부 • 통합적 학교 접근법

1장 회복적 실천이란 무엇인가 31
변하고 있는 학교 패러다임 34 | 처벌의 문제 38 | 학교에서 회복적 실천의 역사 42

2장 학교에서의 회복적 실천 47
사회적 자본 구축하기 47 | 회복적 실천·연속체 54 | 통합적 학교 접근법 61 | 교육학과 사회 정서적 문해력과 회복적 실천 간의 연결 65

3장 회복적 학교: 목표를 확립하고 행동하라 81
문화 변화: 패러다임의 전환 81 | 회복적 학교 83

2부 • 변화 과정 관리하기

4장 변화 과정 이해하기 95
로저스의 혁신 확산 모델 98

5장 변화가 실패하는 이유 119
코터의 8가지 실수와 그 결과 123 | 지가미 외 연구진의 15가지 실수 126

6장 변화는 감정의 과정이다 133

감정의 단계 134 | 감정 연결의 청사진 138 | 사람들의 우려 사항 140 | 부정 144 | 저항 148

7장 효과적인 변화 과정의 요소 150

1단계와 2단계 변화 151 | 효과적인 변화의 요소 157 | 채택률 160

8장 리더십의 중요성 164

선도적 역할 하기 165 | 리더십 행동 166

3부 • 실행하기: 실행 안내서

9장 개요 177

7개의 서클 178 | 변화를 위한 8단계 183

10장 변화를 위한 준비하기 187

1단계: 변화를 위한 사례 만들기 188 | 2단계: 실행 팀 함께 구성하기 198 | 3단계: 미래를 위한 비전 창출하기 203

11장 관성을 극복하고 시작하기 217

4단계: 마음과 생각을 사로잡을 비전 전달하기 218 | 5단계: 장애물 제거 및 행동 강화하기 222 | 6단계: 단기간의 승리 창출하기 225

12장 변화를 실천하여 내재하기 227

7단계: 의지 지속하기 228 | 8단계: 이익 유지하기 231 | 결론 234

부록

1_8단계 계획표 239 | 2_변화 준비 상태 점검표 244 | 3_검사 도구 251 | 4_방과 후 남기기 표본 조사 259 | 5_전략 계획 템플릿 263 | 6_핵심 계획 영역 265

참고 문헌 274

우리 학교가 회복적 과정을 시작했을 때 이 책이 있었더라면 하는 아쉬움이 있었다. 그렇지만 마거릿과 페타를 우연히 만나게 되었고, 그들의 세계적인 관점은 어디서든 계속 접할 수 있었다. 우리가 회복적 실천에 우여곡절을 겪는 동안 이 책의 두 저자는 학교 안팎의 중요한 집단에서 회복적 실천을 실행하는 실천가, 혁신가, 연구가로 노력하고 있었다.

처음에 우리가 배우고 공유했던 회복적 실천들은 여러 가지가 결합된 것이었다. 그리고 회복적 실천은 다양한 환경과 어떤 학생들에게도 적용할 수 있었다.

- 초등학생과 중고등학생
- 특수교육 대상 학생
- 굉장히 심각한 해를 입히는 학생 또는 교칙을 위반한 학생

• 학교 안의 학생과 학교 밖의 학생

그러나 회복적 과정은 우리의 주의를 끌었던 학생들만큼이나 교사와 가족, 공동체 같은 성인들에게도 적용할 수 있는 방법이었다. 회복적 과정은 학교의 방침, 경영, 리더십에 대한 사항과 회복적 학교라는 목표에 초점이 있었다.

이 책은 회복적 과정을 실행하고 있는 모든 학교와 리더십 역할을 수행하거나 바라거나 유지하려는 모든 교사를 위한 안내서이다. 학교의 구성원으로 살아가고, 회복적 학교가 되는 데 필요한 것은 큰 변화, 즉 2단계 변화가 있어야 한다. 풍부한 증거와 경험을 바탕으로 조기 수용자에서 지각 수용자[1]에 이르는 교사들이 치열하고 솔직한 회복적 대화를 나눌 때, 비로소 그들은 반성하고 배우고 변화할 수 있다. 또한 회복적 대화는 그들이 회복적 학교가 되기 위해 합의한 목표에 도달하도록 할 것이다.

회복적 학교를 처음 접하는 학생, 교사, 교육청이 있겠지만, 그들은 회복적 학교가 되어야 한다는 새로운 사실을 계속해서 배우게 될 것이다. 이 책은 또한 학교의 학습 목표의 맥락에서 회복적 활동을 설명하고, 회복적 학교가 학생들이 학습에 성공하도록 잘 지원할 수 있는 학교라는 것을 데이터와 사례를 가지고 보여줄 것이다.

---

1 https://en.wikipedia.org/wiki/File:DiffusionOfInnovation.png. 미국 사회학자인 에버렛 로저스(Everett Rogers)가 『혁신의 확산(Diffusion of Innovation)』(1995)에서 처음 언급했다. 로저스는 신제품을 채택하는 순서에 따라 인간의 유형을 혁신자(innovator), 조기 수용자(early adopter), 전기 다수자(early majority), 후기 다수자(late majority), 지각 수용자(laggard), 5가지로 분류했다._옮긴이

이 책은 특정한 영역을 지원하는 회복적 학교 시스템으로 가는 모든 학교를 위한 안내서이다. 회복적 학교 시스템의 운영 규모는 다를지라도, 단위 학교에는 공유, 지원, 도전, 참여를 위한 추가적인 기회가 제공되면서 동일한 원칙과 실천이 적용될 것이다.

우리 학교의 회복적 과정 중 하나는 새로운 슬로건을 만드는 것이었다. 아직도 자랑스러운 것은 회복적 학교로 나아가면서 학교 전체가 노력하여 공동 학습, 협동 학습, 지속적인 학습, 무엇보다 회복적 학교의 중심이 되는 관계형 학습으로 압축한 '성공을 위해 함께 배우기'라는 슬로건을 만든 것이다.

마거릿과 페타가 수년간의 교육, 연구, 성찰, 리더십의 정수로 쓴 이 책은 매우 실천적이고 영감을 주는 책으로 학교에서 큰 호응을 얻을 것이고, 회복적 과정 중에 있는 모든 학교에 도움을 주리라 기대한다.

그레이엄 롭

영국 회복적실천위원회 의장, 전직 중학교 교장

감사의 말

이 책은 우리가 사랑하는 사람들이 차분하게 오랫동안 기다려준 덕분에 가능했다. 잔과 믹은 우리의 글을 읽고, 조언해주고, 수정해주고, 많은 차도 대접해주고, 며칠, 몇 주, 몇 달 동안 가족이 아닌 다른 무언가에 몰두해 있는 우리와 함께해주었다. 우리가 오랜 세월에 걸쳐 매력적이고 생명을 주는 회복적 실천 분야에서 최선을 다하도록 헌신하는 동안 그들이 한 희생은 말할 것도 없다. 우리 둘 다 마음속 깊이 감사를 드린다.

리더십 개발과 변화 관리 분야의 동료 자문가들께도 감사를 표한다. 특히 가까운 동료인 호주의 샤론 브로즈(Sharon Borrows)가 만든 동적 성장 모델(Growth Dynamics)이 회복적 실천의 두 가지 핵심 분야, 즉 회복적 실천에 리더십 개발과 변화 관리가 어떻게 연관되어 있는지 이해하는 데 큰 도움을 주었다. 그녀의 기여는 이 책의 2부와 3부에서 느낄 수 있을 것이다.

학교에서는 상대적으로 낯선 분야인 회복적 실천을 열정, 헌신, 혁신과 공동의 지혜로 매진하여 우리를 계속 놀라게 한 학교 담당자들의 중요한 업적에도 감사드린다. 초기에 우리는 지금 떠오르고 있는 가능성을 꿈조차 꿀 수 없었다. 회복적 실천을 지속해서 발전시키는 그들은 선구자로서, 우리는 이제 그들에게서 배우고 마땅히 그들의 학생이 되었다. 또한 우리는 연구자들 덕분에 회복적 실천으로 효과가 있는 것과 효과가 있는 이유에 대한 귀중한 자료를 제공받았다.

우리와 마찬가지로 자문가로 일하는 변화 담당자들과 정부 부서와 학교를 포함한 여러 기관에서 일하는 동료에게 경의와 감사를 표한다. 아울러 함께하면 변화를 가져오리라고 믿으면서 관계를 공유하고 협력해주신 점에도 감사를 드린다. 세상은 너무나 빨리 변하기 때문에 학생들이 다른 사람에게 책임이 있고, 친절하고, 배려하고, 동정심이 있고, 사려 깊고, 전념하여 가능한 한 최선의 모습으로 성장하기를 바란다면, 정말로 중요한 것을 기억해야 한다. 결국, 그것은 모두 관계에 관한 것이다.

들어가며

당신은 학교에서 관리하는 행동 방법에 회복적 철학을 도입하고 싶어서 그리고 학생들이 적절하게 행동하기를 원하기 때문에 이 책을 선택했을 것이다. 아니면 당신의 회복적 실천이 잠시 멈춰 있을 수도 있다. 또는 그저 자신이 회복적 실천을 잘하고 있는지 알고 싶어서일 수도 있다. 우리는 당신이 이보다 더 크게 생각하기를 바란다. 우리는 학교 공동체 전체가 교수학습에서 최상의 회복적 실천 추구에 전념하도록 하고, 이러한 통합적인 추구로 교실 내외의 관계의 질과 회복적 실천이 어떻게 중요하게 연관되는지 보여주고 싶다. 그리고 학생들이 잘못했을 때 필요한 것뿐 아니라 학교의 모든 관계가 바뀔 수 있는 방법을 생각하고자 한다.

우리가 쓴 내용은 모든 교사가 생각하고 행동하는 방식, 즉 학교의 문화를 바꾸는 대규모 변화를 생각하고 관리하는 방법에 관한 것이다. 우리는 당신이 공동의 노력으로 경주했음에도 불구하고 좋은 생각이 학교로부터 받아들여지지 않거나 인정받지 못한 실패로 인해 좌절감, 실망감, 쓰라린 경험이 있다는 것을 알고 있다. 그때만 하더라도 우리는 지금 알고 있는 변화에 대해 알지 못했다. 그러므로 당신이 학교에 대한 변화 전략 개발을 계획하기 전에 문화 변화에 대한 개념을 심층적으로 이해하도록 도울 것이다.

회복적 실천의 실행은 학교의 모든 구성원이 교실과 학교 공동체의 관계를 강화하고 회복하는 데 집중하도록 마음과 생각을 변화시키는 것이다. 아울러 문제 발생을 예방하는 방법을 먼저 알아야 하고, 회복적 실천을 확립하기 위해 해야 할 일과 회복적 실천을 지원하는 정책에 중점을 두어야 한다. 문제 상황이 지속될 때, 자녀와 학부모와 교사를 탓하기보다 우리가 해야 할 일에 관심을 두고 귀를 기울여야 한다. 그 문제는 상황과 관련된 학생, 학급, 교사 또는 학교가 아닌 우리의 문제이기 때문이다. 이때까지는 회복적 실천을 학교 공동체를 가르치고 이끌어가는 일상적인 일에 통합되어야 하는 중요한 것으로 보기보다는 주로 학생부 교사가 문제를 해결하는 간편한 도구로 보았을 것이다.

차이점은 회복적 실천을 어려움에 처한 학생에게 가끔 사용하는 해결 도구로 여기는 것과는 달리 '여기에서 우리가 일하는 방식'의 일부로 본다는 점이다. 효과적인 회복적 과정은 사람들이 자기 행동에 대해 생각하도록 돕는다. 그리고 행동을 잘했을 때, 그 행동이 다른 사람에게 미치는 영향을 다루게 한다. 우리는 일반적으로 행동에 영향을 주는 많은 문제를 회복적 과정 하나만으로 다룰 수 있다고는 기대하지 않는다. 지금까지 우리는 일부 교사와 관리자의 부족한 기술과 태도, 교사와 학생 및 학부모를 위한 부적절한 안내, 학생과 가족의 사회 경제적 환경과 그것이 행동에 미치는 영향이 더 큰 문제라고 보고 있다. 학교에 최신 연구와 우수 사례를 적용하는 배움의 문화가 없을 수도 있다. 최근 저녁 식사를 같이한 동료가 말하기를, 교육에서 효과가 있는 것과 없는 것에 대한 최신 연구와 최고의 실천을 추구하지 않는 전문가 집단 가운데 하나가 각 시도에서 교육을 담당하는 주요 관리자들이라고 했다. 많은 결정은 정치적이다. 그래서 다음 선거에서 표를 얻을 수 있느냐에 따라 결정되거나 '사회적 자본은 경제적 자본만큼 중요하지 않다'라는 지배적인 관점에서 결정이 내려진다. 환자에게 최적의 수술 결과를 제공하는 최신 기술을 사용하지 않는 외과 의사를 상상해보면 이해가 될 것이다. 최선의 실천을 채택하는 것이 왜 그렇게 오래 걸려야 하는가? 우리는 이 책이 당신이 앞으로 맞닥뜨리게 될 도전에 더 잘 대처하는 데 도움이 되길 바란다.

회복적 실천 방법은 포괄적이고 다면적이어야 한다. 회복적 실천이 성공하려면, 건강한 관계를 유지하는 것이 중요하다. 그렇지 않으면 '우리는 무엇을 회복하고 있는가?'라고 물어야 한다. 건강한 관계가 존재하지 않으면, 회복적 실천의 결과가 우리가 알고 있는 형태로 달성되지 않을 것이다. 즉 학생의 학업 성취도가 향상되거나 정학, 배제, 위탁, 방과 후 남기기의 비율이 낮아지는 결과는 나오지 않을 것이다.

변화의 과업이 성취되려면 관계와 사회 자본의 강화를 바탕으로 변화 과정을 계획하고 관리하는 데 엄청난 노력을 기울여야 한다. 문화 변화는 반드시 이뤄져야 한다. 주의를 기울이면 정책과 실천을 조율하고 필요한 구조와 과정을 바꾸는 일은 쉽다. 하지만 사람들을 동일한 페이지로 책을 펼치게 하고, 마음과 가치를 일치시키고, 학생들을 양육하고 행동을 바꾸는 가장 효과적인 방법에 대한 지배적인 믿음에 도전하는 일은 어렵다. 이것은 매우 감정적인 일이다. 교사들의 반응은 공개적이든 비공개적이든 열정과 흥분, 관망하는 태도, 회의적이고 노골적인 저항에 이르기까지 다양할 것이다. 이 부분은 뒤에 자세히 설명하겠다. 변화는 학교 공동체의 교사들과 시작해야 한다. 학교 공동체의 전문가로서 우리는 우리의 실천에 책임을 져야 하며, 간디(1913)의 말로 표현하면, 우리가 세상에서 보고 싶어 하는 변화이어야 한다(인도 정부 1999). 교사들이 회복적 언어를 사용하지 않고 회복적 행동을 하지 않으면서, 학생들에게 그렇게 하도록 기대할 수는 없을 것이다.

이 책의 제목은 학교에서 변화의 가능성이 있음을 분명하게 알려주기 위해 정했다. 회복적 실천에 관한 몇 가지 실행 안내가 들어 있는 교재가 많이 판매되고 있지만, 우리는 이 책의 2부와 3부에서 변화의 관점을 자세히 살펴볼 것이다.

이 책에 있는 것과 없는 것

이 책에 있는 것과 없는 것을 아는 것이 도움이 될 것이다. 먼저 없는 것부터 말하면, 학교나 교실에서 회복적 과정을 촉진하는 방법과 관계가 발전되고 사회 정서적 역량이 구축되는 서클이나 학급회의를 용이하게 하는 방법은 제공하지 않는다. 이러한 역량을 개발하기 위해 배울 수 있는 자료도 없다. 개개인의 교사와 회복적 대화를 나누는 방법과 회복적 실천 부서가 회의와 서클을 원활하게 운영하는 방법에 대한 안내도 없다. 이를 위한 책과 매뉴얼이 이미 많이 있어 책 뒷부분에 소개한 참고 문헌들을 추천하는 것으로 대신한다.

당신은 이 책에서 3개의 서로 다른 부분을 만날 것이다. 1부 '통합적 학교 접근법'은 회복적 실천을 시작하는 교사들을 위한 내용이다. 회복적 실천의 이론과 철학을 설명하고, 학교가 여러 가지 상황, 즉 심각한 문제나 작은 문제 또는 중간 정도의 상황을 해결하기 위하여 회복적 실천을 어떻게 적용했는지 설명할 것이다. 그리고 처벌 사안과 학습을 극대화하는 데 처벌이 필요한지를 논의할 것이다.

우리는 통합적 학교 접근법을 전반적으로 시행하기 위해 여러 단계의 실천을 탐구할 것이다. 그리고 먼저 이 작업을 위해 긍정적인 문화와 기반을 창출하는 데 필요한 예방적인 작업을 할 것이다. 또한 교사와 학생 간의 관계 및 학급의 학습 분위기에 대한 긍정적인 영향과 회복적 실천 사이의 몇 가지 중요한 연관성을 살펴볼 것이다. 그리고 사회 정서적 문제와 학습과의 연계성을 검토하고 회복적 실천이 교사와 학생 모두에게 중요한 삶의 기술을 개발하는 데 어떻게 도움이 되는지, 문제 해결을 위해 회복적 실천에 참여하는 것이 얼마나 중요한지 검토할 것이다. 1부의 마지막 부분은 진정한 회복적 학교가 어떻게 보이고, 들리고, 느껴지는지를 생각해보는 데 전념할 것이다.

2부 '변화 과정 관리하기'에서는 담당자가 아직도 학교의 대규모 변화 과정에서 관리자급이나 부장급에 있지 않거나 교육적 리더십을 더 많이 연구하지 않는다면, 조직 변화와 그에 따른 복잡한 사안을 이해할 수 없을 거라는 내용이 포함된다. 교사들이 회복적 실천에 대한 열정을 공유하지 않을 수 있는 이유와 그들의 불안과 냉소, 저항을 극복하는 방법에 관한 몇 가지 유익한 해결책을 포함시켰다. 이는 다른 사람들을 동참시키기 위해서 변화에 대한 사람들의 감정적인 영향과 이런 강력한 감정들을 가지고 어떻게 부정성을 최소화하고 흥미와 즐거움을 극대화하는지를 이해해야 한다는 것을 의미한다. 우리는 확실한 결과를 가져오기 위해 어떤 변화가 필요한지 알아야 한다. 변화가 얼마나 효과적이어야 하는지 그리고 무엇이 변화 과정을 효과적으로 또는 비효과적으로 만드는지도 알아야 한다. 그리고 마지막으로, 그러나 매우 중요한 것으로 리더십에 관한 몇 가지 내용을 포함시켰다. 회복적 실천으로 본질적인 변화가 이뤄지고 있는 학교에서의 경험을 보면, 학교 리더십의 형태와 힘이 얼마나 관계적이고, 리더십 방법이 교사에게 힘을 주느냐에 따라 담당자로 하여금 실행에 노력을 기울이게 하거나 그만두게 하는 것으로 나타났다.

3부 '실행하기', 즉 실행 안내서는 당신과 당신 팀이 구상 중인 어떤 목적지와 문화('여기에서 우리가 일하는 방식')에 도달하도록 도와줄 것이다. 여기에 나오는 8단계는 변화 관리 전문가인 존 코터의 연구를 토대로 했고, 의견과 자료를 이용할 수 있게 되어 그에게 고맙게 생각한다. 이러한 구체적인 단계는 부록에 있는 자료와 함께 당신과 당신 팀이 교사, 학생, 학부모와 같이 변화하는 패러다임의 복잡성을 극복하는 데 덜 임의적이고 더 전략적이며 더 효과적일 수 있도록 도와줄 것이고, 당신이 원하는 문화를 얻게 해 줄 것이다.

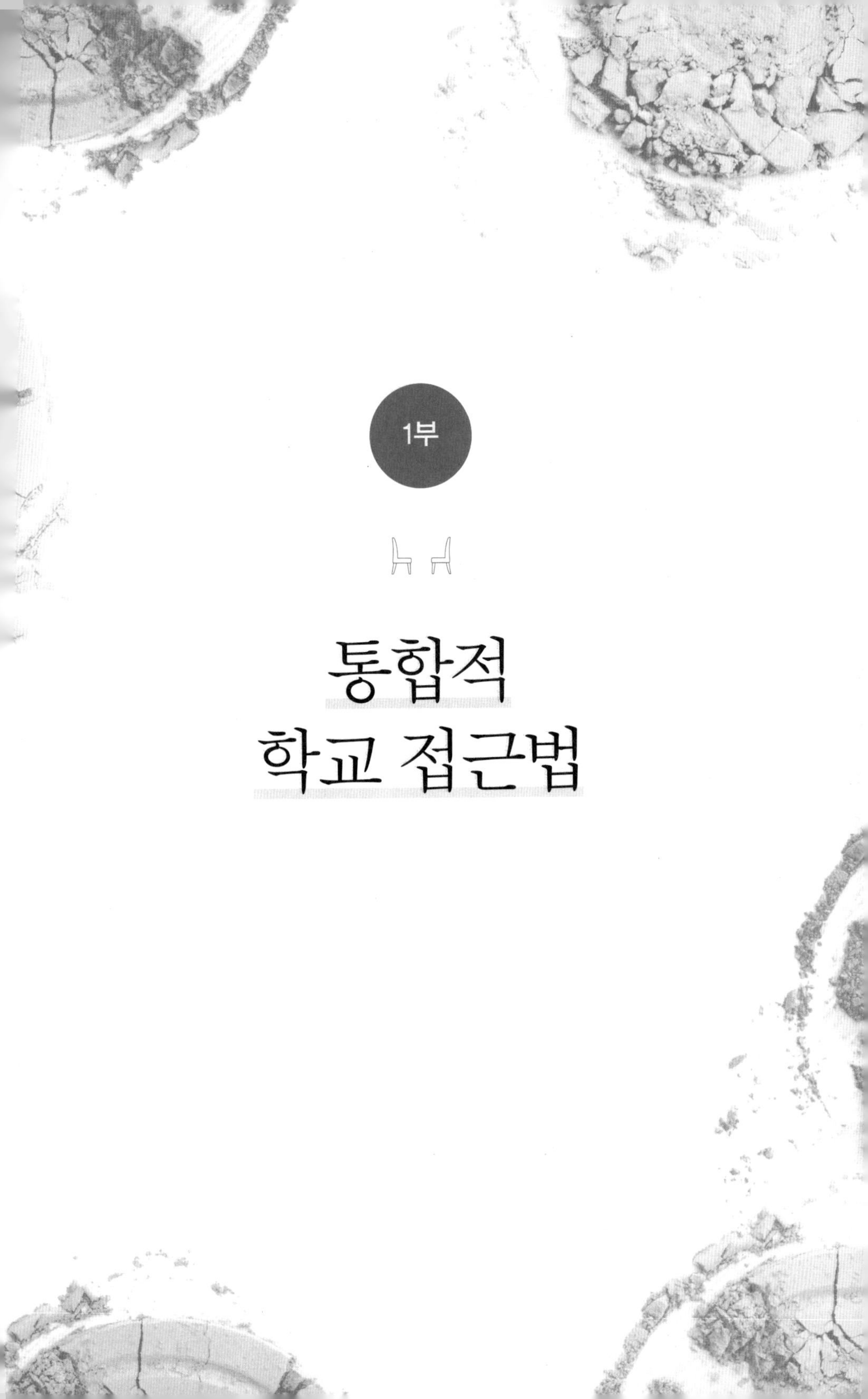

1부

통합적 학교 접근법

1장

회복적 실천이란 무엇인가

학교에서 회복적 실천을 성공적으로 실행하려면 회복적 실천 철학과 그 본질을 명확하게 이해할 필요가 있다. 또한 회복적 실천을 통해 우리가 이루고 얻을 수 있는 것은 무엇인지, 무계획적인 방법보다는 전략적인 방법으로 교사들을 어떻게 동참하게 할지 알아보아야 한다. 우리는 이러한 결론을 염두에 두고, 회복적 학교는 어떤 모습이며 변화를 위한 사례를 어떻게 바로 정립할 것인지를 고민할 것이다.

1부에서는 다음 두 가지 중대한 질문에 답하려고 한다.

- 학교는 왜 회복적 실천을 적용하려 하는가?
- 회복적 실천과 교수학습의 특성 사이에 어떤 관계가 있는가?

이 근본적인 질문에 대답하기 위해 다음과 같은 내용을 언급한다.

• 회복적 실천이 갖는 의미는 무엇인가?
• 회복적 실천이 어떻게 교수학습에서 핵심적인 역할을 하는가?
• 회복적 실천이 어떻게 사회 정서적 문해력을 향상시키는가?
• 회복적 실천이 학교와 학부모, 학생과 학생, 학부모와 학생 간의 관계 측면에서 학교 공동체에 어떤 영향을 줄 수 있는가?

먼저 회복적 정의의 개념을 많은 학교와 가족, 기관, 다양한 공동체에서 처벌을 할 때 아직도 강력하게 사용하고 있는 응보적 정의의 패러다임과 연결하여 살펴보고, 학교에서 시행하고 있는 응보적 처벌 방법을 바꾸려 할 때 파생되는 많은 어려움과 연관 지어 찾아볼 것이다. 우리는 학생들이 규칙을 잘 지키고, 더 중요한 것으로 학급의 학습 분위기를 조성하고, 사회 정서적 능력의 발달을 성취했을 때 처벌의 한계를 이해할 필요가 있다.

'회복적 척도', '회복적 접근'으로도 알려져 있는 회복적 실천은 1990년 중반부터 학교에서 지속적으로 발전되어 왔으며, 실천가들이 다양한 환경과 상황에 회복적 원칙을 적용할 수 있는 더 많은 방법을 찾아내고 있기 때문에 여전히 발전하고 있다. 1부에서는 실천의 연속체를 탐구하면서 회복적 실천의 범위를 살펴볼 것이다. 그리고 통합적인 학교 모델을 회복적 실천뿐만 아니라 학습에 도움이 되는 건강한 학교 환경을 개발하는 측면에서 학교가 할 수 있는 것을 설명할 것이다. 또한 회복적 실천과 학교의 핵심 업무, 즉 회복적 실천이 학급에서의 교수학습의 교육학을 어떻게 향상시키는지 연결할 것이다. 회복적 실천이 학생과 교사, 가족의 가치관과 태도, 기량을 어떻게 의도적으로 발달시키고, 이 모든 것이 함께 연결되어 어떻게 협력하는지 볼 수 있을 것이다.

1부에서는 회복적 학교가 어떤 모습으로 보이고, 느껴지고, 들리는지 살펴보고, 회복적 학교가 교사들이 나아가야 할 목표로 인식하도록 결론을 내릴 것이다.

간략히 말하면, 회복적 실천은 회복적 정의의 실천이다. 즉, 피해를 입힌 범죄와 비행에 대한 철학적 접근이고, 피해에 대한 가해자의 책임이며, 이해 당사자들을 참여시켜 문제 해결의 중심에서 피해를 회복하는 것이다. 처음 시작된 1970년대 초 캐나다 온타리오주와 이후 미국 인디애나주 메노나이트(Mennonite) 공동체(제어 2002)에서의 현대적인 회복적 정의는 가해자가 피해자와 그 가족에게 입힌 피해를 이해하고 보상하도록 도움으로써 자신의 행동에 책임을 지도록 돕는 방식이었다. 피해자와 가해자의 중재에서 시작한 실천은 이미 시행되고 있거나, 그 결과로 개발된 문화, 실천, 일하는 방식에 따라 풍부해지고 다양해졌다.

회복적 정의는 인과응보적 사고와는 완전히 다른 패러다임이다. 〔표 1.1〕에 두 가지 패러다임이 있다. 사법부, 학교, 직장, 교회, 가족, 공동

[표 1.1] 두 가지 패러다임(제어 2002)

응보적 정의	회복적 정의
범죄와 비행은 법과 규칙에 대한 침해이다 : 어떤 법과 규칙을 위반했는가?	범죄와 비행은 사람과 관계에 대한 침해이다 : 누가 다쳤는가? 어떤 식으로?
책임이 따라야 한다: 누가 했는가?	의무를 인식해야 한다: 누구의 책임인가?
처벌이 있어야 한다: 어떤 처벌이 합당한가?	피해는 어떻게 회복될 수 있는가?

체에서 위반한 행동에 따라 다양한 질문이 있다.

실제로, 응보적 정의는 어떤 처벌을 부과할지 결정할 책임이 있는 국가나 기관에 의해 피해자들과의 어떤 연결이나 문제 해결로부터 가해자와 범법자를 고립시키는 경향이 있다. 회복적 접근은 피해자와 가해자가 모두 참여하여 사건과 피해 내용을 대화로 풀어간다. 사법적인 절차가 그들의 결정을 제한할지라도 함께 해결하려고 한다. 하나는 사람을 분리하고 밀어내는 접근법이고 다른 하나는 사람들을 함께 불러 모으는 접근법이다.

변하고 있는 학교 패러다임

수년 동안 우리는 여러 나라의 학교와 교육체계에 많은 변화를 시도해왔다. 어디에서나 훈육은 응보적 정의의 굳건한 바탕 위에서 세워져 왔다. 훈육이 공동체, 가족, 정의체제의 기준이었다. 최근까지 학교에서는 교사의 말에 따라야 했고, 질문은 감히 하지 못했다. 잘못을 하면 처벌은 당연했다. 심지어 잘못하지 않아도 윗사람이 잘못했다고 하면 당연하게 처벌을 받아야 했다. 그 뒷이야기는 중요하지 않았고, 학생들에게는 종종 버릇없고, 못되고, 형편없다와 같은 낙인만 남았다. 만약 당신이 규칙을 어겼다면, 당신은 반항을 한 것으로 간주되어 그 결과로 고통을 겪었을 것이다.

하워드 제어(2002)는 잘못을 다룰 때 지금까지의 응보적 처벌에서 회복적 접근으로 전환해야 한다고 주장한다. 학교에서는 이 두 가지 접근법이 완전히 다르다.

:: 응보적 접근

학교 훈육에 관한 기존 접근법에서 사건조사는 비난과 처벌 중 하나이다. 응보적 접근으로는 바람직한 행동 변화에 도달할 수 없다고 입증하는 연구가 매우 많음에도, 우리는 응보적 접근을 즉각적인 해결책으로 여기고 있다. 학교에 사형제도가 없어서 무척 다행스러운 일이다. 사실 응보적 접근은 제거의 목적으로 많이 사용된다. 기존의 응보적 접근은 다음과 같은 내용을 조사한다.

1. 학교, 교실, 운동장에서 어떤 규칙을 어겼는가?
2. 누가 잘못을 했는가?
3. 어떤 벌과 제재가 마땅한가?

학교에서 응보적 접근의 일반적인 처리 결과는 다음과 같은 처벌이다.

1. 교실에서 학생부로 보내기
2. 교실 안에서 또는 밖에서 고립시키기
3. 방과 후 남기기, 처음이 아닐 때는 더 오래 남기기
4. 반성문 쓰기
5. 권리 박탈하기, 공용공간 사용금지
6. 소풍이나 체험학습 금지
7. 단체 벌

8. 창피 주기, 빈정대기, 놀리기

9. 정학, 출석정지

10. 전학이나 퇴학

11. 소리 지르기, 고함치기, 겁주기, 야단치기

12. 일정 기간 다른 기관에 보내기

13. 체벌(체벌이 불법이 아닌 나라에서는 아직도 자행)

이러한 전략은 두 가지 커다란 희망적인 결과를 기대한다. 하나는 가해자와 다른 사람들을 제지하기 위해 고통을 가하는 것이고(솔직히 말하면 때때로 복수의 목적으로도 사용한다), 다른 하나는 재범을 줄이는 것이다. 하지만 이러한 전략은 큰 기대에 미치지 못한다. 가해자들의 책임감에 기대어 스스로 행동을 교정하고 조절하고자 하나 행동은 학습되지 않는다. 대개 자신에게 안 좋은 일이 생겼다 또는 자신에게 벌을 준 사람을 미워한다는 내적 이야기로 강화될 뿐이다.

응보적 접근은 책임져야 할 적절한 사람을 찾아 미리 결정된 처벌을 하는 임의적인 접근법이다. 가해자나 그 밖의 사람들은 최소한의 깨달음만 있을 뿐 피해를 회복하려는 여지는 없다. 가해자들은 종종 낙인이 찍히고, 일단 잘못을 반복하면 낙인을 벗겨내기 어렵다. 교사와 학생들은 잘못한 학생을 문제아로 보게 된다. 불행한 것은 먼저 대인관계에 끼친 피해에 관심을 기울이지 않기 때문에 학교의 조치 결과에 따라 연루된 학생들의 관계가 손상된다는 점이다.

:: 회복적 접근

반면에 회복적 접근에서는 사건조사가 관계와 피해 회복에 더 많은 중점을 두면서 시작된다. 제어(2002)의 논문을 인용하면 다음과 같다.

1. 무슨 일이 일어났는가?
2. 피해자가 누구인가? 어떻게 피해를 당했는가?
3. 피해를 회복하기 위하여 무엇이 필요한가?

회복적 접근은 문제를 해결할 때 관계적인 접근법이고, 두루 적용되도록 만든 방법이나 권위적인 방법은 아니다. 회복적 접근은 잘못이 발생하면 연루된 자들이 행동에 책임을 지도록 도와주고, 사건을 통해 깨닫게 하고, 피해 회복을 돕는 행동을 하도록 한다. 피해를 회복하기 위하여 피해자들의 이야기에 귀를 기울이고 잘못된 행동이 다른 사람들에게 어떻게 영향을 주는지 사건의 책임자가 이해하도록 돕는 것이 필요하다.

제어(2002)는 회복적 정의의 3대 축, 즉 피해, 의무, 개입 및 참여가 성공적인 회복적 접근에 반드시 필요하다고 주장한다. 각각에 대한 제어(2002)의 설명을 정리하면 다음과 같다.

- 피해: 피해자와 피해자의 요구에서 정의가 시작되어야 한다. 상징적일뿐만 아니라 실질적인 방식으로 피해자를 회복하도록 해야 한다. 피해의 관점에서 보면 가해자가 저지른 고통은 확장되고 공동체까지 영향을 미치게 된다.

- 의무: 가해자에게 책무와 책임을 강조하려면 의무를 알게 해야 한다. 가해자는 자신이 저지른 행동의 결과를 사람들이 어떻게 이해하는지 알 필요가 있고, 가능한 한 실질적이고 상징적으로 옳은 행동으로 책임지도록 한다는 의미이다. 공동체도 책임과 의무를 부담해야 한다.
- 개입 및 참여: 사건 발생에 관련된 당사자가 참여하는 게 중요하다. 참여자들은 일어난 일을 이야기하고, 피해 내용을 찾으며, 문제 해결 방법을 결정하는 과정에 관여한다. 이러한 과정은 가장 순수한 형태로, 모든 당사자가 자신의 이야기를 하여, 이해를 받고, 잘못을 바로 잡을 수 있는 동등한 장이 된다.

이 3가지 중 어느 하나라도 없다면 이 접근법이 회복적인지 아닌지를 질문해 보아야 한다. 간단히 말하면, 회복적 대화를 잘 모르는 교사가 학생을 교실 밖으로 내모는 것으로 훈육한다면, 학생은 책임에 대한 자각과 인식은 조금 할지 몰라도, 행동으로 영향을 준 다른 사람에게는 관심이 없기에 개입은 실패했다고 볼 수 있다. 이 사례는 회복적 접근이라기보다 응보적 접근에 훨씬 더 가까운 훈육이 된다.

처벌의 문제

처벌이 학교 공동체의 건강한 관계 문화를 창조하는 데 역효과를 낳는다는 연구가 대단히 많다. 미국 학생들의 유대관계에 관하여 종단연구를 한 블럼, 맥닐리, 라인하트(2002)는 엄격한 훈육이 학교 장면에서 분리감을 만들어낸다는 사실을 발견했다. 그 결과 급우들과 학교로부터 단절감을 느낀 학생들은 상처를 입고, 상처를 주고, 위태롭고 위험한 행동을 한다고 한다(블럼 외 2002). 알피 콘(2006)은 처벌은 실제로 다른 사람에게 어떤 결과를 미치는가보다는 학생에게 일어날 일에 초점을 맞추기 때문에 윤리적 발달 과정을 방해한다고 시사한다. 다른 유명한 저자들(콜로로소 2003, 그릴 2005, 모리슨 2007)도 성취기준 달성을 위해 일반적 도구로 사용되던 처벌은 더 이상 우리가 가능하다고 꿈꾸던 희망적 결과물을 담보하지 못하고, 실제로 이러한 처벌 방법들은 역효과를 낳는다고 주장한다.

제어(2007)는 처벌이 왜 문제인지를 여러 이유를 들어 지적한다.

- 가해자가 벌을 주는 사람에게 쉽게 화를 내는 위험이 있다. 콘(2000)도 처벌은 공포 분위기를 만들고, 두려움은 분노와 원한을 품게 한다고 동일하게 지적한다.
- 처벌의 위협은 책임을 부인하고, 변명하고, 피해를 축소시킨다.
- 피해자와 함께 처리하지 않으면, 피해자에 대한 공감 능력이 생기지 않는다.
- 처벌로는 근본적인 원인을 알 수 없다고 콘(2006)은 반복하여 주장한다.

제어(2002)는 폭력 전문가로 제임스 길리건(1997)을 언급하는데, 그는 자신의 책 『폭력: 국가적인 전염병에 관한 고찰』에서 가해자의 모든 폭력은 그들이 경멸을 느꼈을 때 존경심을 얻으려는 시도에서 비롯된다는 예시를 언급한다. 제어(2007)는 뉴질랜드 오클랜드의 교육자 연수 연설에서, 사법기관, 교정기관, 학교, 가족, 지역사회에 걸친 처벌에 대한 2만 여건의 연구에서 처벌이 의도하는 행동 변화를 만들어내지 못했다는 것을 보여준다는 내용을 인용했다. 이것은 우리의 의견에 대한 확실한 증거이기도 하다.

루비 페인(2009)은 미국의 빈곤층 학생과 가족의 가치와 행동 이해라는 연구에서 획기적인 결과를 다음과 같이 밝혔다.

> 빈곤에서, 훈육은 속죄와 용서에 관한 것이며, 반드시 변화의 개념은 아니다. 사랑은 무조건적이고 시점은 현재이기 때문에, 교육적이고 행동을 변화시켜야 한다는 훈육의 개념은 세대를 잇는 빈곤에서는 문화의 일부가 되지 못한다.

다른 말로 하면 빈곤층 학생들의 변화를 원한다면 학교에서 행동하는 법을 가르쳐야 한다. 살고 있는 세계가 다르므로 행동방식조차 다르다는 의미이다.

책을 읽고 있는 지금, 신경과학의 더 많은 발견(브룩스 2012, 도이지 2008, 레인과 가필드 2012, 루이스, 아미니, 래넌 2001)이 회복적 접근이 기존의 응보적 처벌보다 바람직한 행동 변화를 이끄는 데 훨씬 더 효과적이라는 최근의 이해를 강화시켜 줄 것이다. 르 메슈에르(2010)는 오늘날 교실에서 복잡한 학습에 필요한 집중력과 과제 수행과 행동에 굉장히 중요한 전두엽 부분에서 저하된 집행 기능의 영향에 관한 논문을 집필했다. 하버드 대학(2012)에서도 어린이 발달과 복지에 심각한 스트레스에 관한 결과물을 냈다. 심각한 스트레스는 '어린이가 신체적 또는 감정적 학대, 만성적인 방치, 양육자의 약물 남용 또는 정신병, 폭력 노출, 가족의 누적된 경제적 어려움 등에 적절한 성인의 지원 없이 심하게 빈번하게 장기적으로 노출되었을 때 발생한다.' 이처럼 장기화된 스트레스는 뇌의 발달을 방해하고 건강에 영향을 주고 '스트레스 관련 질병과 인지장애와 성인기로 잘 진입하는 데 위험성을 높일 수 있다'(하버드 대학 2012, para. 6).

처벌은 이미 다양한 스트레스와 트라우마를 겪는 학생들에게 심각한 영향을 준다. 처벌은 스트레스를 일으켜 학생들이 쉽게 분노하고 화를 폭발하고 분노 행동을 하게 한다. 도이지(2008)와 여러 신경학자는 뇌는 변할 수 있는데, 집중과 반복을 통해 생성된 새로운 경험이 뇌의 새로운 경로를 만들어 낸다는 놀라운 연구 결과를 발표했다. 특히 학생들에게서 뇌의 작용은 배움과 관계 및 행동 관리에 필연적이라는 새로운 이론을 밝히고 있다.

그런데도 비효율적인 방법을 아직도 적용하다니 놀라울 따름이다. 처벌이라는 임시방편의 유혹은 사이렌의 노래 같지만, 학생들을 나쁜 사람으로 낙인찍는 결정에서 벗어나게 하고 내적인 패러다임과 실패한 시스템을 회복하려면 교육부의 강력한 리더십이 요구된다. 처벌이 효과적이지 않다는 지식에도 불구하고, 학교나 사법체계는 더욱 심한 형벌을 법제화하라는 강한 정치적 압력에 처해 있다. 때로 이러한 장애물 때문에 쉽게 절망하지만, 교장과 교사들은 회복적 실천이라는 새로운 방법이 학생들에게 가장 효과가 있다는 이해와 확신으로 학교 장

면에서 적용해보면 좋은 결과로 만족할 것이다.

학교에서 회복적 실천의 역사

문제 해결에서 응보적 실천보다 회복적 실천을 적용하려면, 학교에서 사용된 처벌절차의 근원을 기본적으로 알아야 한다. 회복적 정의와 관련한 초기의 모습은 구전과 문서로 여기저기에서 발견된다. 확실한 것은 서양에서는 말싸움을 중재하는 기법이 없어서 폭력과 소송, 회피가 대신해왔고, 관계가 파괴되거나 밀접한 공동체 결속이 끊어졌을 때도 많이 사용되었다. 관계가 약화되거나 끊어질 때 사람들은 상처받기 쉽다. 공동체에서 다른 사람들과 더 이상 관계 맺지 못할 때는 응보적 절차에 호소하게 된다. 회복적 절차는 유럽의 식민지가 되기 전까지 호주 및 뉴질랜드 원주민 사이에서 많이 사용되었다. 공동체를 유지하기 위해서 잘못과 시시비비를 다룰 필요가 있었기 때문이다. 모든 절차가 회복적 단계를 거친다고는 할 수 없어도, 그럼에도 그들이 사용할 때는 효과가 있었다. 그러므로 교사들이 회복적 정의의 원칙이 학교에서 효과적일 수 있다는 유사한 결론에 도달한 사실은 놀랄 일이 아니다.

특별한 이야기를 하기 전에, 회복적 정의를 시행하는 학교에 대한 담론이 저자와 지역에 따라 다르다는 사실을 알아야 한다. 여기서는 호주 및 뉴질랜드 지역과 그곳 저자들의 관점으로 편향되어 있다. 그렇다고 회복적 정의의 기본 철학, 가치관, 가능성이 비슷한 생각을 가진 사람들이 세계의 다른 지역(특히, 캐나다)에서 적용했던 특별한 일들은 결코 폄하하지 않을 것이다.

1990년대 초 호주 퀸즐랜드 교육청은 따돌림에 대하여 학교가 통합적으로 해결하는 방법을 찾고 있었다. 최근 저서에는 따돌림 해결의 가장 좋은 방법(메인즈와 로빈슨 1994)을 제시하지만, 약한 수준과 중간 수준의 따돌림은 해결이 가능하더라도 심각한 수준의 따돌림에는 어려움이 있음을 보여준다. 우리가 회복적 공동체 회의라 부르는 절차를 발견했을 때, 그것은 우리의 기도에 대한 응답처럼 들렸다. 회복적 절차는 호주의 뉴사우스웨일스주 경찰이 법정에 선 학생들을 변화시키기 위해 사용했고, 사건에 영향을 받은 모든 사람이 더 긍정적인 결과를 보여주었다. 그리고 회복적 절차는 1989년 뉴질랜드에서는 가족 그룹 회의라 부르는 청소년법 절차를 법률로 명시할 때 마오리족 문화의 문제 해결 접근법을 반영하면서 더 발달되었다. 뉴질랜드에서는 학생들이 저지른 범행의 결과를 처리하는 과정에 가족을 포함시켰다.

초기의 회복적 절차는 공개적으로는 1990년 중반 퀸즐랜드주 학교에서 처음 시도되었다. 결과(캐머런과 소스본 2001)는 매우 고무적이었고 학교의 심각한 문제를 해결하는 절차로 재빨리 퍼졌다. 호주의 여러 주가 뉴사우스웨일스주(매켄지 1999)와 빅토리아주(쇼와 위어렝어 2002)의 성공적인 시도를 따라 했다. 회복적 절차는 많은 학교에서 이러한 목적에 맞게 사용되면서 계속 개발되었다.

호주에서 회의 과정을 평가할 때 받은 한 가지 질문은 회복적 실천을 학교 공동체 문화를 변화시킬 만한 심각한 문제에 적용했는가 하는 여부였다. 실제로 적용하지 않았다는 사실을 미흡한 방법으로 찾아내기는 어려웠다. 이후에 우리는 변화 관리에 대해 더 많이 이해하게 되었고, 심각한 문제를 해결할 수 있는 개입방법으로 학교 공동체 전체를 바꿀 수 있다는 기대 자체가 비현실적이라는 사실도 알게 되었다. 여러 가지 이유가 있다. 먼저 회복적 절차가 적용될 만큼 충분한 학생 수에 이르지 못했다. 그다음으로는 회복적 철학과 실천이 교실 안팎에서 교사들이 권위를 휘두르는 훈육이나 방법을 변화시킬 정도까지 학교 공동체 구성원의 마음에 충분히 닿지 못했다. 간단히 말해, 회복적 절차에 참가한 사람들에게는 엄청난 영향을 주어 가해자가 동일한 범죄를 저지를 가능성을 감소시켰지만, 학교 공동체의 나머지 사람들에게는 영향을 미치지 못했다.

몇몇 교육자와 연구자가 초기에 시행한 연구는 단순히 출석정지, 정학, 심각한 범죄일 때는 퇴학으로 학생을 제거하는 처벌이 여러 가지 면에서 실패였다는 동일한 결과를 보여준다. 직접적으로 피해를 주고 학교 공동체에 영향을 준 가해자를 제거하는 것으로는 충분하지 못했다. 학생에게 책임감을 실제적으로 배울 수 있고 실패를 바꿀 기회를 제공하지 못했다. 아울러 학생의 완전한 행동 변화를 지원하고 학급과 학교 공동체 속에서 새로운 출발과 재통합의 기회를 주지 못했다. 또한 학교 공동체에서 이미 하찮은 존재가 되어버린 학생들은 차별을 당했다(스키바 외 2003). 따라서 학교에서 하는 훈육이 도대체 무엇이고 목적이 무엇인지 질문할 때가 무르익었다.

그 무렵 뉴사우스웨일스 경찰 회복적 정의 단체에서 시드니 해군지원부대 내 초등학교와 뉴캐슬 중학교에서 회복적 절차를 실시했다. 경찰의 회복적 절차가 학교로 들어가서는 자연스럽게 학교의 회복적 절차가 되었다. 가해자에 대한 처리가 명확해졌다. 즉, 대부분의 성인 범죄자는 어릴 때 죄를 지었고, 학교 교육을 거의 받지 못했다. 이는 그들이 계속 지적받고, 교실 밖으로 쫓겨나고, 방과 후에 남겨지고, 정학과 퇴학 처분을 받거나 결과적으로 출석률이 낮아졌고 학습에서 이탈하게 되었다는 것을 의미했다. 공동연구에 의하면, 장기 결석, 정학, 퇴학을 당한 학생들은 높은 위험에 처하게 되고 타인과 자신을 해칠 수 있으며 비행 행동에 연루될 가능성이 있다(블럼 외 2002). 또래와 학교에서 단절된 학생들은 위법한 행동을 하거나 타인을 해칠 확률이 매우 높다. 미국의 소수 학생이 저지르는 학교학살을 봐도 이러한 비극적인 사건에는 단절의 형태가 포함되어 있다.

시드니 서쪽에 있는 루이셤 초등학교는 회복적 실천과 이론을 많이 시도할 수 있는 최고의 환경이었다. 학생 수 110명의 작은 학교로 대부분 새로운 이민자들, 토착민 또는 사회경제적 수준이 낮은 집단 출신이었다. 학교 내의 문화와 언어의 다양성은 믿기 어려울 정도였다. 비전 있는 교장은 해야 할 일이 많다는 사실을 알았고 경찰 회복적 정의 단체를 포함한 많은 지원을 찾아야 한다는 사실도 알았다. 회복적 실천은 외부 집단에 의지하지 않고 어느 학교에서든 실천할 수 있도록 회복적 정의 단체와 교육청 순회지원 행동 팀 모두에 의한 통합적 학교 훈련으로 시작되었다. 중요한 점은 학교에서 일어나는 일과 학생, 교사, 학부모가 정확히 다뤄야 할 것을 이해하면서 시작되었다는 사실이다. 회복적 접근으로 처음에는 많은 이민자가 빨리 자리 잡도록 지원하는 방법과 학생들이 학교 안팎에서 잘 적응하는 방법에 초점을 두었다. 행동문제는 학생과 그들의 가족이 겪은 트라우마와 큰 변화의 맥락에서 이해했다. 프로그램은 행동문제를 다룰 때 학생들을 지원하고 학부모들을 지역 지원단과 연결시켜 주는 것이었다. 초기에 했던 회복적 실천이 여러 계층으로, 회복적 대화 또는 소회의까지 확장되면서 확실하게 실행되었다. 회복적 실천은 예방적이고 대처하는 목적에 초점을 두면서 지속적으로 확장되었다. 또한 이러한 사업은 학교 및 많은 교사로 하여금 행동 관리에 대한 자신들의 통합적인 접근법을 재고하도록 도왔다. 글레서(1969), 콘(1996), 아메드(1996, 2001)의 공동연구에서 학교가 학생을 다루는 방법에 변화가 일어났다고 보고했다. 콘(1996)은 '우리는 학생들에게 일을 하는가? 학생들과 함께 일을 하는가?'라고 덧붙여 보고했다.

1990년대 말 호주 수도 특별 자치구에서 실시한 연구를 보면 회복적 실천이 학교 문화를 바꾸는 능력이 있다고 확고하게 밝히고 있다. 뿌리내린 회복적 실천만이 문화적 변화의 수단이 될 수 있음을 의미했다. 분명한 것은 학교가 행동 관리와 관계 수준에서 그동안 취해온 방법에서 실질적인 개혁 없이는 회복적 실천을 할 수 없다는 점이다. 통합적 학교 실천 개발을 위하여 좋은 자리를 마련했다. 자문위원, 교수, 전문가들이 따돌림, 정학, 행동문제, 퇴학과 관련된 사건을 다룰 때 학교를 지원하는 실질적인 실천 모델을 개발하기 위하여 함께 모였다. 결국 회복적 실천으로의 전환은 다르게 행동해야 할 필요성을 인식하고 행동한 비전 있는 교장에 의해 시작되었다.

2장

학교에서의 회복적 실천

우리는 학생과 교사와 함께 실행한 학교의 회복적 실천을 서술하고 논의할 때, 이 상호작용에 참여하는 사람들 사이의 질적이고 건강한 관계에 가치를 두는 방식으로 설명할 것이다. 이것은 전체 학급과 학생 집단 사이의 관계, 교사와 학생, 그 가족 간의 관계, 동료 간의 관계 또는 관리자와 담당자 간의 관계일 수 있다.

사회적 자본 구축하기

회복적 실행은 존재와 행함의 한 방식이며, 명시적 행동 기준(경계 및 통제)의 측면에서는 확고하고, 어린이, 청소년, 성인의 행동을 변화시키고 친사회적 사고와 기술을 개발하도록 지원(양육)하는 측면에서는 공정하다. 즉 우리가 배움 공동체에서 함께 살아가고자 한다면, 우리

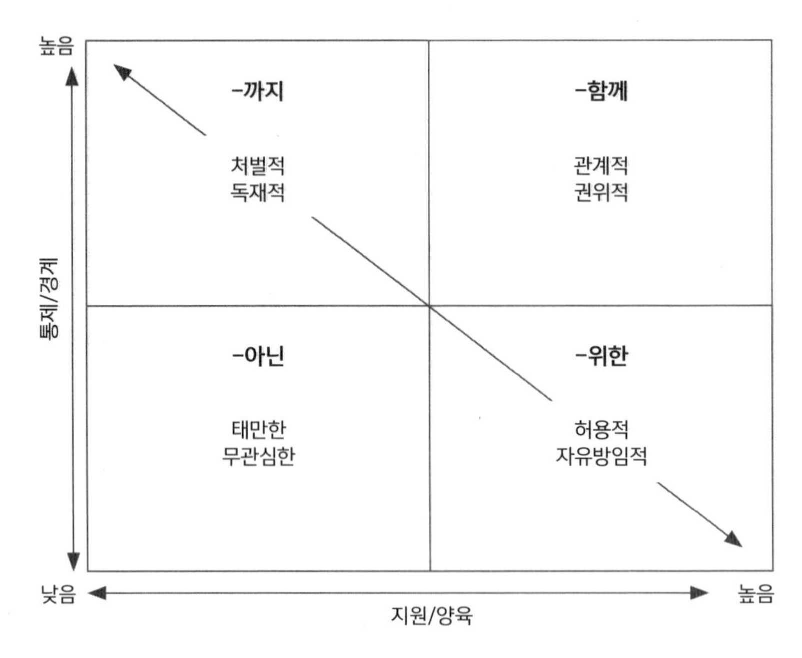

[표 2.1] 사회적 자본 창(왓텔 1999)

의 행동과 관계는 협력적이어야 하고 모든 사람에게 안전을 제공하는 경계 내에서 일하기 위해 필요한 것에 대한 깊은 지식과 이해를 반영해야 한다. 그렇게 행동함으로써, 가르침과 배움을 위한 분위기와 환경이 만들어지고, 유지되고, 필요에 따라 개선될 수 있다. 그것은 우리의 행동이 독재적이기보다는 권위적인 방식으로 규제되어야 하며, 배움에서 중심이 되는 관계는 기준이나 지원을 유지하면서 의사 결정의 중심에서 이루어진다는 의미이다. 왓텔(1999)의 표현을 인용하여 〔표 2.1〕에 잘 묘사하고 있다. 각각의 사분면에서 수직축은 준수에 대한 가치를, 수평축은 관계를 나타낸다. 자세히 설명하면 다음과 같다.

- 처벌적/독재적: 왼쪽 위쪽에 해당하며, 낮은 지원과 높은 통제를 나타낸다. 이 사분면에서 독재적 접근은 어떤 대가를 치르더라도 준수를 요구하고 불복종은 처벌한다. 여기에서는 어른의 목소리가 중요하며, 아이들을 보고 있지만, 귀 기울이지 않고, 공정하거나 타당하게 보이는 문제 해결에 거의 관여하지 않는다. 그 처리 과정은 '내가 하는 대로 해라'보다는 처벌을 주는 말이나 '내가 시키는 대로 해라'라는 말로 잘 묘사될 수 있다.
- 허용적/자유방임적: 대각선으로 반대편에 있는 사분면으로 높은 지원과 낮은 통제를 나타낸다. 이 경우 다른 사람들의 요구는 뒤로 밀리며, 아이들의 요구와 목소리가 지배적이며, 라헤이(2013)가 표현한 것처럼 '높은 반응과 낮은 요구'를 나타낸다. 이는 종종 어른들이 아이들을 좋아하고 아이들의 친구가 되어야 한다는 요구, 일어난 일에 직면하는 것의 두려움, 또는 양육에서 과잉보호에 관한 것이다.

  콜로로소(2003)는 이것을 현대의 부모들, 즉 해파리 부모 또는 허용적인 부모가 자신의 부모와 같은 어른이 되지 않기 위해 취하는 입장으로 설명한다. 그들은 그들 자녀의 삶에서 모든 장애물을 제거해주고, 자녀에게 필요한 모든 것을 주고, 자녀의 문제를 해결하는 경향이 있다. 항상 아이들 주변을 맴도는 '헬리콥터 부모'로 알려져 있다. 이것은 자녀 스스로 할 수 있도록 돕기보다 과잉보호하고, 변명하고, 구제하거나, 자녀를 위해 행동하는 결과를 가져온다. 과잉보호하는 부모들은 '불가피한 좌절과 실패에 대처하는 데 필요한 감정적인 자원이 부족하여 불안해하는 성인이 될 운명인' 무기력하고 무능한 아이들로 키운다(라헤이 2013). 학급에서 이 아이들은 완전한 혼란을 초래할 수 있고, 개개의 아이는 평생 부족한 문제 해결 능력, 경계선 위반, 빈약한 회복력으로 이어질 수 있다. 그들은 자신의 행동에 대처하거나 책임을 지는 것을 배우지 않는다.

- 태만한/무관심한: 아래쪽 왼편에 위치한 이 영역은 낮은 통제와 낮은 지원을 나타낸다. 이 부분은 어른들이 정서적, 심리적, 신체적으로 아이들에게 도움이 안 되는 영역이다. 상호작용이 거의 없거나 전무하며, 이 방식은 다른 사람들의 요구를 충족시키지 못하는 것으로 가장 잘 설명된다. 이 영역의 부모들은 실직, 스트레스, 약물, 음주 문제, 질병, 정신 건강 문제로 힘들어한다. 이것은 일시적이거나 장기적일 수 있다. 교사들이 직업적으로나 개인적으로 어려움이 있고, 학급의 요구에 부응하는 데 어려움을 겪고 있다면 이 영역에 해당하는 경우이다.
- 관계적/권위적: 우리가 문제 해결에서 회복적 철학이 가장 효과적이라고 믿는 마지막 사분면은 높은 지원과 양육 분위기에서 기대와 기준에 대한 높은 통제로 구분된다. 이는 우리가 아이들과 어른들을 위해 가장 효과적이라고 알고 있는 공정하고 확고한 영역이다. 우리는 한계를 알아야 하고, 어려움에 처했을 때 누군가가 문제 해결을 돕기 위해 우리와 함께 있다는 것을 알 필요가 있다. 우리가 초래했을지 모를 피해를 회복하고 우리의 행동에 책임을 지고 같은 일을 다시 반복하지 않도록 전략을 세우는 데 중점을 둔다. 우리에게 피해를 준 그 사람 또는 사람들과 함께, 문제를

해결하는 방법을 궁리할 것이다. 또한 우리가 이런 방식으로 일을 할 때 우리 자신과 다른 사람들에 대해 더 잘 느끼게 될 것이다. 또한 모든 문제에 대한 답을 모를 수도 있는 영역이지만, 우리는 함께 공정하고 타당한 방법으로 문제를 해결할 것이다. 올바른 일을 하기가 항상 쉬운 것이 아니라는 사실을 알고 있지만, 관계적/권위적인 영역은 희망, 협력, 돌봄이 있으며, 무엇보다 우리가 유지해야 할 높은 수준의 기준이 된다.

페인(2012)은 우리가 학생들의 행동을 바꾸기 위해 그들과 성공적으로 일한다면, 3가지가 필요하다고 상기시키는데, 그것은 지원(필요한 것을 명확하게 가르치는 것)과 높은 기대(상호 존중의 관계에서 오는 통제, '나는 네가 그것을 할 수 있고, 하리라는 것을 알고 있다') 그리고 주장(상호 존중의 관계에서 오는 동기와 끈기)이다. 이것은 사분면의 '함께'에서 일하는 것과 매우 비슷하다.

넓은 의미에서 회복적 실천은 학교의 사회적, 정서적 복지를 위해 필요한 효과적인 행동과 갈등 관리에 관한 것이다. 우리가(실천가) 회복적으로 일하지 않을 때는, 일어난 일과 관련된 사람보다 우리(또는 우리 학교)에게 일어나는 일을 더 많이 말하게 된다. 또한 행동과 갈등을 처벌적이고 무관심하고 허용적인 방식으로 해결한다면, 우리의 관용이나 대처 능력을 저하시키는 피로감, 스트레스, 또는 개인적인 문제가 계속 생기게 된다. 심지어 우리가 대부분 회복적으로 일할 때도, 우리 각자는 아킬레스건 또는 압박 하에서 촉발될 수 있는 취약성을 가지고 있다. 우리의 반응과 그것을 촉발시키는 것을 아는 것이 상황을 극복하고 다시 회복적이고 관계적인 방식으로 일하기 위해서 중요하다. 회복적이라는 것은 우리가 스위치처럼 켜고 끌 수 있는 것이 아니다. 그렇다고 그 어떤 것에 적절한 경계를 정할 필요는 없다. 우리는 항상 회복을 목표로 하고 있다. 그렇지 않을 경우, 이것을 인식하고 회복적 프레임으로 돌아갈 책임을 져야 한다. 회복적 프레임은 우리가 하는 모든 것을 알려야 하는 일의 한 방식이다. 우리가 회복적이지 않을 때 답을 주는 사례는 다음과 같다.

| 사례연구: 압박 하에서 회복적 과정 |

샐리는 고학년 학생들과 함께 집단 평가 과제를 준비하고 있었다. 일주일간 계속해서 어떤 집단의 학생이 공동 과제라는 목표가 있음에도 불구하고, 쌓인 긴장감을 드러냈다. 불안감을 나타낸 학생은 집단의 설명과 양해에도 진정되지 않았다. 그러나 샐리는 회복적 과정을 수행했다. 샐리는 그 학생에게 필요한 것을 곰곰이 생각해 보라고 부탁하고 다른 집단을 도우려고 갔다. 다른 집단을 돕는 과정은 샐리가 생각했던 것보다 더 오래 걸렸고 이제는 나머지 집단들의 요구가 걱정되었다. 샐리가 다른 집단을 막 도우려 할 때 첫 번째 집단의 어떤 학생이 말하기를 그 학생이 자신들과 과제하는 것을 거부하고 있다고 하여 방해를 받았다. 샐리는 집단실로 가서 그 학생에게 손가락질하면서 용납할 수 없다고 큰 소리로 말하면서 문제 해결을 위해 방과 후에 남으라고 했다. 좌절감으로 화가 나서 문을 쾅 닫고 나왔다.

이 사례연구에서 샐리는 처음에는 침착하고 배려하면서 회복적인 태도로 대응했다. 그러는 동안 그녀는 다른 집단들의 요구와 한 집단에 투자하는 시간에 대해 걱정이 되었다. 그 일이 해결되지 않고 더 많은 시간이 필요하자, 샐리의 어떤 것이 촉발되었고 그녀는 독재적인 방식으로 응답했다. 응답하기 전에 반응을 파악하는 것이 더 나았을 테지만, 그녀는 무슨 일이 일어났는지 알고 있었고 자신의 반응에 대해 생각하고 있었다. 샐리는 마음을 진정시켜 관계적인 방법으로 그 학생을 다룰 수 있었다. 그녀는 목소리 높인 것을 사과했고, 자신이 하려는 일을 중단시킨 그 학생에게서 느낀 긴장감을 설명했다. 그들은 평화적으로 문제를 해결할 수 있었다. 그다음 수업에 샐리는 있었던 일을 사과하면서, 자신에게 나타났던 불안과 문제가 어떻게 해결되었는지를 설명했다.

회복적으로 일하는 것은 학급과 학교 내에서 관계를 강화하고 공동체를 형성하는 것이다. 회복적 실천의 효과는 기존 관계의 질, 문제 해결 방법, 그리고 학교 공동체에서 일어나고 있는 또 다른 일에 달려 있다. 샐리의 경우처럼, 우리는 일어나고 있는 일과 우리를 안정시키기 위해 필요한 것과 공동체와 계속 협력하여 변화를 만들어가는 일에 매우 적절하게 대응해야 한다. 일이 잘 되지 않는다고 더 이상 무시하거나, 용인하거나, 참아 내거나, 가식적으로 행동하지 말아야 하며 비난 게임은 하지 않아야 한다. 우리는 학생, 학부모, 교사가 어려움을 해결할 수 있도록 도와주려고 준비하고 있으며, 무엇인가 미해결로 남은 것이 다른 것으로 이어질 수 있음을 알고 있다. 우리는 문제를 해결해야 한다는 관점에서 상황에 접근하고 문제 또는 사안에 대해 최선의 해결책을 찾기 위해 관련된 사람들과 협력해야 한다. 더 이상 고립적으로 문제를 다루거나 학생들을 격리해서 문제를 해결해서는 안 된다. 잘못한 사람과 피해를 본 사람들의 서로 다른 입장을 이해하고 그 차이를 해결하기 위해 함께 노력해야 한다. 그러나 우리가 인간이기에 회복적 프레임을 유지하는 데 어려운 순간이 있을 거라는 사실도 인정해야 한다.

회복적 실천 연속체

왓텔과 맥콜드(2001)는 회복적 실천 연속체라고 최근 널리 받아들여지는 '일상에서 광범위하게 사용하는 비공식적이고 공식적인 회복적 실천'에 대해 설명하고 있다(표 2.2 참조).

회복적 실천 연속체는 진화하고 진화한 회복적 실천의 범위를 설명하고 있고, 회복적 정의에 내재된 철학, 기술, 가치에 의해 제공되는 가능성을 우리는 더 잘 이해하고 있다. 학교는 궁극적으로 자체적인 회복적 실천의 연속체를 개발해야 할 것이며, 학교의 프로토콜과 절차에 표시해야 할 내용은 너무 규범적이기보다는 학교 공동체의 요구를 해소할 수 있는 유연하고 획기적인 내용이 좋을 것이다.

〔표 2.2〕에서는 회복적 실천이 문제나 사건의 심각성에 어떻게 일치하는지를 보여준다. 연속체의 한쪽 끝에는 교실과 운동장에서 사소한 문제를 기술을 사용하여 바로 즉시 관계적으로 하는 반응이 있다. 약간 더 심각한 사건의 경우 형식적인 것이 증가하고 일반적으로 후속

사소한 사건/문제		심각한 사건/문제
정서적인 표현 관계적 대화 회복적 대화	소회의 학급회의와 문제해결 서클	회복적/공동체 회의 회복적 중재 치유서클 학급회의(심각한 역기능)

비공식적인	조금 더 공식적인	공식적인
기술과 적은 준비 필요 비공식적 후속 조치	합리적 기술과 더 많은 준비 필요 공식적 후속 조치	수준 높은 기술 많은 준비 공식적 후속 조치

[표 2.2] 회복적 실천 연속체(왓텔과 맥콜드 2001)

조치가 있다. 심각하게 '뾰족한 끝'에는 학교 퇴학을 유발하거나 심각한 피해를 입힐 수 있는 사건들로 매우 공식적인 개입과 후속 조치가 필요하다.

다음에는 총체적으로 회복적 실천이라고 언급하는 다양한 과정이 의미하는 것을 조금 더 자세하게 설명하겠다.

:: 연속체의 공식적인 끝부분

연속체의 공식적인 끝부분에서 다루는 실천의 범위는 다음과 같다.

- 회복적/공동체 회의
- 회복적 중재
- 치유서클
- 학급회의

회복적/공동체 회의는 피해를 입힌, 일반적으로 가해자로 지칭되는 학생과 그 가족, 또 다른 학생들, 피해자(들)와 그 가족, 그리고 사건의 영향을 받은 학교 주요 관리자 및 교사 간의 촉진된 만남이다. 이 회의에서 학생에게는 일어난 일을 설명할 기회가 주어진다. 피해자, 가족, 친구, 필요한 경우 손해배상까지 그리고 가해자의 가족까지 모두에게 일어난 피해를 찾아 깊이 있게 폭넓게 이해되도록 한다. 가해 학생에게는 그 피해를 인정하고 사과할 기회가 주어진다. 회의 집단은 함께 피해를 회복하기 위해 필요한 일을 결정하고, 더 이상의 피해 방지와 후속 조치 제공을 위한 계획을 수립한다. 이 과정은 포괄적이며, 가능하다면 주요 이해 당사자들을 과정에 참여시켜 발생한 피해를 회복하는 것이 중요한 목표이다.

회복적 중재는 일반적으로 두 당사자를 모아 그들의 차이점이나 문제에 대한 해결책을 협상하는 과정에 적용되는 용어이다. 회복적 중재 과정은 갈등이 서로에게 문제를 일으키고 더 넓게 야기하는 피해를 발견하기 위해 양 당사자들이 참여하기 때문에 일반적인 중재와는 다르다. 그리고 가능한 한 서로에게 공정한 방법을 찾는다. 이 계획은 미래와 현재의 문제를 해결하고 당사자 간의 신뢰를 재정립하는 것을 목표로 한다.

치유서클은 북미 지역 토착 원주민들의 실천에 뿌리를 두고 있으며, 지역 사회, 학교, 교도소, 직장과 같은 다양한 환경에서 사용할 수 있도록 조정된 과정이다. 학교에서 치유서클은 '교사, 학생, 가족, 공동체가 발생한 일을 이야기하면서 그들이 어떻게 영향을 받았는지, 필요한 사항은 무엇인지를 표현하고 긍정적인 방법으로 나아갈 방법에 대한 아이디어를 나누는 안전하고 반성적인 자리'(리센스버그 2012)로 사용될 수 있다.

또한 연속체의 공식적인 끝부분에는 가장 형식적인 학급회의가 있는데, 이것은 학급의 심각한 상황에 대비한 것이지만 여러 가지 이유로 자리 잡는 데는 실패했고, 너무 어려운 활동으로 개발되어 교사와 학생 모두에게 복지, 안전, 교수학습이 위험에 처하게 되었다.

각 과정안의 담당자는 모든 참여자의 이해관계가 크기 때문에 세심한 훈련을 받고 고도로 숙련되어야 한다. 중대한 피해를 입었기에 사람들은 그 과정을 불안해하고 결과에 대해서도 우려할 것이다. 준비는 신중히 이루어져야 하며 합의된 계획과 예방적 행동의 후속 조치가 함께 따라야 할 것이다.

:: 연속체의 중간 부분

이 지점에서 형식에 대한 고수는 약간 느슨해진다. 회의는 더 작거나 덜 형식적일 수 있으므로 소회의라고 말한다. 전형적인 회의는 피해를 일으키는 문제를 해결하기 위해 이 집단을 돕는 중간 관리자에 의해 촉진되며, 교사와 학부모, 학생이 참여하여 계획을 세우며 후속 조치를 마련하게 된다. 여기에는 교실이나 운동장에서 다투었거나 도움을 요청하거나 피해를 주는 갈등을 가진 학생 집단을 포함할 수 있다.

학급에서 문제가 발생할 조짐이 있다면, 교사와 학생들은 그 문제가 학습을 방해하고 있음을 인지하여 모두가 참여하는 학급회의나 서클을 열기로 결정하고, 그 문제가 자신들에게 어떻게 영향을 주는지와 함께 그 사안을 해결할 방법을 구조적이고 안전한 방식으로 논의해야 한다. 이 학급은 이미 숙련되어 있어서 학생들은 그러한 서클을 쉽게 활용할 수 있고, 교사는 담당자를 선택하거나 실행 팀에게 서클을 요청할 수 있다.

연속체의 이 지점에서 담당자, 특히 관리자는 덜 공식적이지만 똑같이 중요한 회의를 용이하게 할 수 있도록 충분히 숙련되어야 한다. 참가자의 준비는 이러한 준 정식 과정의 핵심 기능이며, 적절한 후속 조치도 마찬가지이다.

:: 연속체의 비공식적인 끝부분

회복적인 학교에서 모든 교사가 숙련되어 교실, 복도, 운동장에서 일어나는 사소한 문제를 해결할 수 있기를 기대한다. 이러한 종류의 사건은 거의 중대하게 다뤄지지 않지만, 문제 해결의 핵심에 관계라는 가치를 토대로 하여 우리의 행동 습관처럼 단단히 새겨진 기술을 필요로 한다. 교사의 대응은 정중하고, 진지하며(존중하는 질문), 차분하고, 신중하며, 확고하고 공정해야 한다. 예로서 우리는 3가지 전략만 언급하지만, 관계적인 태도를 가진 교사는 이 일을 할 수 있는 자신만의 방식을 개발하여 자신의 아이디어를 동료와 공유할 수 있도록 격려받아야 한다.

감정적 진술은 단순한 '나' 진술이다. '나는 느낀다.(느낌 표현) ~때문에(행동 명명) ~ 그리고 내가 원하는 것은 ~(행동 진술)이다.'

예를 들면 다음과 같이 말한다. '애들아, 나는 정말로 걱정이 돼. 너희가 서로 다치게 할까 봐. 그래서 내가 원하는 것은 경기하는 동안 서로의 손을 조심했으면 해.' 이것은 학생이나 학급이 자신들의 행동이 피해를 줄 수 있다는 사실을 매우 분명하게 알 수 있게 하는 위협적이지 않고 비난하지 않는 대화의 시작이다. 이러한 대화가 이미 학급에서 이뤄지고 있다면, 합리적인 학생들은 자신의 행동을 조절할 가능성이 있으며, 특히 학급에 좋은 관계가 있다면 그러할 것이다. 만약 좋은 관계가 없다면 더 힘들 것이다.

이 진술에서 원하는 결과가 없을 경우, 대응은 약간 더 형식적인 문제 해결 서클 또는 회복적 대화로 풀어갈 수 있다. '자, 모두 하던 것을 멈추고 앉아 보세요. 지금 일어나고 있는 일과 안전하지 않은 행동이 우리 모두에게 미치는 영향을 이야기해 봅시다. 문제가 생기면 이렇게 하기로 약속한 것을 기억하세요.'

관계적 대화는 뉴질랜드에서 존경받는 회복적 실천가 쥬드 목슨에 의해 개발된 아이디어로, 학생의 소소한 문제(교복 위반)를 바로 잡아야 할 경우, 그 행동을 비난하기 전에 먼저 그들과 연결하는 것이 최선일 수 있다는 개념으로 구축된 일반적인 접근법이다. 쥬드 목슨은 이러한 관계적 대화에서 4가지 기본 원칙을 사용하며, 연결성, 보살핌, 규칙보다는 가치관, 문제 해결을 위한 학생들의 강점 세우기로 설명한다(목슨 2013).

예를 들면 다음과 같다.

- 안녕, 조. 만나서 반가워. 오늘 어떠니? 네 교복에 대해 이야기해도 될까?(연결성)
- 나는 네가 춥지 않았으면 해. 따뜻하게 할 수 있는 또 다른 방법이 있지 않을까? 안에 뭔가를 입는 것은 어떨까?(보살핌)

• 교복을 입는 것은 소속감에 관한 것이고 너도 여기에 소속되어 있으니 그것을 보여주는 방법으로 교복을 입는 것이 중요해.(가치관)
• 나는 네가 사소한 일을 크게 만들지 않을 만큼 똑똑하다는 걸 알고 있어. 좋은 하루 되렴.(문제 해결력에 대한 믿음)

회복적 대화는 낮은 수준의 갈등, 분쟁, 잘못과 연관된 한 명의 학생 또는 많은 학생과 나누는 비공식적이고, 약간 구조화된 대화이다. 이것은 일대일(교사와 학생) 또는 관련된 사람이나 필요한 일에 따라 두 명 또는 그 이상의 학생들과 문제를 해결하기 위해 교사가 할 수 있다. 간단한 질문으로 구성된 대화의 목적은 피해를 입혔다는 인식을 심어주고 만약 그 사람에게 피해를 주었다면 문제 해결에 목소리를 내고, 문제를 해결할 계획을 세우는 것이다. 또한, 후속 조치가 중요하다. 가해자에게 하는 질문은 다음과 같다.

무슨 일이 있었니?
그때 무슨 생각을 했니?
그 후에는 무슨 생각을 했니?
누구에게 피해를 주었니? 어떻게?
피해를 보상하기 위해 어떻게 하면 될까?

피해자에게 하는 질문은 다음과 같다.

그 일이 생겼을 때 무슨 생각을 했니?

어떻게 피해를 입었니?

가장 힘든 부분이 무엇이니?

바라는 것은 무엇이니?

질문은 자유롭고 위협적이지 않으며 홉킨스(2004)의 말처럼 긴급한 과거(일어난 일), 현재(영향), 미래(일어나야 할 일)에 중점을 둔다. 질문들은 또한 문제를 해결하고, 피해를 회복할 목적으로 조치를 취하는 생각, 감정, 행위 또는 행동을 목표로 한다. 가능하다면 우리는 관련된 모든 것이 대화에 포함되어 있는지 확인하고 싶다. 그리고 이를 통해 문제가 해결되기를 바란다. 일대일 대화에만 의존하는 것은 거의 효과가 없다. 이러한 대화의 많은 부분을 차지하고 있는 것은 학생들이 그들의 행동에 대해 생각하는 법을 가르치는 과정이다. 신경학적 측면에서, 우리는 지금 학생들의 뇌에 새로운 신경 경로를 만들고 있다는 것을 알고 있으며, 이것을 만드는 특효약은 없다고 생각한다.

통합적 학교 접근법

전 세계적으로 학교의 교육자들이 공식적이고 비공식적인 대응 연속체에 적합한 광범위한 실천을 여전히 개발하고 있지만, 우리는 오랫동안 다음을 실현해 왔다.

효과적인 행동 관리는 많은 상호 작용과 복잡한 요인의 결과이며, 교육

과정과 생산적 교수법과는 관련성이 거의 없다. 관계에 중점을 둔 회복적 실천은 학교가 학교 문화와 조직의 모든 측면에 관여하도록 요구하며, 부적절한 행동 관련 사건을 예방하기 위해 다양한 관계적 실천을 개발해야 한다고 요구한다(블러드와 소스본 2005).

회복적 실천을 다른 행동 관리 전략이나 심각한 피해 문제에 대한 대응보다 조금 더 중요하다고 생각한다면, 근본적인 문제를 해결하고 재발을 방지하기 위한 사전 예방 전략에 관심을 집중해야 한다.

사전대책을 강구하는 대응들은 학교 환경에서 자주 발생하는 일이다. 전형적인 학교생활에서 마주하는 많은 문제를 관계적 관점이나 관계를 와해시키는 요인으로 보지 않는다면 때때로 잘못 진단될 수 있다. 예를 들어, 운동장에서 생긴 문제는 종종 개별화되거나 개인이나 집단 학생들 일부의 잘못으로 간주할 수 있다. 잘못을 한 당사자들과의 회복적인 대화는 종종 처벌에 의존하지 않고 해결될 수 있는 요인을 드러내준다. 예로서 사회적 기술의 부족, 모르는 놀이 규칙, 지루함, 놀이 공간의 부족한 할당 또는 기구 부족 등이다. 〔그림 2.3〕에서 우리는 계층화된 통합적 학교 접근법을 개괄적으로 설명하면서 실천 연속체에 이것을 추가할 것이다.

〔그림 2.3〕에는 3가지 별개의 실천 계층이 있으며 갈등과 분열을 다루거나 문제 발생을 막기 위해서 각각 다른 목적을 갖는다. 2개의 상위층은 회복적, 대응적 연속체(회복 및 재연결)이며 맨 아래층은 문제 발생을 예방하고 건강한 관계(예방 및 구축)를 구축하는 것이다. 우리는 일어나는 일에 반응하는 것과 관계를 강화하고 문제를 예방하려고 의식

적으로 노력하는 것을 이중의 능력이라고 본다. 성공적인 실행을 위해 반드시 3가지 실천적 층이 전부 자리를 잡는 것이 중요하다. 중요하게 고려할 사항은 각 층에 투입하는 재정적인 양과 각 층이 학교 공동체 전체에서 목표로 삼고 있는 대상이다.

삼각형의 사전 예방적인 층은 학교 공동체의 모든 교사의 일이다. 모든 학생에게 사회 정서적 역량을 개발하고, 학생들의 개인 및 대인 관계 효율성을 향상시키고, 학교 공동체의 소속감, 안전, 복지에 기여하도록 하는 프로그램과 교육과정을 실시하여 학습을 극대화할 수 있다. 간단히 말해서, 보살핌과 존중의 문화를 발전시키는 것이다. 모리슨(2007)은 학생들에게 근원적인 문제가 발견되면, 목표가 있는 프로그램을 적용할 수 있지만, 예방적인 전략으로 건강관리 모델과 유사한 예

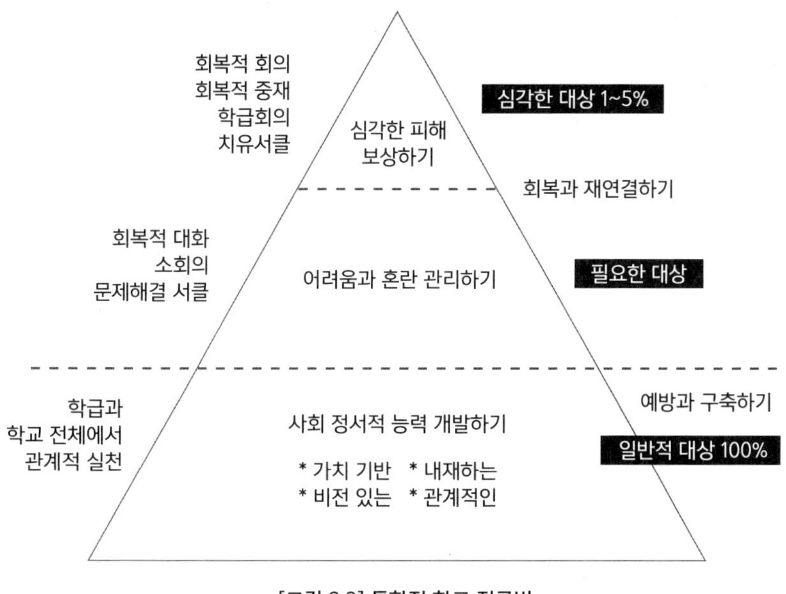

[그림 2.3] 통합적 학교 접근법

방접종 프로그램을 적용한다고 언급한다. 예를 들어, 앞서 언급한 루이셤 초등학교의 경우 주목받고 있는 대부분의 학생은 바뀐 나라, 가족 위기, 그들의 삶에서 또 다른 중요한 손실과 격변으로 인해 큰 슬픔과 상실을 겪고 있다는 사실이 발견되었다. 결과적으로 전문적인 슬픔 상실 프로그램은 학생들이 근원적인 슬픔을 관리하도록 도와주었고, 참여한 학생들을 돕는 측면에서 큰 성공을 거두었다. 그 일은 예방적이었지만 목표도 있었다.

중간층에서는, 학교에 소속된 모든 사람을 포함하여 학교 공동체 전체가 일상적인 어려움을 관리하기 위해 교육받는 것이 중요하다. 학교 공동체는 교사와 학생들이 서로 가까이에서 공부하고, 배우고, 활동할 때 나타나는 전형적인 혼란과 어려움에 대처할 수 있어야 한다. 교사는 학교에서 일어나는 일을 인지하고 효과적으로 대응할 수 있는 능력이 있어야 하며, 스스로 다룰 수 없다고 느낀다면 도움을 받는 것이 중요하다. 중간층에서는 복도, 교실, 운동장에서 실행되고 있는 회복적 실천을 보고 들을 수 있을 것이다. 성인들 차원에서도 회복적 실천이 그러한 도전적인 대화를 하도록 하고, 팀, 교무실, 행정실에서 발생하는 문제를 해결하는 데 사용될 것이다. 회복적 실천은 학생들뿐만 아니라 학교 공동체 전체에 적용하는 방법이다. 여기에는 교사가 교사를 다루는 방법도 포함된다.

교육학과 사회 정서적 문해력과 회복적 실천 간의 연결

회복적 실천이 변화를 일으키는 능력은 학교 공동체 내에서의 관계의 질과 학교의 전반적인 건강 상태에 달려 있다. 효과적인 행동 관리는 학생과 교사 사이의 건강한 관계없이는 사실상 불가능하다(콘 1996, 존스와 카 2002). 동시에, 행동 관리에 관한 연구가 반드시 교육과정과 교육학에 관한 논의를 이끌어내야 하며, 본질적으로 이 3가지는 연결되어 있다. 이 3가지 요소 간의 연계를 이해하는 것은 관계적 가치에 기반을 둔 회복적 실천 실행의 중요한 부분이다. 우리는 교육학과 회복적 실천 간의 연계를 연구하기 전에, 사회 정서적 복지에 필요한 요소를 먼저 살펴볼 것이다.

:: 사회 정서적 문해력

메릴린 듀(2007)는 '사람들이 자신에 대해 긍정적인 면을 가질 때 새로운 경험에 보다 더 개방적이며, 더 유연하고, 변화를 자발적으로 받아들이면서 더 많이 배울 수 있다'고 말한다. 이것을 정서적 문해력, 사회 정서적 문해력, 사회 정서적 학습으로 설명하는 많은 개념과 방식이 있지만, 사회 정서적 복지라고 부르겠다. 명확히 하기 위해, 우리는 사회 정서적 복지의 개념을 정의하고, 학교 공동체에 든든한 사회 정서적 복지 구축의 중요성을 설명할 것이다. 먼저 사회 정서적 복지에 대해 설명하면서, 소속감과 서클을 포함한 관계적 실천이 교실, 교무실, 학교 공동체에서 어떻게 관계를 강화시키고 사회 정서적 문해력을 발달시키는지에 초점을 맞출 것이다.

건강한 관계를 발전시키기 위해서는 교실과 교무실 내에서도 사회 정서적 능력을 개발할 필요가 있다.

:: 사회 정서적 문해력의 정의

앨버트슨, 브래킷, 와이스버그(2010)는 사회 정서적 학습 공동 연구에서 사회 정서적 학습의 정의를 자기 인식, 사회적 인식, 통제, 책임 있는 의사 결정과 문제 해결, 관계 관리로 설명한다. 사회 정서적 학습 공동 연구(2011)는 사회 정서적 학습을 '어린이와 심지어 성인들까지 효율적인 생활을 하기 위한 기본 기술을 개발하도록 돕는 과정'이라고 설명한다. 사회 정서적 학습은 우리 모두가 우리 자신, 우리의 관계, 우리의 일을 효과적이고 윤리적으로 다루는 데 필요한 기술을 가르친다. 사회 정서적 학습 공동 연구가 밝힌 사회 정서적 학습의 핵심 능력은 다음과 같다.

- 자기 관리: 목표를 이루기 위해 자신의 감정과 행동 관리하기
- 자기 인식: 자신의 감정, 가치, 강점, 도전 인식하기
- 사회적 인식: 다른 사람을 이해하고 공감하기
- 관계 기술: 함께 일하고, 갈등을 해결하고, 긍정적인 관계 형성하기
- 책임 있는 의사 결정: 개인적 및 사회적 행동에 대한 올바른 결정과 선택하기

핵심 능력들은 시간이 지남에 따라 어린이, 청소년, 성인들이 사회적으로 더 책임지게 하고, 더 괜찮은 학부모, 팀 선수, 직원, 관리자가 될

수 있게 하는 삶의 필수적인 기술이 된다. 앨버트슨 외 연구진(2010)은 '교사, 또래, 가족과 긍정적인 사회적 상호 작용을 하며 학습 과정에 적극적으로 참여한 학생들은 학교 안팎에서 더욱더 성공한다'고 말한다.

유아기 전문가인 루이즈 포터 박사는 생활 문제에 대한 호주방송위원회(2002) 인터뷰에서 이 과정은 아이들이 3~4세가 되었을 때 시작되어야 하고, 그래야 다음과 같은 감각을 형성하기 시작한다고 말했다.

- 자기와 타인에 대한 책임
- 부모의 부재 시 잘잘못을 분별할 수 있는 능력 면에서의 책임
- 마음에 들지 않아도 다른 사람들과 협력하고 일할 수 있는 능력
- 자기와 타인을 위해 올바른 선택을 할 수 있다는 것을 알고, 책임을 지고 잘잘못을 알고, 변화를 가져올 수 있는 개인적 역량

튜(2007)는 학생들이 학교에서 성공하도록 돕는 정서 문해력의 5가지 영역과 구성 요소를 다음과 같이 말한다.

1. 자기 인식: 낙천주의, 상상력, 성실성, 자신감
2. 자기 통제: 분노와 같은 감정 관리
3. 타인 이해: 공감, 도움 되기
4. 타인과의 관계: 함께 일하고 적응하고 의사소통 잘하기
5. 동기 부여: 계속해서 나아가기

타인 이해와 더불어 자기 인식 및 자기 통제가 있는 것과 타인과 잘

어울리는 방법을 아는 것은 학생들이 학교생활을 잘하도록 동기를 부여한다. 학생들이 각각의 구성 요소에 능숙하면 할수록 학교 안팎에서 더 많은 성공을 거둘 수 있을 것이다.

슈타이너(1997, 튜 2007 인용)는 정서 문해력을 갖추기 위해서 다음과 같은 능력이 필요하다고 한다.

1. 감정 이해하기
2. 경청하고 감정 공감하기
3. 감정을 창의적으로 표현하기

이런 능력을 갖추고 있을 때, 개인적인 힘을 가지게 되고, 자기 통제가 가능하고, 긍정적이고 생산적인 방식으로 상호 작용하게 되며, 더 낙관적이고 회복적일 것이고, 주변의 관계를 개선할 가능성이 커질 것이다.

:: 회복적 실천과 사회 정서적 학습 간의 연결

사회 정서적 학습을 구축하려면 일상에서([그림 2.3] 삼각형의 밑 부분) 사회 정서적 구축 프로그램(서클, 친 사회기술 프로그램 같은 기타 활동)과 목표가 있는 프로그램(집단과 개인의 학교 내의 문제를 다루는 사회 정서적 특별 집단 프로그램)을 매일 또는 주 단위로 지속적으로 할 필요가 있다. 이는 각 공동체 내의 문제와 광범위한 학교 인구를 이해하는 데 달려 있으며 이런 욕구를 충족시키기 위해서는 반응적이고 창의적이어야 한다.

튜(2007)는 교사가 학생들에게 기대하는 학생 간의 상호작용과 행동하는 방법에 대한 역할 모델이 되어야 함을 강조하면서 이것을 개발하는 방법을 제공한다. 회복적인 관점에서 볼 때 교사는 관계적이어야 하며 관계적 방식으로 갈등과 분열을 다루는 방법을 모델링해야 한다. 그들은 학습에 도움이 되는 건강한 학급 환경을 개발하기 위해 관계적 방식으로 학습하도록 이끌어야 한다. 이를 위해서는 학생들이 협력하여 활동할 수 있도록, 학급에서 사회 정서적 문해력을 개발하는 교사의 기술이 필요하다. 라헤이(2013)는 학급 내에서 활동과 상호작용을 통해 사회 정서적 학습을 가르치는 것이 교사가 가르칠 수 있는 가장 중요한 것 중 하나이며, 학생들의 인생 여정에서 그들을 가장 잘 돕는 일이라고 말한다. 학생과 전 학급은 학업 및 사회 정서적 학습 차원에서 일어나는 일과 교육과정 내에 포함되어야 하는 기술을 개발하는 프로그램이나 활동에 관해서 토론할 수 있어야 한다. 이것은 학업적, 사회적, 정서적, 개인적 차원에서 학생들이 성공할 수 있는 다양한 기회 창출과 실수를 통해 배우는 기회도 포함된다.

이것은 학생들이 비폭력적 방법으로 문제를 해결하고 책임감 있는 젊은 시민으로 성장하기 위해 필요한 바로 그 기술들이다. 교실에서 회복적 실천이 효과적으로 실행되는 학교에서 목격한 것은, 일반적인 사회 정서적 학습 역량을 음과 양으로 가르칠 뿐 아니라 학생들은 회복적 실천 과정이 작용하는 방법과 효과적으로 참여하는 방법을 신중히 배운다는 사실이다. 학생들의 이해에 차이가 있을 때, '우리 학생들은 이것을 잘 이해하지 못한다'라고 말하기보다 회복적 실천을 할 수 있도록 학생들의 사회 정서적 소양 구축에 대책을 강구해야 한다. 현명하게도 많은 학교에서는 회복적 실천이 작용하는 방식으로, 그리고 학부모 공동체에 제대로 참여하는 방식으로 사회 정서적 소양을 확장시켜 학부모와 학교 간의 패러다임 격차를 최소화했다.

:: 교육학과 회복적 실천의 연결

우선 회복적 실천과 학교 교육의 핵심 업무인 교육학, 즉 교수학습 간의 연결을 생각해 보겠다. 살베리(2003)는 핀란드가 일관되고 훌륭한 교육 성과로 세계를 선도하는 데는 굉장히 우수한 전문적 리더십이 있다고 언급했다. 린가드 외 연구진(2003)은 학업적인 면과 사회적인 면을 모두 배우는 학생이 학교 리더십의 핵심 인물이 된다는 입장을 취한다. '학교 리더십의 임무는 무엇보다 학업과 사회적 학습을 극대화하는 상황을 만들고 유지함으로써 학습을 이끌어내는 것이다'(린가드 외, 2003). 교사가 학업 및 교육과정 측면에서 필수 학습을 충족시키는 동안 종종 부족한 학습에 도움이 되는 것은 사회적 학습과 환경이다. 맥닐과 실콕스(2003)는 '교장은 효과적으로 학교를 이끌어 나가야 하고 교사는 교수법의 모든 측면에서 효과적이어야 한다'고 언급하면서 교육학적 리더십의 중요성을 언급했다. 교육학적 리더십이 없으면, 교사가 가르치고 학생이 배우는 데 어려움이 있다.

맥닐과 실콕스(2003)가 지적한 것처럼, 관리자들은 교사가 교수법의 모든 면에서 효과적일 수 있도록 학교를 이끌어야 한다. 이를 위해 관리자들은 학교의 비전과 방향에 교사를 맞추고 실천을 지원할 수 있는 교육학 실천에 대하여 올바르게 이해하고 있어야 한다. 또한 관리자들은 교사가 왜 이 일을 하고 있는지, 그리고 이것이 학생이 배우고 교사가 가르치는 것을 어떻게 도와주는지 구분해주는 회복적 실천과 교육학 사이의 연결을 명확하게 할 필요가 있다. 회복적 실천을 교실에 소개할 때 교사들은 처음에 '나는 이것을 할 시간이 없습니다. 나는 교과과정에 매진해야 합니다'라고 반응할 것이다.

많은 연구에서 린가드 외 연구진(2003)은 학교가 학습 환경의 일부로 관계의 질에 중점을 두고 집중할 때 학업 결과가 향상된다는 것을 발견했다. 관계의 질은 많은 교육 시스템에서 표준화된 시험의 압박으로 종종 길을 잃는다. 린가드 외 연구진(2003)은 또한 밀접한 관계에 중점을 둔 학교가 학습 성과를 향상시킨다는 사실도 발견했다. 이것은 모든 평가에서 선도적인 교육 시스템을 구축한 세계적 수준의 핀란드 교육 시스템과 일치한다. 그것은 자질을 갖춘 교육 지도자들이 이끄는 좋은 학교에서 최고의 자질을 갖춘 사려 깊은 교사가 제공하는 교육적 접근과 평등에 중점을 두는 대신에, 표준화된 시험을 시행하지 않는 시스템이다(살베리 2012).

많은 교육학 모델이 있지만, 우리는 회복적 실천과 배움의 학문적 측면에서 교육적인 연결을 해주는 한 가지 방법을 끌어낼 것이다. 고어, 그리피스, 라드위그(2004)는 생산적인 교육학 프레임워크의 4가지 측면을 지적인 자질, 연결성, 사회적 지원, 차이점 인정(그림 2.4)으로 언급하면서, 생산적인 교육학은 '지적 정의와 사회 정의 두 부분에서 결과물로 분명하게 나온다'고 지적했다. 회복적 실천은 학생 간에 그리고 교사와 학생 간에 분명하고 높은 기대와 긍정적인 관계 형성을 통하여 사회 정의의 결과를 달성하는 데 확실히 도움이 되고, 최고의 학습 환경을 개발하도록 도와준다. 높은 기대와 함께 회복적 실천은 자율적인 학생과 학급으로 발전하도록 많은 지원을 할 것이다.

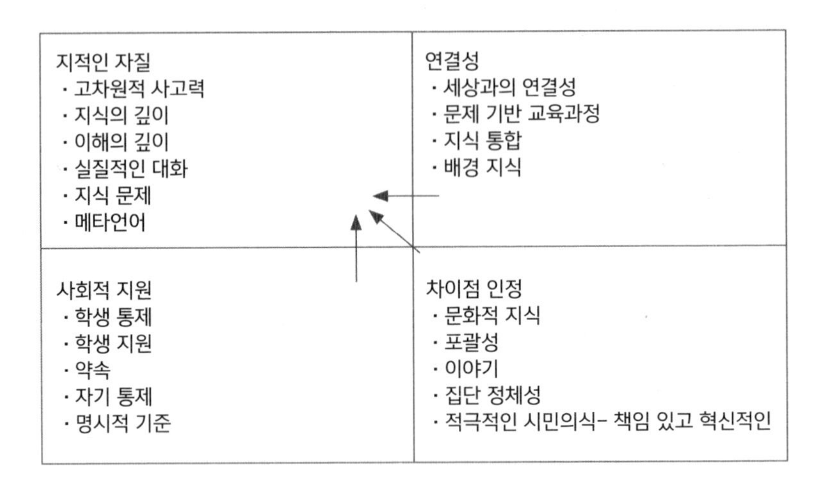

지적인 자질 · 고차원적 사고력 · 지식의 깊이 · 이해의 깊이 · 실질적인 대화 · 지식 문제 · 메타언어	연결성 · 세상과의 연결성 · 문제 기반 교육과정 · 지식 통합 · 배경 지식
사회적 지원 · 학생 통제 · 학생 지원 · 약속 · 자기 통제 · 명시적 기준	차이점 인정 · 문화적 지식 · 포괄성 · 이야기 · 집단 정체성 · 적극적인 시민의식- 책임 있고 혁신적인

[표 2.4] 생산적인 교육학(린가드 2003)

〔표 2.4〕에서 우리는 회복적 실천이 교실에서 연결성 구축, 사회적 지원, 차이점 인정에 도움을 줌으로써 지적인 자질을 개발하는 데 어떻게 도움이 되는가를 보여주는 린가드 외 연구진(2003)의 4차원 교육학을 인용했다. 회복적이고 관계적으로 일하는 것은 모든 학생이 인정받고 존중받는 학급, 많은 지원과 높은 기대치가 있는 학급, 지원과 기대치가 명확하여 자기 조절을 배우고 또래들의 행동조절을 도와주는 학급을 만들도록 도와주는 것이다. 학생들이 자신의 어려움을 해결하고 사회 정서적 학습으로 기술을 배우는 것이 연결성, 포괄성, 집단 정체성, 책임 있고 적극적인 시민의식을 형성하는 데 도움이 될 것이다.

:: 현재 행동에서 일어날 수 있는 일 다루기

지금까지 우리는 통합적 학교 변화와 회복적 실천 연속체에 필요한 실천의 여러 계층을 논의했다. 다음에 우리는 사회 정서적 문해력을 구축하는 사전 예방적인 전략을 살펴보겠지만, 종종 간과되는 대화는 현재 행동에서 일어날 수 있는 일과 관련된 내용이다. 보너와 카로(2012)는 '학생 복지는 좋은 학교가 하는 모든 일의 중심에서 가르치고 배우는 것과 다를 바 없다. 학생들이 집안 문제나 불안이나 우울로 정신이 산만해지면 제대로 배울 수 없다'고 말한다. 건강한 행동 기준 개발에 도움이 되는 환경에서 또래 간의 연결성을 촉진하는 것이 중요한 위험 감소 전략이 된다(커비 2001, 휘틀록 2003). 우리가 몇 번이나 본 것처럼, 건강한 환경을 조성하는 학교는 학습 성과를 높이고 학생들에게 바람직한 행동을 하게 할 뿐만 아니라, 문제를 많이 가진 학생들은 학교를 안전한 피난처로 볼 가능성이 더 크고, 그들이 학교에 있을 때 그들 뒤에 감춰진 문제들을 다룰 수 있도록 한다.

회복적 실천은 반드시 현재의 문제로 시작하고 과거에 일어난 일 또는 앞으로 일어날 일을 언급해야 한다. 그 행동을 구제하거나 변명하는 것은 법원 시스템에서 일어나는 것과 비슷할 것이다. 일단 가해자가 유죄 판결을 받으면, 변호사는 그 행위 자체를 설명하면서 처벌의 가혹함을 완화하기 위해 노력한다. '그는 취한 상태였고, 자신이 하고 있는 것을 알지 못했고, 좋지 않은 양육환경에서 자랐고, 여자 친구와 막 헤어졌다'고 말한다. 심각한 범죄의 피해자들은, 이러한 소송에서 특히 법원이 희생자들이나 가족들에게 발언권을 주지 않기에 듣고 있는 자체가 굉장히 힘들 수 있다. 재판 과정이 진행되면서 법정에 앉아 있는 피해자 가족은 그 절차에서 사랑하는 사람들의 목소리가 잊히고 무시되는 것처럼 보인다고 이야기한다(버크 2008, 허치슨 2006, 가너 2004). 어쩔 수 없이 사건은 가해자에 대한 사건을 입증하는 데 초점을 맞추고 있으며, 피해를 당한 사람은 '사망자' 또는 '피해자'와 같은 비인격화된 방식으로 종종 부차적인 것처럼 취급된다. 피해자의 경우, 그들이 당한 가해의 결과와 가해 행동에 대한 정보와는 관련이 없다. 특히 시스템이 피해자와 가해자가 대화할 기회 없이 따로 관리될 때 두 사람은 동등하지 않다. 마찬가지로 학교도 학생들의 행동에 초점을 맞추는 반면, 교사들의 힘든 관계는 무시되거나 묵인되는 경우가 많다.

:: 교사들 관계

우리는 학생들과 회복적 실천에 대해 글을 쓸 수 없고, 교사들 관계에 대한 문제도 제기할 수 없고, 이러한 일들이 어떻게 문화에 의해 만들어지고 문화에 기여하는지에 대해서도 드러낼 수 없다. 심프슨(2004)은 예시로 신입 교사가 새 학교에 정착할 때 직면한다는 문화적 단서를 언급한다. 우리는 학교 환경에 관한 심프슨의 목록에서 몇 가지 단서를 택하고 다른 자료에서도 여러 가지를 추가했다. 내용은 다음과 같다.

- 관리자가 교사에게 어떻게 말하는가
- 교사들이 부재중인 관리자에 대해 어떻게 말하는가
- 관리자와 교사가 학생과 학부모에 관해 어떻게 말하는가
- 교직원 회의에서의 의사소통 형태와 회의 직후에 말하는 내용은 무엇인가
- 비판과 불일치가 어떻게 다루어지는가
- 학교가 학교 계획과 개인적인 비전을 어떻게 받아들이고, 홍보하

고, 지원하는가

- 학생들이나 교사들 사이에서 드러난 요구에 학교가 어떻게 대응하는가

당신이 소속된 학교의 문화적 단서는 무엇인가? 업무는 어떻게 진행되는가? 교사들은 어떻게 서로 의사소통을 하는가?

| 사례연구: 허용적인 학교 |

페타는 예전에 전문성 신장을 위한 강의를 하려고 한 초등학교에 갔는데, 행정직원은 불친절한 태도로 교무실로 가라고 했다. 많은 학교와 마찬가지로, 그 학교도 복도가 복잡하여 정확하게 찾기가 매우 어려웠다. 교무실을 찾으려고 어떤 학생에게 물었는데 그 학생은 욕을 하면서 아무 도움도 주지 않았다. 처음에는 그 학생이 기분 나쁜 일이 있어 그러려니 여기면서, 다른 학생에게 똑같이 물었지만 무례하기는 마찬가지였다. 교무실과 관련 교사를 찾는 동안, 이 학교의 문화는 학생들이 교사들을 존경하지 않고 교사들에 의해 그것이 용인되었다는 사실이 그대로 드러났다. 나중에 학교에서 일어난 일을 말했을 때 교사들은 만장일치로 대답했다. '그것이 학생들이 집에서 하는 행동이에요. 그래서 무엇을 기대하나요?' 페타는 '아주 많은 것을 기대합니다!'라고 대답했다.

이 일은 교사들이 무례한 문화를 감수하고 있다는 것과 행정직원의 행동이 어떠하든, 그와 같은 행동을 한다는 것은 동일한 가치와 행동

을 받아들였다는 것을 드러냈다. 만약 그들이 변화가 가능하고 바뀌기를 원한다면, 가장 먼저 할 일은 가치와 자신들의 메시지를 깊이 생각해보는 것이다.

호주에서 문화 사업의 자문회사이자 개척회사인 '기업문화'는 문화를 다음과 같이 정의한다.

> 문화는 실제로 가치 있는 것을 받아들인 메시지의 결과이다. 사람들은 자신의 행동을 이 메시지에 맞추어 적합하게 만든다. 문화를 변화시키려면 이러한 메시지에 대한 체계적이고 계획된 변화가 필요하며, 그 근원은 행동과 기호 그리고 시스템이다(테일러, 2004).

테일러(2004)는 문화 관리, 즉 문화 변화가 메시지 관리라고 말하고 있다. 교사들은 행동 신호를 교장, 교감, 부장들에게 보내면서 끊임없이 주시하고 있다. 그들의 행동은 학교에서 기대되는 것을 사람들에게 상징적인 메시지로 보낸다. 자신들의 메시지에 의미를 담아서 행동, 결정, 상황으로 많은 사람에게 보낸다. 심지어 작은 사건을 큰 메시지로 보내기도 한다. 예로서, 담임교사가 처벌로서 또는 교사에게 부적절한 말을 한 학생을 교장에게 보내어, 교장의 대응 방법을 보려고 할 수 있다. 문화는 학교의 중점 사항, 교복, 예산이 투자된 시설과 같이 눈에 잘 띄는 기호로 '여기에서 중요한 점과 무시되는 점'을 알려준다.

호주의 리더십 개발과 조직 변화에 권위자인 리(2004)는 테일러(2004)의 주장에 동의하며, 문화 변화는 본질이 바뀌고 조직의 리더십으로 시작될 때 더욱 효과적이며, '위로부터 열정적이고 지속적인 리더십에 의해 주도되어야 한다. 그러므로 혁신적인 변화는 관리자들의 마음가짐을 변화시키는 것에서 시작된다'(리 2004)고 말한다.

그러나 그는 전통 문화가 있는 조직은 필요한 결과나 가능한 것을 더 이상 생산하지 않는다고 경고한다. 그러한 문화는 매우 탄력적이며 실제로 변화에 내성이 강한 것으로 나타났다. 문화가 정착된 학교에서 일해 온 우리도 때때로 이러한 문화가 있는 곳은 바뀌기 어렵다는 것에 동의할 수밖에 없다.

현시점에서 교사들 관계에 대한 우리의 최종 의견은 당신에게 질문으로 답하겠다. 교무실에서 부서별 또는 교사 간에 전문적이고 동료적인 관계의 질이 어느 정도까지 중요한 사항인가? 어떻게 이 사항이 다뤄지는가? 교사에게 영향을 미치는 의사 결정은 얼마나 투명한가? 교사들은 서로 어떻게 지내는가?

소스본(2011)은 다음과 같이 말한다.

> … 학교는 교사를 위한 직장이기도 하다. 교사와 학생 간에 가장 효과적인 것은 교사 간의 관계에서도 효과가 있다. 학교가 회복적 정책과 프로토콜을 시행하려는 경우, 교사들 관계의 질에 세심한 주의를 기울여야 한다. 만약 이것이 긍정적이지 않거나, 관리자와 교사 사이에 신뢰가 거의 없고, 또는 해결되지 않은 해묵은 갈등과 빈약한 구조와 과정이 있다면, 교사들은 이상한 낌새를 맡고 이렇게 말할 것이다. '우리의 관계와 우리의 복지에 아무 문제가 없는데, 학생들을 대하는 방법을 왜 바꾸어야 하는가?'
>
> 학생들의 행동을 바꾸려면 우리 자신의 행동을 바꾸어야 한다. 교사가 먼저 해야 한다. 그러나 변화 과정이 지속되기 위해서는 동료와의 관계를

고려해야 한다. 동료와의 관계는 깊고 상호 간의 만족이 근원이 되어야 한다. 이것은 우연히 일어나지 않는다. 우리의 관계는 만들어지고 키워야 하며, 단절이 발생할 때는 개선되어야 한다. 우리는 서로 말한 대로 행동해야 한다.

:: 모든 것을 종합하기

통합적 학교 접근법에 필요한 것으로 되돌아가서, 우리는 사회 정서적 학습 없이는 회복적 실천을 할 수 없다고 제시했다. 실천 연속체의 양쪽 끝의 반응적이고 예방적인 내용들은 강력한 강화 효과를 준다. 교장이 이것을 교사들이 잘 가르칠 수 있는 건전한 교육적 리더십과 연결해주면, 학습과 건강한 관계에 도움이 되는 환경을 조성할 수 있을 것이다. 건강한 관계는 사람들이 책임지게 하고(높은 요구도) 사람들을 가르치고 배우도록 지원하는(높은 지지도) 학교 공동체에서 다른 사람들과 함께 일하는 하나의 방식이다(로크, 캠벨, 카바나 2012). 관계는 존재의 방식, 즉 학교가 건전한 행동 규범을 개발하는 환경을 조성하는 데 도움이 되는 관계적 방법으로 대응하는 방식을 요구한다.

로젠(아빈저 연구소 인용 2006)은 이런 존재의 방식을 마음의 방식으로 〔그림 2.5〕에 묘사한다. 아랍인 유수프 알파라와 유대인 아비 로젠은 서로의 민족 사촌들 손에 그들의 아버지를 어떻게 잃었는지를 논의하면서, 갈등(그들의 경우 전쟁)을 다루는 접근 방식으로 훌륭한 친구가 되었다. 요컨대 알파라와 로젠이 말한 문제 해결(즉, 문제 해결 행동)의 접근법은 평화의 마음 또는 전쟁의 마음에서 나온다는 것이다. 우리가 전쟁의 마음을 갖는다면, 다른 사람을 비인간화하거나 더 해를 입히는 방법으로 그들을 사물처럼 대하게 된다. 우리는 그 학생을 문제 학생 또는 악한 학생으로 보게 된다. 그런 다음 행동의 근본적인 원인이 되는 요인을 다루지 않는 처벌 및 처벌 방법(전쟁의 마음)으로 대응하게 된다. 우리가 평화로운 접근 방식(평화의 마음)을 취하면, 사람을 사람으로 보게 되고, 사람들의 필요, 걱정, 욕구, 두려움이 우리 자신과 별 차이가 없다는 것을 알게 된다. 우리는 또한 무슨 일이 일어나고 있는지, 그 학생이 얼마나 노력하고 있는지를 이해하려고 할 것이며, 그들에게 책임을 묻기 위해 할 수 있는 일을 고려할 것이며 동시에 그들에게 행동을 바꾸도록 지원할 것이다.

회복적 실천은 학부모, 교사, 학생을 머리에서 이미 포기하기로 결심한 전쟁의 마음보다 오히려 평화의 마음으로 학교 공동체에서 일어나고 있는 일에 교장, 학교, 학생이 접근하도록 요구하는 존재의 방식

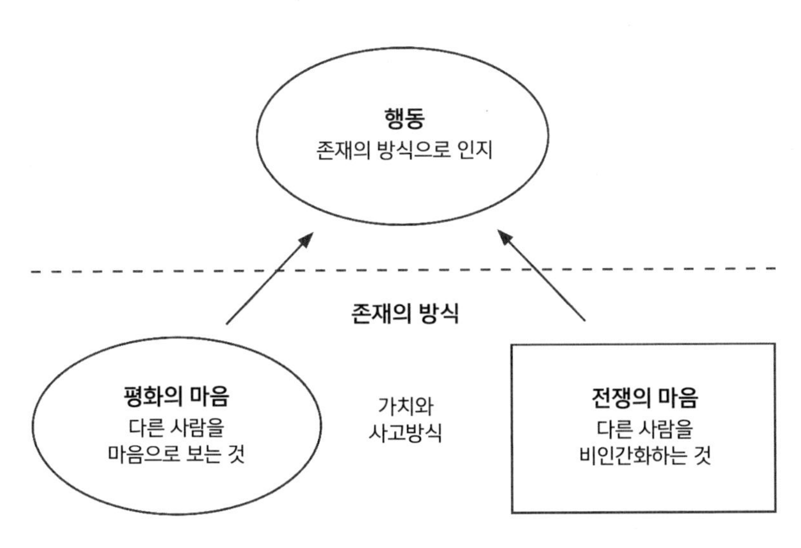

[그림 2.5] 존재의 방식(로젠, 아빈저 연구소 2006)

이다. 이런 접근법보다 더 좋은 것은 없다. 실제로 잘못된 행동을 하는 많은 학생은 자신만의 잘못이 아니라면서 자신과 다른 사람들에게 엄청난 피해를 주게 된다. 부분적으로는 그들의 삶에서 반복적으로 만나게 되는 전쟁의 마음 때문이다. 이러한 관점에서 회복적 실천의 실행은 생각의 실질적인 변화가 필요하다. 우리가 말한 대로 학교와 학교를 관리하는 사람들의 마음과 생각의 전환이 학교를 이끌어서 회복적 실천을 하도록 할 것이다.

3장

회복적 학교
: 목표를 확립하고 행동하라

3장에서는 문화 변화의 본질과 우리가 논의한 것처럼 회복적 실천의 실행이 마음과 생각의 전환 또는 학교가 일하는 방식에서 패러다임의 전환을 어떻게 요구하는지 살펴볼 것이다. 만약 건강한 관계 발달에 아직 도움이 되지 않는 학교 환경이라면, 문화 변화 없는 회복적 실천은 효과적이지 않을 것이다. 우리는 문화 변화의 개관으로 시작하여 회복적 학교가 어떤 모습으로 보이고, 느껴지고, 들리는가에 대한 결론으로 안내하겠다.

문화 변화: 패러다임의 전환

문화는 다양한 방식으로 정의되지만, 우리가 찾은 가장 간단한 정의는 '여기에서 우리가 일하는 방식'(오우치와 존슨 1978, 심프슨 2004)이다.

그랜지(2013)는 다음과 같이 말한다. '문화는 사람들 간의 사회적이고 학습적이고 전염되는 복잡하고 다면적이고 다층적인 현상이다. 문화는 행동, 신념, 상징, 규범, 기대에 관한 것이다. 문화는 시간이 지나면서 성장하고 강력한 리더십과 건전한 방법론으로 지도받고 형성될 수 있다.' 코터(2012)는 '문화는 사람들의 행동을 성공적으로 바꾼 후에야 변한다'고 단언한다. 반면 변화는 '변형되고 형태를 바꾸고, 교체 또는 대체되면서' 다양하게 만들어진다(학업 리더십 국립연구원, 연도 미상)는 다른 표현도 있다.

회복적 실천은 다양하게 묘사되는데, '모든 것을 함께 묶는 접착제', 효과적인 학교생활을 이해하기 위한 원칙 안내서나 틀이라고 할 수 있다. 회복적 실천은 종종 학급에서 학생과의 관계와 그들의 행동에 대한 대안적인 견해를 가지고 있는 교사와 관리자의 사고에 중요한 변화를 요구한다. 이 책의 2부에서는 회복적 실천의 실행이 어떻게 1단계 또는 2단계 변화를 포함하는지 논의해 볼 것이다. 1단계 변화가 기존의 것에 회복적 실천을 통합하는 것이라면, 2단계 변화는 학교를 통째로 탈바꿈하는 것이다. 현실에서는 대부분의 학교가 이 차이를 모른다. 대다수는 회복적 실천을 행동 변화 전략 또는 간편한 해결 도구로 본다. 이 책에서는 이러한 단편적인 접근을 지지하기보다, 회복적 실천이 어떻게 학교에 성공적으로 통합될 수 있고 이 일이 어떻게 학교 공동체 전체의 문화를 바꾸는 데 도움이 될 수 있는지에 대한 지침을 마련하고자 한다.

진정한 문화 변화가 시작되는 곳에는 사고방식에 대한 도전이 있다. 메지로우(2000)는 이러한 변화를 개인의 세계관을 바꿔야 할 필요성으로 언급하는데, 어떤 변화 과정에서든 중요한 부분은 개인이 가진 신념과 관점을 성찰하고 도전함으로써 개인의 준거 틀을 변화시킬 수 있다는 것이다. 이 책이 매우 전통적인 환경에서 문화를 바꾸려는 방대한 작업을 다뤘다는 점에 독자들이 압도되지 않길 바라며, 먼저 문화 변화에 대한 유명한 경영 이론으로 몇 가지 조언을 하여, 선의의 노력과 에너지, 열정이 헛되지 않도록 할 것이다. 문화 변화에 대한 더 많은 논의는 2부와 3부에서 다루게 될 것이다.

회복적 학교

마지막으로 당신의 학교가 회복적 철학을 수용하여 신중하게 계획한 전략을 성공적으로 실행했고 그런 상태로 3~5년 정도 유지한 학교의 모습을 상상해보라. 우리가 영구적으로 만들고 싶은 어떤 변화와 같은 바람직한 지점이라고 생각하는 곳에 도달했더라도, 그러한 형태를 가진 학교로 유지하려면 지속적인 관심이 필요할 것이다. 따라서 회복적 학교의 목표에 도달하는 방법과 이것을 통해 얻을 수 있는 것을 고려하기 전에, 먼저 회복적 학교에 대한 목표를 마음에 새기고 시작하기를 바란다.

:: 보고, 느끼고, 듣고

당신이 회복적 학교에 가서 회복적 실천이 어떻게 실행되는지를 오랫동안 지켜본다면, 다음을 고려하면 될 것이다. '무엇을 보고, 듣고,

느끼기를 바라는가? 이러한 환경과 사람들이 상호작용하는 방식에서 눈에 띄는 것은 무엇인가?'

아래 목록은 다양한 국가와 환경에서의 학교 및 교육청과의 대화에서 생성되었다. 회복적 여정을 실행하고 여러 가지 실행 상태에 있는 모든 학교에서 나온 내용이다. 수년 동안 실시해온 학교도 있고, 이제 막 시작하는 학교도 있다. 이 목록을 더 깊게 이해하게 될수록, 성공적인 실행과 학교 성장을 위한 총체적인 학교 변화 관리에 대해 더 많이 배우게 될 것이다. 다음을 점검목록으로 사용하여 학교의 회복적 실천 정도를 평가하면 된다.

가치, 태도, 분위기

- 교사와 학생의 학습 태도와 행동이 확실히 긍정적이다.
- 어려운 순간이 교육적 기회, 즉 교육의 순간으로 간주된다.
- 학교의 가치가 목표 행동 용어로 교사, 학생, 학부모에게 명확하게 정의되어 있고, 이러한 행동들은 교사와 학부모에 의해 드러나고, 가르쳐지고, 알려지고, 모델링 된다.
- 문제행동을 학교 공동체의 가치에 반하는 관계 붕괴로 본다.
- 학교는 학생들을 지키는 것을 목표로 하는 시스템으로 가르침과 행동에 대한 포괄적인 접근법이 있다. 학교가 힘들게 하는 학생을 포기하지 않으려 하고, 그들을 가능한 한 빨리 배제하지 않으려는 끈질긴 태도가 교사, 학부모, 학생들 사이에 있다. 학생들을 나쁘게 평가하지 않는다. 학교가 가족과 함께 자녀 양육에 동반자의

역할을 인지하고 있다. 언제나 동등한 동반자 입장은 아니더라도 노력할 준비가 되어 있다.

- 학교는 물리적으로나 상징적으로나 지역 사회의 중심이 되고 있다. 강하고 긍정적이고 협력적인 관계가 학교, 관할 경찰, 자치 단체, 지방 의회, 지역 기관, 지역 사업, 지역사회 집단 간에 분명히 있다. 학생과 그들 가족의 사안을 다룰 통합적인 공동 접근법이 있다. 이것은 학교가 피하기보다 오히려 수용하여 공동의 책임이자 도전으로 간주하고 있다.
- 긍정적이고 견고한 관계가 학습, 교육적 실천, 복지, 소속감, 연결성의 핵심이라는 개념을 인식하고 그것에 전념한다. 모든 결정과 구조, 정책, 절차가 이러한 이해를 반영한다.
- 학교 내 갈등, 비행, 주요 사건의 여파로 관계 회복의 필요성을 이해하고 있다. 처벌해야 하는 규칙 위반보다 보상해야 하는 피해에 중점을 두고 문제를 해결하려는 회복적 실천을 반영하고 있다.
- 문제 해결에 대한 학교의 가치와 회복적 실천의 가치가 잘 연결되어 있다. 리더십은 가치 중심적이고 혁신적이고 관리자들은 말한 대로 실행하고 필요한 변화에 모범이 되고 있다.
- 학교는 지속적으로 발전하는 학습 기관으로 간주된다. 데이터는 토의, 토론, 문제 해결을 위해 효과적으로 사용된다. 데이터는 격차를 해소하기 위해 사용되며 실제 상황을 정기적으로 조사한다.
- 학생과 교사들이 다정하게 인사하며 존경으로 맞이하기 때문에 방문객은 환영받는다고 느낀다. 학교와 더 넓은 지역사회의 구성원 간에 확실히 높은 수준의 신뢰도가 있다.

- 학교는 친절하고, 평화롭고, 우호적이다. 학교는 긍정적인 면으로 명성이 높은데, 그것은 공정한 처리 과정, 우수한 학업, 지역사회에 변화를 가져오기에 유명하다. 입학률이 떨어지기보다 올라가고 있고, 주차장과 슈퍼마켓에서의 대화에서 학부모들은 학교에 대해 긍정적으로 이야기한다.
- 모든 사람은 학교 공동체가 절대로 고정적이지 않다는 것, 학교 구성원들이 계속해서 바뀌고 있다는 것, 한 집단의 학생들에게 효과가 있는 것이 다음 학년에는 그렇지 않을 수 있다는 것을 이해하고 있다. 학교는 적극적이고 미래 지향적이며 변화를 환영한다.
- 교사, 학생, 학부모와 학교 공동체에 참여하는 모든 사람 간의 대화는 위에서 아래로 전달되든 아래에서 위로 전달되든 구분 없이 모두 분명하고 효과적이다.

교육과정과 교수학습의 연계성

- 회복적 철학이 추가되거나 별도의 계획으로 간주되지 않고, 중요한 계획, 필수 시스템, 교육학, 핵심 역량 간에 확실하게 연결되어 양질의 교수학습에 내포되고 통합되어 있다. 회복적 접근은 최상의 실천 모형으로 학교 공동체 내에서 교수학습이라는 핵심 업무를 강화해주는 접착제로 간주되고 있다.
- 관계 기술 개발의 일환으로, 교사들은 기본적으로 효과적이고 혁신적인 학급 관리와 교육학에 숙련되어 있다.
- 교사와 학생 사이뿐 아니라 학생 간 양질의 관계가 안전과 소속감

을 느끼는 최상의 학습 환경에 필요하다고 인식하면서 주의를 기울인다.

- 학교는 흥미와 즐거움이 학생과 교사 모두에게 극대화되는 자극적인 감성적 환경이다. 이에 대한 장애물은 적절하게 다루어지고 있다.
- 학생의 행동은 교육과정 밖에서 관리되는 별도의 문제로 간주하지 않는다. 사회 정서적 역량, 자기 조절, 학급 분위기에 대한 학급 전체의 책임감을 개발하기 위해 정기적인 학급 회의가 개최된다. 학생들은 회복적 절차에 참여하는 데 필요한 기법을 확실하게 배우고 있다.
- 문제행동이 학급에서 발생할 때 교육적 돌봄과 교육과정 역할 사이에서 효과적인 의사소통과 협력이 있다(예, 담임교사, 관리자, 대표이사, 외부 기관 대표).
- 신입 교사와 신입생에게는 주의 깊고 적절한 안내를 제공한다. 문제 해결에 회복적 접근을 중요하게 강조한다.
- 학생들의 이동은 잘 관리되어 있다. 학교 간, 학교 내 학년 간, 하위 학교 간, 과목을 바꿀 수 있어 강한 유대감이나 폐쇄성이 결과로 나타난다.
- 사례관리 접근법은 특정 학생 주변의 문제를 해결하기 위해 취해지며, 징후 행동뿐 아니라 보이지 않는 사안까지 다룬다. 학교는 학생과 가족 문제를 지원할 수 있는 기관들과 잘 연계되어 있다.
- 회복적 실천 및 대인 관계 역량이 학교의 평가, 선발, 신입생 모집 절차에 계획되어 있다.

회복적 실천

- 심각한 상황에서 사소한 상황까지 즉시 적용할 수 있는 잘 개발된 회복적 실천 연속체가 있다. 실천 연속체는 학생, 교사, 관리자, 학부모가 이해하고 있고 교사와 학생용 안내서에 간략히 소개되고 있다.
- 회복적 철학에 대한 통합적 학교 접근법과 학교 전체(교사, 행정직원)를 아우르는 일관된 실천과 철학을 통해 모든 사람이 회복적 접근법의 사용 이유를 이해하고, 적용되고 있는 회복적 접근 시스템을 신뢰한다.
- 학교는 부적절한 행동과 사건의 피해를 다음과 같이 처리한다.
  - · 갈등과 분쟁을 적시에 다루기
  - · 잘못의 여파로 생긴 피해 보상하기
  - · 관련된 모든 문제 처리하기
  - · 발생한 문제에 대한 최상의 해결책을 관련된 사람들과 찾기
  - · 문제 해결에는 많은 방법이 있음을 이해하고 다양한 해결책 채택하기
  - · 피해를 보상하는 데 필요한 것에 중점 두기
  - · 더 이상의 피해를 예방하는 데 필요한 것 찾기
- 전반적인 초점은 학생, 교사, 학부모와 더 넓은 지역사회 간의 긍정적인 관계를 발전시키는 데 있다. 이것은 또한 학생들이 회복적 문제 해결에 효과적으로 참여하기 위해 사회 정서적 능력과 긍정적인 행동을 개발하는 데 에너지가 사용된다는 것을 의미한다.

- 회복적 실천과 담당자들은 모두 성찰적이며, 학교는 최상의 사례를 개발하는 데 전념한다. 긍정적인 통제와 지원을 결합하여 교사들은 전문가로서 실천에 대한 책임을 진다.
- 관리자들을 회복적 실천 범주에서 집중교육을 받는다. 그들은 철학과 절차를 속속들이 이해하고 있다. 회복적 과정은 문제 해결에 기본 절차가 되고, 관리자들과 담당자들은 이 접근법으로 솔선수범한다.
- 학생들은 문제 해결에 대한 회복적 접근법을 배워서 능동적이고 효과적으로 사용한다. 그 결과, 학교와 가정에서 자신의 문제를 해결하기 위해 이러한 접근법을 사용하고 있다는 증거가 있다. 부모들은 문제가 있을 때 회복적 과정을 요청하기도 한다.
- 회복적 실천은 학교 공동체 내의 특정 환경에 맞게 조정되고 있다(유치원, 초등학교, 중학교, 고등학교, 대학교, 특수학교, 대안학교 환경).
- 교사의 갈등은 학생들에게서 교사가 원하는 것을 모델링하기 위해 필요한 것을 명확하게 이해하면서 회복적 접근법으로 받아들이고 조치가 취해진다. 교사에게 일어난 문제에 동일한 접근법을 적용한다. 학교가 문제를 다룰 충분한 기술이 없다면 외부의 도움을 요청할 준비가 되어 있다.
- 회복적 철학, 방법, 실천은 동일 선상에 있다. 어떤 행동을 다루더라도 방침은 대인관계, 보살핌과 책임, 존중 같은 긍정적 관점으로 구성되어 있다.
- 학생들, 그들의 가족, 교사들의 문제에 대한 대화가 비난에서 실제로 입증된 유연한 문제 해결, 언어 및 행동으로 바뀌어져 있다.

문제들은 기존의 회복적 실천을 다듬을 기회로 간주된다.

- 학교 공동체 내 교사들의 목소리뿐만 아니라 모든 사람의 목소리를 중요하게 여기며, 듣는 것은 더 많이 하고 말하는 것은 더 적게 한다.
- 학교는 학급과 운동장의 규칙, 한계, 경계의 관점에서 허용할 것과 아닌 것에 대해 매우 명확하다. 학생은 학교와 교사들을 확고하고 공정하며 융통성 있게 경험하며 규칙은 학생과 교사 모두에게 의미가 같다. 경계는 필요에 따라 만들기도 하고 없애기도 한다(리치먼드 2009).
- 담임교사의 개입과 책임감을 높이기 위해 행동 및 학습 문제를 관리하는 담당자의 역할을 재정립하여, 문제 학생과 연관 있는 사람이 문제를 해결하고 대인관계를 회복하는 데 중심이 된다. 담당자들은 문제 해결에 회복적 접근을 취할 것이며 이것은 업무 분장에도 명시되어 있다.
- 무관용 입장은 학생이 한 행동에 근거하여 학생을 배제하기보다 '우리 학교에서는 이러한 행동을 받아들이지 않는다'는 것이다. 학교는 이 사안을 진지하게 받아들이고 가능한 회복적 접근법을 사용하여 이를 보여준다.(예, 약물 문제에 회복적 실천을 사용하고 즉각적인 협상은 금지한다).
- 교사의 전문성 신장을 가장 우선순위로 한다. 전문성 신장에는 반드시 해야 하는 새로운 교육과정 및 필수 시스템을 반영할 뿐만 아니라 관계를 가장 중심에 두고 있으며 이러한 두 가지 경쟁의 압박 사이에는 균형이 잡혀 있다.

- 교사 간에 협력적이고 전문적인 관계가 개발되고 있다. 그리고 대화에는 문제 행동을 학생들과 그들 가족의 사고 결핍과 병적인 측면으로 간주하기보다 '문제가 문제이다'로 반영한다. 해결 중심의 언어를 사용하고 비난하는 말은 피한다.
- 상급생들은 학교에서 문제가 발생하여 자신들의 도움이 요구되면 바로 교사들을 지원하고, 하급생들의 경미하고 사소한 문제를 분류하는 데 숙련되어 있다. 그렇다고 학생들이 교사가 할 일을 하는 것은 아니다.
- 회복적 실천을 실행하고 유지할 수 있는 충분한 자원이 있다. 핵심 담당자는 복잡하고 심각한 문제를 담당하고, 실행을 감독하기 위해 조정자가 배정되어 있다.
- 학교 연간계획에 회복적 실천 실행과 유지를 다루는 전략 계획이 있고 회복적 실천을 위한 명시된 예산이 있다.
- 후속 조치, 데이터 수집 및 분석에 집중한다. 학교 개선에 목표를 둔 문제 해결과 학습, 행동 및 실천에서의 격차를 해결하는 데 데이터 기반 접근을 하고 있다.
- 성과 문제의 경우 더 심각한 제재가 필요하기 전에 회복적 접근법을 최우선으로 한다. 문제들이 악화되거나 확대되도록 간과하지 않는다.

위의 항목들이 커다란 업무처럼 보이는 것은 당연하다. 사람들의 인식, 믿음, 패러다임을 단숨에 바꾸는 특효약은 없다. 학교 공동체 전체의 사고와 행동이 변화하려면 시간이 걸린다. 이러한 이유로 이 책의 나머지에서는 학교에서 회복적 실천이 성공적으로 통합되고 실행되기 위해 필요한 변화 과정에 대한 이해, 계획, 전략적인 관리가 필요하기에 이 부분을 다룰 것이다.

우리는 담당자, 자문가, 학교 관리자, 실행 팀이 변화 과정에 영향을 받은 사람들을 더 잘 참여시키는 방법을 이해하여 불필요한 저항 때문에 필요 이상으로 힘들지 않도록 하기 위해 이 책을 집필했다. 실지로 저항은 학교 공동체 전체의 대인관계를 강하게 하는 데 방해가 되기 때문이다.

2부에서는 회복적 실행에 대한 체계적이고 전략적인 접근법을 제시할 것이다. 훌륭한 계획보다 성공을 보장하는 것은 없기 때문이다. 그러나 새로운 가능성의 비전으로 사람들을 이끌어 갈 계획의 실행과 계획 자체만큼이나 중요한 사람들의 마음과 생각을 바꿔야 한다는 인식이 중요하다. 마지막으로 4장에서는 변화 과정을 다룰 때 포함되어야 할 것을 다룰 것이다. 바라는 건, 회복적 실천을 실행하는 것을 부담으로 받아들이기보다 자발적인 투자로 여기면 좋겠다. 우리는 학생들이 향상된 교육적 결과물로 노력의 가치를 맛보길 바라며 아울러 그들의 흥미와 즐거움을 극대화시키고, 학습과 업무의 만족도를 저해하는 부정적인 감정이 최소화되길 바란다.

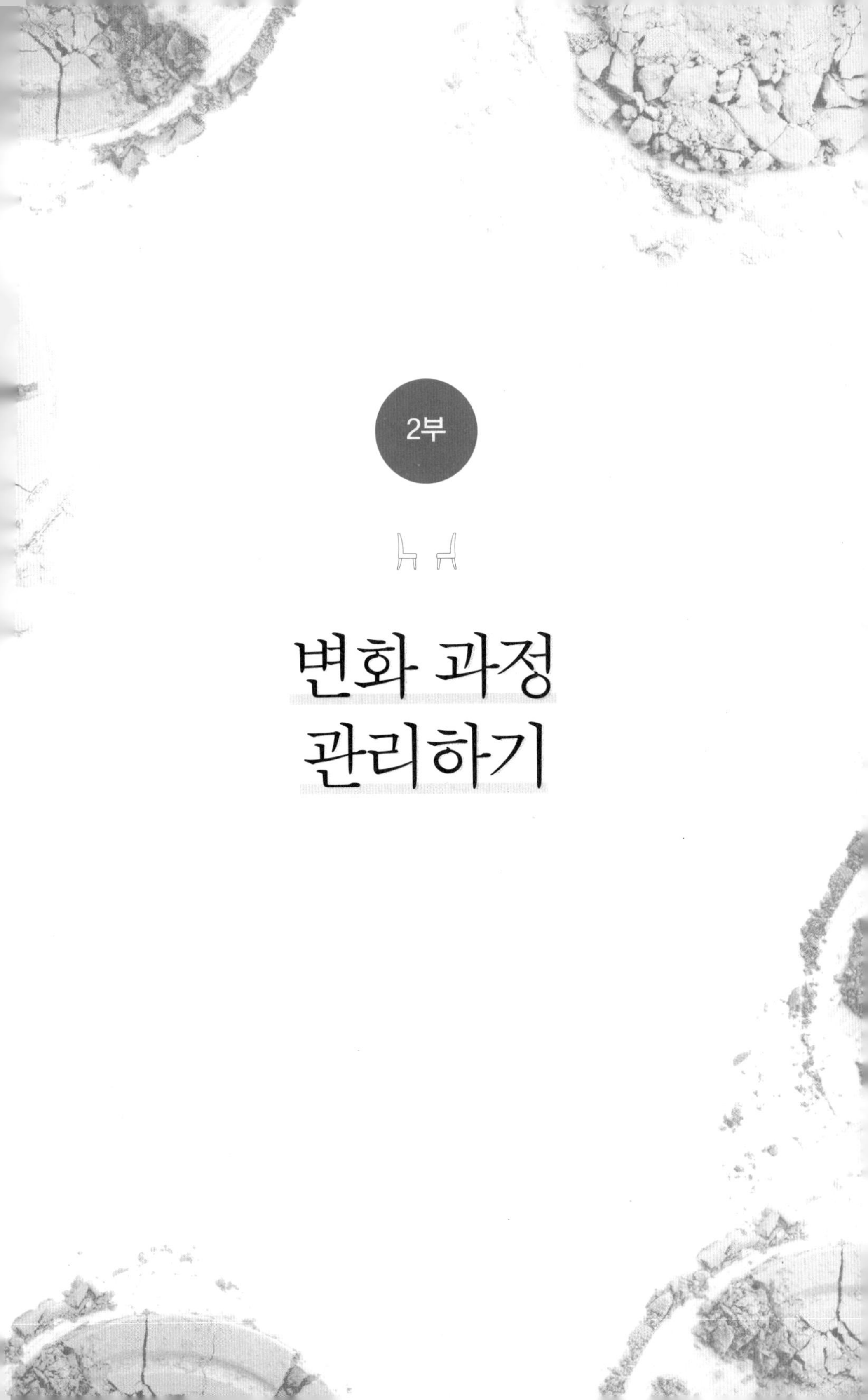

2부

변화 과정 관리하기

4장

변화 과정 이해하기

변화를 이해하기 위한 출발점은 성취하고자 하는 것이 무엇인지를 아는 것이다. 회복적 실천의 성공과 지속 가능성은 다음과 같은 본질적인 이해를 필요로 한다.

> (회복적 실천은) 행동 관리의 목적을 위한 추가 기능 프로그램이 아니며, 아울러 교사가 학생들의 행동을 다루기 위해 사용하는 또 하나의 해결 도구도 아니다. 그에 반해, 회복적 학교가 하는 훈육은 학교와 학교 공동체 간의 관계뿐 아니라 학교 내 조직과 관계의 모든 측면에 스며든 학교 문화를 나타낸다(메이어와 에반스 2012).

변화는 복잡한 과정이다. 그래서 사람들의 마음과 생각을 사로잡고 체계적인 방식으로 실행하지 않으면 아마도 실패할 것이다. 3부에서 신중한 전략적 방식으로 변화 과정을 관리하는 방법을 논의할 것이다.

2부에서는 우리가 2005년에 이러한 주제로 연구한 논문(블러드와 소스본 2005)에서 소개한 로저스(2003)의 혁신 확산 모델을 통하여 변화의 본질과 특히 사람들을 변화 과정에 참여시키는 방법을 살펴볼 것이다. 또한 변화의 감정적 역동성, 즉 감정이 사람들에게 미치는 영향과 작용하는 방법을 검토할 것이다. 변화는 가장 좋을 때도 불안하게 만들고, 관리가 잘되지 않을 때도 마찬가지이다. 가치 있는 변화 계획으로 무슨 일이 일어났는지 궁금해하기보다 시작하기 전에 주의하는 것이 훨씬 나을 것이다. 교육적 맥락으로 회복적 실천의 실행에 관해서 몇 가지 구체적인 사항을 이야기하겠지만, 이것은 어떤 상황에서도 모든 변화에 적용될 수 있다. 기본적으로 사람 및 변화에 의해 유발된 사람들의 다양한 감정을 접할 것이다. 사람들이 변화에 어떻게 반응하는지, 무엇이 문제인지, 무엇이 필요한지, 어떻게 이것을 해결할 수 있는지 이해하지 못한다면, 무슨 일이 있었는지 궁금한 상태가 될 것이다.

우리는 또한 변화가 실패하는 이유와 사람들의 다양한 문제와 요구를 해결함으로써 저항을 극복하는 방법을 구체적으로 살펴볼 것이다. 변화의 위험요소들을 검토한 후, 당신이 찾고 있는 변화의 유형과 1단계 변화 또는 2단계 변화 중에서 필요한 단계가 무엇인지 명확히 하도록 할 것이다. 이것을 이해하면 이 분야에 우선순위를 정하는 데 도움이 될 것이다. 그리고 효과적인 변화 계획의 요소를 살펴보고 리더십과 변화관리 분야에서 유명한 저자들의 다양한 관점을 소개할 것이다. 마지막으로 리더십 역할을 검토하고 실행 과정 전반에 걸쳐 리더십과 변화 관리의 지속적인 문제에 관심을 기울일 것이다. 이러한 모든 것에 지속적인 주의를 기울이면 변화의 결실이 생길 것이다.

이전에 실패한 변화 계획을 주도한 것으로 알았다면, 당신은 효과적인 변화 관리를 실행하기 위해 언제든지 다시 시작할 수 있다. 그러나 그렇게 하려면 지금까지 일어났던 일에 책임을 지기 위해서 주요 직원회의에서 회복적 기술을 사용해야 한다. 여기에 당신이 말할 수 있는 예시가 있다.

아시다시피, 우리 학교는 얼마 전에 회복적 실천을 도입했다. 최근까지 다양한 성공을 거두는 회복적 실천을 실행했으며, 많은 교사가 이 과정의 타당성에 의문을 제기하고 있음을 알고 있다. 우리가 생각하는 이 문제의 일부는 실제적으로 변화를 가져오는 회복적 실천을 개발하는 데 무엇이 필요한지를 모르고, 변화가 일어날 것이라고 말한 것이다. 그래서 우리가 하고 싶은 것은 무엇이 효과적이고 효과적이지 않은지 그리고 회복적 실천을 실행하는 데 필요한 자원과 지원이 무엇인지에 대해 물어보면서 지금 바로 시작하는 것이다.

기억해야 할 것은 회복적 실천에 많은 시행착오가 있었고, 초기의 실천과 실행에서 이러한 우여곡절을 학교와 겪으면서 우리의 생각을 발전시킬 수 있었다는 것이다. 1990년대에 우리 둘이서 이 일을 시작했을 때 회복적 실천은 메이어와 에번스(2012)가 강조한 4장의 시작 부분에서 인용한 바와 같이, 교육자의 행동관리 도구 상자에 들어 있는 또 하나의 해결 도구에 불과했다. 매우 편리한 도구였지만, 종종 처벌적이거나 역행적이었던 기존 학교의 징계 절차와 중첩되었다.

이러한 초기 경험으로 회복적 실천의 범위가 개발되었고, 문제가 있을 때만 가끔 하는 일이 아니라 '이곳에서 일상적으로 하는 일'이 되는 시점에 이르렀다. 우리의 초점은 관계적인 실천을 통해 문제가 발생하기 전에 방지하고 문제가 더 커지기 전에 작은 문제를 먼저 해결하는 방식으로 점차 확대되었다. 실천의 연속체는 다양한 가능성을 가져왔고 기존의 실천과 구조는 변화를 강요당할 만큼 충분한 도전을 받았다.

우리는 많은 국가에서 여러 학교와 협력하여 변화 관리 및 효과적인 리더십을 광범위하게 연구하여, 성공적으로 변화하는 방법과 변화 과정을 보다 잘 관리하는 방법을 터득했다. 2부에서는 변화에 도움이 되는 환경을 개발하기 위해 이러한 변화 과정을 관리하는 방법을 고찰할 것이다.

로저스의 혁신 확산 모델

우리는 2006년 '회복적 실천을 실행하는 모든 학교의 저항 극복하기'라는 논문에서, 변화 과정을 이해하고 설명하고 학교가 회복적 실천에 다가가도록 돕는 최선의 방법을 고찰했다. 우리는 로저스(2003)의 혁신 확산 모델이 이러한 점에서, 특히 사람들이 어떤 변화 계획을 통해 어떻게 발전하는가를 이해하는 데 많은 것을 제공한다고 믿고 있다. 우리는 사람들이 필요한 것과 당신이 설득하고 영향을 주어야 하는 집단을 고려하여 로저스의 혁신 모델을 이해하면서 시작하겠다. 그리고 변화가 감정적인 과정이라는 개념과 적어도 바로 사람들이 요구하거나 동의하지 않은 변화에 대처하기 위해 그들이 감정적인 수준에서 필요한 것을 분석할 것이다.

로저스는 혁신은 불확실성을 야기하며, 매우 불편한 상태이기 때문에 개인은 새로운 아이디어와 동료로부터 문제 해결 능력에 대한 정보를 찾는다고 설명한다. '혁신의 확산은 본질적으로 새로운 아이디어에 대하여 주관적으로 인지된 정보가 사람과 사람에게 전달되는 사회적 과정이다(로저스).' 이 정보가 전달되는 방법은 3부에서, 특히 4단계, 마음과 생각을 사로잡는 비전 전달하기에서 다룰 것이다. 우리가 여기에서 고려하는 사람 사이의 의사소통은 회복적 실천의 실행이 성공하기 위해 해결해야 할 것을 안다는 것을 의미한다.

로저스는 회복적 실천의 실행과 같은 새로운 아이디어의 확산에서 주된 요소는 '혁신(회복적 실천)'은 '시간이 지남에 따라' 학교 공동체 '구성원들'에게 특정 채널을 통해 반드시 '전달되어야 한다'고 제안한다. 우리가 회복적 실천의 실행을 언급하는 동안에도, 회복적 실천은 어떤 변화 계획에도 적용될 수 있다. 로저스는 다음과 같이 말한다.

1. 혁신은 학교 전체의 변화를 실행하려는 사람들이 새롭게 인식한 어떤 아이디어 실천 또는 목적이다.
2. 혁신은 그 아이디어, 실천 또는 목적을 채택할 필요가 있는 사람들이나 채택을 생각 중인 사람들에게 전달되어야 한다(소개, 세미나, 동료, 교육 등)
3. 혁신은 실행하는 데 시간이 걸리고 채택률은 다양한 요인에 달려 있다. 이것은 또한 사람들이 그 아이디어를 받아들이거나 거부하는 의사결정 과정으로 간주될 수 있다. 클라크(1999)는 로저스(2003)가 처음으로 언급한 의사 결정 과정의 5단계를 다음과 같이 간략히 설명한다.

(a) 지식(혁신의 존재에 대한 노출과 그 기능에 대한 이해)

(b) 설득(혁신에 대한 우호적인 태도 형성)

(c) 결정(혁신 채택에 대한 약속)

(d) 실행(혁신 사용)

(e) 확인(혁신의 긍정적인 결과에 기반을 둔 강화)

4. 각각의 사회 시스템은 일련의 자체 규범과 구성원 사이에 정해진 행동 패턴이 있다. 이 경우처럼 모든 학교에도 각기 고유의 문화와 그 안에 하위문화가 있다. 교사들이 '우리 학교는 특별합니다'라고 말하면, 문화적 차원에서 그들의 주장은 옳은 말이다. 회복적 실천의 실행은 이런 규범과 정해진 행동에 도전할 것이며, 현 상황이 위협받고 있을 때 변화에 대한 저항의 가능성은 커질 것이다. 일을 하는 정해진 방식에 대해 이미 걱정을 하거나 표현해 왔던 일부 사람은 변화에 열성적일 것이고, 어떤 사람들은 불평하며 변화를 꺼릴 것이다. 일부는 그들 앞에서 사라져 간 많은 변화 과정처럼 기다리는 방식을 택할 것이며, 반면 또 다른 사람들은 어떤 변화 계획도 확고하게 막을 것이다.

로저스는 사람들이 변화를 채택하는 비율에 따라 먼저 범주별로 배치함으로써 이렇게 서로 다른 집단과 함께 일하는 방법에 대해 설명한다. 사람들은 다른 비율로 변화를 하고, 그것이 함께 일하는 방식에 차이를 만든다. [그림 4.1]의 종 모양 곡선 분포에서 로저스는 혁신자, 조기 수용자, 전기 다수자, 후기 다수자, 지각 수용자로 사람들을 5가지 범주로 정의한다.

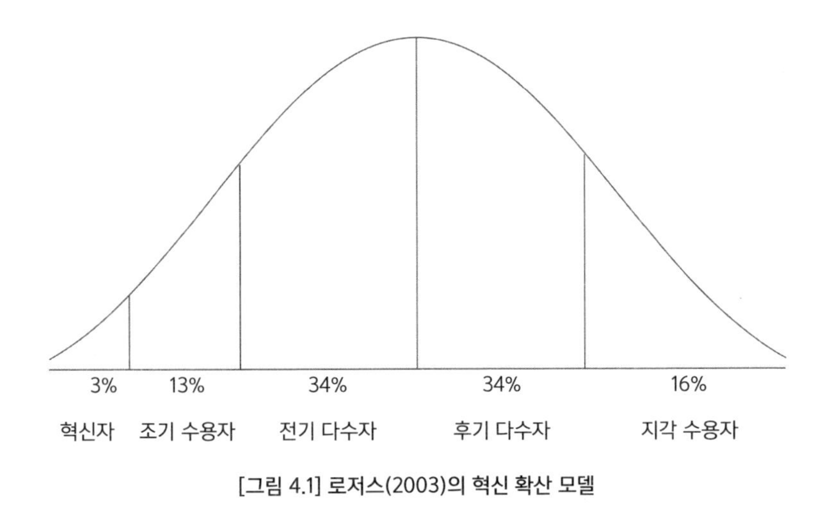

[그림 4.1] 로저스(2003)의 혁신 확산 모델

우리가 설명할 각 집단의 특성은 실행에 대한 몇 가지 장애물을 이해하도록 도와주지만, 이 과정에서 사람들에게 분류표시를 하려는 의도는 아니다. 우리는 사람들이 변화를 찾아야 하는 필요성을 많이 알면 알수록 변화 과정에 더욱더 효과적인 계획이 수립되리라고 믿는다. 이 모델은 사람들이 채택하도록 요구받은 변화 계획에 따라 집단을 변경하기 때문에 약간의 연속체로 생각할 수 있다. 사람들은 회복적 실천의 채택에 관해서 교과 영역의 혁신자이자 후기 다수자의 일부가 되는 교사처럼 다른 시간에 서로 다른 집단에 있을지도 모른다. 그 밖의 일부는 과거의 아이디어가 실패했거나 학교 공동체의 관계에서 안전하지 않게 되었다면, 새로운 아이디어에 완벽하게 저항할 수 있다. 이것에 관해서는 어떤 것도 고정되어 있지 않다. 특히 우리가 요구하는 변화에 대한 사람들의 태도를 관리하는 것에 대해서도 정해진 것은 없다.

이제부터 각 집단의 특성을 설명하고 실행과정 전반에 걸쳐 각 집단을 관리하는 방법을 모색할 것이다.

:: 혁신자

혁신자는 자신의 관심 분야에서 새롭고 유망한 아이디어를 찾는 유형이다. 그들은 몽상가이며 새로운 개념을 파악하여 자신만의 고유한 환경에 적용할 수 있다. 그들은 특히 조직 외부에 막대한 역량의 관계망을 갖추고 있다. 혁신자들은 위험을 감수하는 사람들로 변화의 불확실성에 대처할 수 있다. 실제로 변화 과정을 다른 사람들을 깨어나게 할 수 있는 활력으로 받아들인다. 슬픈 현실은 이 집단이 동료 또는 후배들에게 큰 영향력을 행사하지 못한다는 것이다. 그러나 그들은 새로운 계획을 모색하고 이를 시스템에 도입하는 데 중요한 역할을 한다.

혁신자들은 두 집단으로 나눠지는 경향이 있다. 가장 최신의 아이디어를 전부 받아들이고 변화 과정이나 새로운 아이디어에 거의 빠져있는 사람들과 자신의 분야를 변화시킬 수 있는 일을 끊임없이 찾는 사람들이다. 첫 번째 집단은 종종 굉장히 폄하하는 식으로 회자되는 반면 후자의 집단은 그들의 열정으로 몇몇 사람은 존경할 것이며, 일부는 놀랄 것이다. '또 시작이군', '이번엔 또 뭐야', '이번엔 뭘 하려는 거지' 같은 의견이 종종 이 집단을 따라 다닌다. 이런 이유로 혁신자들은 혁신을 성공적으로 실행할 수 없다. 그들은 조직에서 3%(로저스 2003) 정도 있을 뿐만 아니라 종종 자신의 시스템 내에서 신뢰가 부족하다. 그들의 재능은 조기 수용자들이 아이디어를 얻어 그것을 실행할 수 있도록 격려하고 지원하는 데 가장 잘 사용되며, 그 아이디어가 유효하고 효과가 있는지 확인하기 위해 실험할 기회가 주어져야 한다.

혁신자는 변화를 가져올 수 있고 실질적인 변화 계획을 주도할 수 있다. 그러나 그들은 충분한 정도가 얼마인지를 알아야 한다. 위기에 처한 학교나 변화가 필요한 학교에서 혁신자들은 신선하고 창의적인 아이디어를 학교 환경에 가져올 수 있고, 또한 그들이 참여를 독려한다면 학교 환경을 매우 빠르게 바꿀 수 있거나 적어도 변화 과정을 시작하게 할 수 있다. 변화의 채택률은 이전에 좋은 아이디어와 참여를 갈망한 교사와 혁신자가 도착했을 때 학교를 바꿀 기회를 가질 가능성이 있는 회의론자에게 참여할 기회가 주어지기 때문에 초기가 상당히 중요하다. 그러나 일단 초기 위기가 끝나면, 혁신자는 교사들에게 계획을 멈추고 따라갈 수 있는 능력을 부여하지 않은 채, 다른 많은 변화를 시행하기 전에 혁신을 정착시키려고 고군분투할 수 있다. 그리고 혁신자는 기본적으로 무엇이 가능한지를 알고 있고, 그 밖에 무엇이 있는지를 항상 찾기 때문에 힘이 부칠 수 있다. 이것은 다음에 해야 할 변화 내용으로 피곤하고 지칠 대로 지친 교사들을 힘들게 할 것이다.

혁신자와 함께 일하기

경험에서 보면, 우리는 혁신자들이 우수 사례 개발에 방해하지 않도록 하고, 기존의 계획에 너무 많은 계획을 덧씌우지 않게 하는 전략 개발이 중요하다는 것을 알고 있다. 혁신자들은 굉장히 열정적인 사람들이라 새로운 아이디어를 계속 찾을 것이다. 반면 그들의 동료는 여전히 지난번의 변화로 지쳐 있을 것이다. 그들의 역할을 인정하고 다른 계획을 소개하기 전에 상황을 해결하는 것이 중요하고, 실험을 할 필요성과 실행 단계를 말해 주는 것이 유용할 수 있다. 이 외에도 그들이 그들 밑에 있는 변화 담당자를 구별하도록 도와주는 것과 다른 사람에게 실행의 측면을 넘겨주도록 격려하는 것이 중요하다. 혁신자들이 권위 있는 자리에서 그만두기 힘들 때 학교 공동체를 대표하는 실행을 하는 것이 도움이 될 것이다.

:: 조기 수용자

조기 수용자들은 특히 새로운 아이디어가 자신의 업무 영역에서 변화를 가져올 가능성이 있을 때 그것을 받아들이는 헌신적인 사람들이다. 그들은 종종 자신의 직장과 실천에 변화를 가져올 기회를 찾는 열정적이고 선도적인 실무자들이다. 그들은 무언가를 시도해보고 거기에 장점이 있다고 보이면 투자로서 노력을 할 것이다. 지원이 있고 그 결과가 가시적이며 측정 가능하다는 것을 알게 되면, 시도해 볼 것이다. 위험을 감수할 준비가 되어 있지만, 결과 지향적이고 이치에 맞지 않으면 새로운 아이디어를 채택하지 않을 것이다. 그들은 또한 110%를 줄 것이므로 그들의 노력을 인정할 필요가 있다.

이 집단은 학교에서 다른 사람들에게 존경과 칭송을 받고, 예의 주시를 받으며, 혁신의 롤 모델이 될 것이다. 이 집단이 받는 존경은 혁신자들이 대다수의 교사에게서 경험한 부족한 존경을 극복하는 데 중요하다. 조기 수용자들은 새로운 아이디어를 채택하고, 다른 교사들과 성공을 공유하고, 변화 계획을 채택하려는 교사들에게 위험을 최소화함으로써 새로운 아이디어가 제기하는 불확실성의 상태를 줄이는 데 도움을 줄 것이다.

이 집단은 회복적 실천에서 전문성 개발에 참여하고, 실천을 실험하고, 자신들이 배운 것을 공유하는 첫 번째 사람들이 될 것이다. 실험 기간이 지나면, 조기 수용자들의 신뢰성과 실천을 이해하는 능력이 다른 사람에게 공감을 주기 때문에. 그들은 학교에서나 현장에서 지도자나 담당자로 나타날 것이다. 그들은 또한 실천을 개선하기 위한 아이디어를 누구나 알 수 있는 일상적인 용어로 바꿀 수 있다. 조기 수용자들은 모범을 보이고 다른 사람들에게 채택을 요구하는 최적의 기술에 본이 되어야 하기 때문에 높은 수준의 실천 역량과 정서적 문해력을 반드시 갖춰야 한다. 조기 수용자는 회복적 철학을 받아들이는 사람이 되고, 다른 사람들이 받아들이도록 할 수 있는 최적의 기술에 모범이 될 가능성이 크다. 홉킨스(2006)는 조기 수용자들은 다른 사람들에게 어떤 일을 하거나, 그들을 위해 일하는 것보다 그들과 함께 일할 거라고 말한다(왓텔과 맥콜드 2000). 조기 수용자들은 사색적인 담당자가 될 것이고, 다른 사람들에게 힘을 실어주고, 관계적으로 일하는 모델이 될 것이고, 책임감이 있고, 다른 사람들에 대한 공감과 연민이 있을 것이다. 이 모든 것은 변화 담당자의 필수 기술이다. 이 사람들이 이미 교장, 교감, 부장처럼 학교 규율 구조 내에서 어떤 비중을 차지하고 있다면 그리고 관리자에 의해 권한을 부여받고 실행에 지원을 받는 사람들이라면 도움이 될 것이다.

조기 수용자와 함께 일하기

조기 수용자들은 혁신자들과 동료들과의 면대면 만남으로 혁신을 촉진한다. 그들은 다른 사람들이 학교에 회복적 실천의 개념을 소개하면 동료 교육을 하는 데 가장 적합한 사람들이 될 것이다. 그들은 진정한 내부 변화 담당자들이다.

실험 기회를 만들어서 조기 수용자가 비교적 안전하게 실천할 수 있도록 허락하는 것이 중요하다. 실험은 소규모로 시작되며, 상대적인 실행 환경에 적합하게 검토하고 조정되는 시도 과정임을 사람들에게 알려야 한다. 많은 학교는 실험 단계를 개선하기 위해 행동 연구를 사용했다. 조기 수용자들은 새롭고 도전적인 무언가를 시도하고 있기 때문에, 실험 단계에서 그들에게 정보망을 제공하고 기회를 지원하는 것이 필요하다. 이것은 학교 환경 내외에서 피드백과 지속적인 대화를 위한 기회를 필요로 하고, 학교 시스템 외부의 실무자에게 과정에 따른 단계별로 사람들과 문제를 논의할 기회를 제공할 것이다. 호주와 뉴질랜드에서는 정규 전문성 개발 및 네트워킹 집단이 실행과 관련된 인력들의 사기진작을 지원하고 있다. 이와 같은 토론회는 피드백을 용이하게 하고, 우수한 실천을 알게 하고, 우려 사항과 지속적인 전문성 개발을 실행하게 하고, 그리고 지도자들로 하여금 궁극적으로 다른 수준으로 실천할 수 있는 사람들을 드러내도록 한다.

:: 전기 다수자

전기 다수자는 어떠한 변화 계획에서도 구성원의 34%를 차지한다(로저스 2003). 그들은 호의가 있는 실용주의자이다. 집단 회의에서 이치에 맞는 아이디어라면 원칙적으로 동의하는 유형이지만, 그 아이디어가 효과가 있다는 명백한 증거를 처음에 발견하지 못한다면 새로운 계획을 실행하지 않을 것이다. 그들은 실행의 초기 단계에서는 새로운 아이디어에 반대하거나 공개적으로 지지하지 않을 것이다. 또한 아이디어를 시도하기 전에 얼마 동안 숙고하면서 위험을 무릅쓰기보다는 쉬운 해결책을 찾는 경향이 있다. 이 집단은 자신의 일을 해 나가는 조용한 성취자에 속하며 집단 내에서 여론 주도자가 될 가능성은 거의 없다. 집단에서 이들은 전략을 그냥 실천으로 옮기지 않고, 지시받는 일을 하기 때문에 변화 과정을 방해하는 것으로 보일 수 있다. 전기 다수자들은 앞서가는 집단의 뒤를 따르며, 앞으로 나서서 이끌어가는 경우는 거의 없다. 그들은 회복적 실천이 실제적으로 적용되어 효과가 있고, 자신들이 사용해서 실용적이라는 증거를 반드시 확인해야 한다. 회의, 소회의 또는 소모임을 지켜보거나 참여하면서, 그리고 자신들이 존경하는 동료와 학교 및 시스템 내에서 신뢰가 있는 사람들의 행동을 관찰함으로써 영향을 받게 된다. '대부분의 사람은 이미 혁신을 채택한 그들 자신과 비슷한 또 다른 개인들로부터 그들에게 전달되는 혁신에 대한 주관적인 평가에 주로 의존한다(로저스 1994).'

전기 다수자와 함께 일하기

여기서는 내부에서 진행 중인 전문적인 토론에 참여할 기회가 필요하다. 다른 학교에서 효과가 있었던 실천에 관한 기사와 이야기가 특별히 그들의 관심을 촉발한다면 특히 유용할 것이다. 관심을 보이기 시작한 그들에게 나누어 줄 수 있는 기사나 자료집을 준비하거나 학교 정보망에 기사를 올리는 것이 도움이 될 수 있다. 토론을 계속하기 위해 그들에게 읽어보고 의견을 달라고 부탁할 수 있다.

일단 그들이 시도하기만 하면, 경험이 풍부한 담당자의 멘토링과 코칭으로 이 집단을 강력하게 지원하면서, 외부 훈련, 네트워크 회의 참석, 다른 학교를 방문할 기회를 제공하면 된다. 이것은 결코 나쁜 전략이 아니다. 마침내 중요한 무언가를 알게 되고 많은 위험 요소가 줄어들면 그들은 변화를 받아들일 것이다. 조기 수용자들은 뒤따르는 전기 다수자들을 위해 혁신의 위험 요소를 줄여줄 것이다.

:: 후기 다수자

로저스에 의해 기술된 다음의 34%는 후기 다수자로서, 위험을 감수하고 현 상태를 뒤엎는 것을 싫어하는 사람들로 보수적이고 신중하고 회의적인 집단이다. 후기 다수자는 정책, 표준, 지침을 따르는 엄격한 사람들이고, 목적을 달성하면 이것들을 기꺼이 인용할 것이다. 그들은 목소리를 높여 항의하고 상당히 완강하여 종종 다루기가 어렵다. 그들은 다음 집단인 지각 수용자의 영향을 크게 받는다.

후기 다수자는 단지 관리자, 부장, 동료로부터 이것이 지금 이 학교에서 요구되는 방법이라는 압력에 반응하여 변화할 뿐이다. 그들은 새로운 아이디어의 불확실성이 실패할 위험이 없다는 정도까지 도달했을 때 가장 잘 대응한다. 정책에 영향을 받기 때문에 회복적 패러다임을 반영하는 정책에서 분명하게 정의될 때 새로운 실천을 받아들일 가능성이 더 있다. 후기 다수자는 위험을 제거하기 위한 실험과 변화를 시행하기 위한 정책 재개발이 있을 때 새로운 실천을 채택할 것이다.

후기 다수자와 함께 일하기

후기 다수자는 회복적 실천에 대한 신뢰할 수 있는 정보를 요구한다. 그들이 존경하는 사람들과 믿을만한 사람들(내 · 외부)이 회복적 실천이 효과가 있다는 확신을 주어야, 위험을 감수하지 않고 회복적 실천을 실행한다. 학교의 외부 지도자와 내부 변화 담당자의 의견을 듣는 네트워킹 회의가 이 집단의 관심을 끄는 데 도움이 될 것이다. 이상적인 네트워킹 회의는 균형 잡힌 새로운 자료를 제공하고, 성공 이야기와 도전에 대하여 모든 사람이 공유하고, 서로 돕기 위한 자유로운 정보 교환도 제공할 것이다. 하나 또는 통합된 자료들이 신뢰할 수 있는 방법으로 이 집단의 관심을 사로잡을 가능성이 있다. 다른 학교를 방문한다면, 영향력 있는 후기 다수자를 데리고 가는 것이 좋을 것이다.

회복적 실천의 실험과 개선은 편의성과 사용 편리성을 증가시킬 것이다. 사람들이 자신이 해야 할 일을 이해할 수 있도록 돕는 것과 그들이 가지고 다니거나 눈에 띄게 붙인 카드에 관한 질문을 하는 것이 모든 상황의 초기 단계뿐 아니라 다양한 상황에 대처할 수 있는 실천 연습에 도움이 될 것이다. 예로, 운동장에서 비행 행동을 하는 학생들, 교실에서 말을 안 듣는 학생, 학부모 또는 따돌림 학생과 대화하는 방법을 교직원 회의에서 연습하면 도움이 될 것이다.

마지막으로, 후기 다수자 집단의 관점에서 회복적 실천을 정당화할 수 있는 두 가지 다른 전략이 있다. 첫 번째는 새로운 계획에 효과가 있는 것만큼 효과가 없는 것을 논의하는 것이고, 두 번째는 학교 정책과 절차를 회복적 패러다임과 일치시키는 것이다. 회복적 실천 분야의 선구자 중 한 사람인 하워드 제어(2004)는 '나비'(효과가 있는 것) 이야기에 대해 말하는 만큼 '황소개구리'(효과가 없는 것) 이야기도 말해야 한다고 언급했다. 우리는 불확실성과 위험을 제거하고, 실천을 다듬고, 회복적 실천의 영향을 말로 표현하지 않은 우려를 해소하기 위해, 후기 다수자와 로저스(2003)에 의해 지각 수용자로 불리는 마지막 집단인 회의론자에게서 나온 비판에 답변을 해야 한다. 실천을 재검토하고 그렇게 잘 되지 않은 것을 터놓고 이야기할 필요가 있다. 이런 일이 일어나야지만 실천을 개선할 수 있고 더 나은 실천을 실행할 수 있다.

회복적 실천이 학교 개선을 지원한다고 확신하게 되면, 정책과 절차를 재조정해서 모든 교사가 따르게 해야 한다. 이것은 변화시키기 위해서 어느 정도의 압력이 필요한 후기 다수자와 지각 수용자에게 특히 중요하다. 그 과정에 교사, 학생들, 학부모들을 참여시킨 적절한 정책은 '이것은 사라지지 않는다'라는 타당성과 지식을 제공할 것이다. 이 시점에서 당신은 정책을 먼저 변경하여 그런 문제를 애초에 피하는 것을 생각할지 모른다. 그러나 우리는 정책 변화는 실험의 시기가 지나고 이해가 된 후에만 올 수 있다고 생각한다. 정책 변화가 너무 빨리 일어나면 무엇을 해야 할지 예측할 수 있기 때문에 저항을 불러일으킬 것이다. 또한 이미 알고 있는 실천에 아직 뒷받침이 안 되는 정책 변화만으로는 사람들을 강제로 참여시킬 수 없다. 이것은 변화 실패의 주요 원인 중의 하나인데 자세한 내용은 5장에서 논의할 것이다.

:: 지각 수용자

회의론자들은 참여하지 않을 이유만을 기다리고 있다. 그들은 구실을 기다리고 있으며, 당신의 계획 중 하나가 순조롭게 진행되지 않으면, 그들은 사람들에게 반대 의견을 퍼뜨릴 기회를 잡을 것이다. 이제 막 참여하려던 사람 중 일부는 참여를 바로 거부할 것이고, 그들을 되돌아오게 하는 일은 훨씬 더 어려워질 것이다(페리스 2003).

지각 수용자들은 종종 변화 과정을 훼손하고 차단하는 데 시간을 보내는 냉소적인 집단이다. 우리 모두는 그들이 누구인지 안다. 로저스(2003)는 그들은 매우 전통적일 수 있고, 혁신을 의심하고, 새로운 혁신에 대한 혜택을 알리는 사회적 연계망이 부족한 사람들로 고립되어 있을 수 있다고 말한다. 지각 수용자는 변화에 시간이 걸리고, '당신이 우리 편이거나 반대편일 수 있다', '당신이 싫어해도 계속 하겠다' 같은 말로 변화를 강요하는 다른 사람들을 강하게 충동질할 수 있다.

지각 수용자들에 대해서 기억해야 할 한 가지는 그들의 저항이 자신들에게는 완전히 합리적이거나 상식적이라는 것이다. 그들의 냉소적인 태도에는 이유가 있고 다음 범주에 해당될 수 있다.

- 퇴직을 기다리거나 더 좋은 기회를 기다리고 있음
- 변화할 필요가 있지만, 두려움이 있음
- 과거에 학교에서 지원받지 못한 느낌
- 너무 많은 계획이 생겨나고 사라진 것을 지켜봄
- 승진이 누락되었고, 그 경험이 많았다는 사실에 화가 난 상태
- 어떤 식으로든 감정적으로 상처를 받음

지각 수용자들은 그들의 저항에서 능동적이거나 수동적일 수 있으며, 상황적인 지각 수용자 또는 지속적인 지각 수용자일 수 있다. 그리고 이 둘을 구별하는 것이 중요하다.

상황적인 지각 수용자

상황적인 지각 수용자들은 부적절한 변화 관리로 인해 변화를 방해하는 반대자들로 종종 잘못 판단되기도 한다. 그들은 이해가 되지 않는 계획과 자신들의 관심이 반영되지 않거나 잘못 실행될 경우에는 적극적으로 저항한다. 이것은 그들이 계획에 영향을 받았거나 더 나은 방법을 찾을 수 있다는 것이다. 이 유형은 히스와 히스(2010)가 구별한 것처럼 당신이 다르게 일할 수 있는 방식에 대하여 중요한 정보를 줄 수 있다.

- 사람들이 문제라고 보는 것이 종종 상황에 따른 문제이다.
- 게으름처럼 보이는 것은 종종 소진이다.
- 사람들이 변화되기를 원한다면 투명하고 명백한 방향을 제시해야 한다.

상황적인 지각 수용자와 함께 일하기

상황적인 지각 수용자들을 토론에 참여시키고, 그들의 관심 사항을 주의 깊게 받아들이고, 그것을 변화 과정에 포함시키면 변화 계획에서 효과가 있는 것과 없는 것에 대한 중요한 정보를 받을 수 있다. 그들을 변화 과정에 참여시켜서 양방향 의사소통을 할 수 있는 정기적인 기회를 제공하는 것이 중요하다. 상황적인 지각 수용자들을 관리할 때 어려움은 종종 무시당하거나 미루어진 관심사를 표현하려고 시도한다는 점이다. 변화 관리자들이 그들의 방식에서 오류를 깨달을 때까지, 이 상황적인 지각 수용자는 계속 밀어 붙이던지 또는 지속적인 지각 수용자가 된다는 위험이 있다. 10번 중 9번은 그들에게 개입할 시간을 놓칠 것이며, 관리가 잘못 되면, 당신이 떠나기를 바랐던 사람들이 아니라 최고의 사람들을 잃어버릴 수 있다는 옛 속담처럼 될 것이다.

지속적인 지각 수용자

지속적인 지각 수용자들은 그들이 생각하지 않은 모든 계획에 반대하는 경향이 있다. 그들은 새로운 아이디어가 곧 잊히기를 바라면서 끝까지 버틸 것이다. 즉 이들은 변화 과정에 대해 냉소적이며 새로운 아이디어가 많이 생겨나고 사라지는 것을 자주 보아 온 사람들이다. 지속적인 지각 수용자들은 교무실이나 특별실에서 함께 어울리면서 새로운 아이디어에 반대하는 목소리를 낼 것이다. 그들은 혁신자와 조기 수용자를 의심하고, 중립적인 태도를 보이는 전기 다수자에게는 회의적이며, 반면 위험을 감수하는 데 조금 반대하는 후기 다수자에게는 약간 공감할 것이다.

지속적인 지각 수용자와 함께 일하기

지속적인 지각 수용자들을 회복적 접근법의 상대적 장점에 관한 토론에 참가시키려고 혁신자를 그들의 집단으로 보내어 영향력을 행사하는 것은 좋은 생각이 아니다. 존 브래이스웨이트(2007)는 전쟁 중인 종족들과 따돌림 가해 집단에 관한 연구에서 이에 대한 몇 가지 훌륭한 의견을 보여준다. 종종 그것을 다루는 방법은 당신의 영향력을 늘리면서 그 원인에 부합하는 사람들과 먼저 일하는 것이다. 당신은 함께 일하는 사람들에게 전쟁 중인 종족 지도자, 따돌림 가해자, 여기서는 지속적인 지각 수용자들의 접근을 거부할 힘을 실어줘야 한다. 지속적인 지각 수용자 또는 가해자에 의해 주도되는 것과는 다른 대체 경험을 만들어야 한다. 그리고 주요 반대자 또는 지각 수용자가 가지는 영향력이 양파 껍질이 벗겨지듯 줄어들어 그들의 파괴력이 모두 사라질 때까지 다른 부류의 사람들과 일을 하면 된다. 이 단계에서 지속적인 지각 수용자는 참여하거나 하지 않을 것이다.

또한 상황적인 지각 수용자와 지속적인 지각 수용자 모두 자신의 행동에 직면해야 할 시간과 장소가 있는데, 특히 그들이 기회와 승진에서 누락된 결과로 내성이 있을 때, 또는 불충분한 성과를 거두었을 때 직면하게 된다. 어떤 상황이건 간에 확고하고 공정하고 회복적인 방법으로 해결해야 한다. 저항을 하면, 회복적 또는 관계적 방법으로 평가 관리를 하는 것이 영향을 받는 모든 당사자에게 이익이 될 것이고, 그것이 잘 관리된다면, 장기적으로 많은 어려움을 덜어줄 것이다. 다음에 소개하는 사례연구가 그 증거이다.

| 사례연구: 지각 수용자에서 조기 수용자로 |

파멜라와 앤은 어려운 학교 환경에서 근무하는 초등 교사였다. 두 사람 모두 학교 분위기, 학급 학생, 학부모, 동료, 지역 사회 구성원에게 큰 영향을 주는 서로 다른 문제가 있었다. 파멜라는 수업 시간에 소리를 많이 질렀고, 연간 수업 계획 제출은 쉽게 스테레스를 받는 일이라 매우 잘 피해 다녔다. 실제 조사에서 그녀는 몇 년 동안 이 일을 하지 않았으며, 학교가 수업 계획서를 오랫동안 잊고 다른 우선순위에 매달릴 때까지 항상 변명을 하고 미뤘다는 사실이 밝혀졌다. 책임감이 없는 파멜라를 상대하기가 너무 어려웠기 때문에 학교는 그들이 할 수 있는 것이 거의 없다는 태도를 보이면서 그녀가 학교를 떠나기만 바랐다. 문제는 파멜라가 다른 누구보다도 그곳에서 오래 근무했다는 사실이다.

앤은 달랐다. 그녀는 모든 면에서 괜찮은 교사이긴 하지만, 까다롭고 쉽게 화를 냈으며 동료 및 지역 사회 구성원들과 종종 잘 어울리지 못했다. 주변의 모든 사람이 그녀의 눈치를 봤다. 교무실에서는 그녀의 행동에 입장을 분명히 하겠다는 거듭되는 우스갯소리가 있었지만, 앤은 방어를 잘했고 대하기가 너무 어려웠다. 대부분의 동료는 그녀와 적당한 거리를 두었다. 앤은 변덕스러웠기 때문에 동료들은 파멜라의 행동을 훨씬 더 용인해 주었다. 적어도 파멜라는 그들에게 소리를 지르지는 않았기 때문이다.

학교가 학생들, 다른 사람들, 공동체와 함께 일하는 데 관계적이고 반응적일수록, 이 두 사람의 행동은 더더욱 불쾌해졌다. 교장이 행동을 취해서 그들의 수준을 높이기 위한 통제와 변화를 위한 지원을 동시에 가할 때가 되었다. 처음에는 두 사람 모두에게 성과 관리 계획이 적용되어야 한다고 생각했다. 차례로 교장과 면담을 했고 회복적 방법으로 다뤄졌다. 그들의 행동은 변명의 여지가 없었지만, 교사로서의 그들의 가치는 인정받았다. 두 사람 모두에게 부족한 부분에 대한 요구사항이 내려졌다. 파멜라는 교수법 프로그램을 돕는 수석교사와 팀을 이루었다. 일정과 점검 기간이 정해졌다. 이번에는 흐지부지되지 않을 것이다. 교실에서 소리 지르는 것은 문제로 제기되었고 대화로 무슨 일이 일어나고 있고 무엇을 다르게 할 수 있는지를 찾아야만 했다. 파멜라는 그 과정에서 파트너로 대우받았지만 통제를 받았다. 앤은 감정 조절을 관리하는 데 도움을 구하도록 권고를 받았고 결국 전문가의 도움을 찾았다. 과정을 점검하고 앤의 변화를 돕기 위해 정기적으로 회의가 열렸다. 시간이 지나면서 그녀는 행복한 날이 불행한 날보다 더 많아졌다.

그 후 5년 동안 파멜라와 앤은 여전히 학교에 있었고, 최고의 교사가 되었다. 엄청난 열정을 가지고 학교 내에서 특별한 영역의 조정자가 되었고 확실하게 존경을 받았다. 지각 수용자들은 이유가 있기 때문에 지각 수용자들이며, 우리가 그것을 활용하여 변화를 도울 때, 그들은 새로운 시스템을 선도하는 실천가이자 지지자가 될 수 있다. 종종 그들은 몸이 아파서가 아니라 일하고 있는 시스템의 증상으로, 단지 그 증상을 매우 자주, 아주 큰 소리로 부적절하게 표현했을 뿐이다.

지각 수용자들은 과거에 일어났던 일에 대해 그들이 느끼는 좌절감을 활용하면 당신의 위대한 지도자와 지지자가 될 수 있다. 그들의 마음을 바꾸는 데 모든 시간과 에너지를 투자하지는 않지만, 그들을 완전히 단념하지 않는다는 것이 중요하다. 우리가 그들의 관심사에 주의를 기울이고 그들에게 책임을 지게 하면, 그들은 우리의 가장 위대한 지지자가 될 수 있고, 결국 후기 다수자에게 상당한 영향을 줄 것이다.

회복적이고 관계적인 학교가 되면 될수록, 모든 절차와 사람들을 회복적이고 관계적으로 운영되도록 조정하는 것이 더욱더 시급해질 것이다. 궁극적으로 실천 담당자들은 지각 수용자들을 변화시키기 위해 통제와 지원을 동시에 적용해야 하는 시점에 도달할 것이다. 동시에 관계적 환경에 남아 있기를 꺼려하거나 변할 수 없는 사람들에게는 견딜 수 없게 된다. 이 시점에서 많은 사람은 그냥 참여하지 않는 것을 선택할 것이다.

여기서 중요한 메시지는 내부 및 외부의 변화 담당자들이 참여시키기 위해 사용하는 절차를 신중하게 고려하여 자신들의 에너지가 가치 있는 방식으로 사용되어야 한다는 것이다. 필요한 경우 절차에 관한 조언을 구해야 한다.

:: 실천을 지원하는 확산이론 이해하기

사람들은 우리를 위해서가 아니라 그들만의 이유로 어떤 것을 채택한다. 사람들이 혁신을 채택하게 하려면 그들에게 의미가 있어야 한다. 그리고 그들은 각기 다른 속도로 혁신을 채택할 것이다. 이러한 이유로 로저스(2003)의 확산 모델 범주와 일치하는 실행 전략을 계획해야 한다. 일회성 전체 교육은 일부 사람에게는 납득이 되고 달성되지만, 일부에게는 절대로 달성되지 않으므로 가장 효과적인 방법이 아니다. 전기 다수자들은 실제 상황에서 실천을 보게 하고 위험을 줄여주는 도움을 필요로 하겠지만, 후기 다수자와 지각 수용자들에게는 실천 과정에서 더 많은 강화와 전문적인 개발이 필요할 것이다.

변화를 실행하는 사람들과 변화 담당자들은 연계를 하여 회복적 실천이 변화를 가져올 수 있는 방식을 설명함으로써 변화를 위한 사례를 만들어야 한다. 뿐만 아니라 전략적으로 회복적 실천의 필요성을 관리자와 여러 집단의 사람들을 설득해야 한다. 사람들이 변화를 원하기 때문에 변화할 것이라고 단순하게 기대해서는 안 된다. 혁신자들과 조기 수용자들이 취하는 것은 사상이 유연하고 실질적인 해결책을 제시해야 하는 발달단계로 간주되어야 한다. 이때가 실험과 정교하게 조정을 하기 위한 시간이다. 그리고 유연한 선택권이 개발되어야 한다. 초기의 작은 문제는 당연한 것이고, 위험을 받아들이도록 용기를 주면서 효과적인 것과 중요하지 않은 것을 솔직하게 논의해야 한다. 이러한 개발 활동 이외에 변화 과정을 지속하기 위해서 사용할 수 있는 예산 지원이 굉장히 중요하다. 1, 2년 후에 예산 지원을 중단하는 것은 중대한 실수이며, 우리의 경험에 따르면 대개 지속 가능한 실천 개발에 실패를 하고, 변화가 다시 활성화되어야 한다는 것을 실감하기 전에 원상태로 되돌아 갈 수 있다.

회복적 실천이 더 큰 주류로 나아가려면, 진정한 요구를 충족시키고 해결해야 한다. 또한 많은 사람이 큰 위험에 빠지지 않도록 하고, 회복적 실천이 언어와 우리가 일하는 방식의 일부가 되어야 한다.

마지막으로 많은 일이 어려운 것처럼 보일 수 있지만, 분기점에 도달하는 데는 10~20%의 채택률만 있으면 된다(글래드웰 2000, 김찬과 마보안 2003). 전기 다수자와 후기 다수자는 혁신자와 조기 수용자의 영향을 받지만, 전략적인 계획이 있어야 분기점에 도달할 수 있다. 이것은 3부에서 자세히 논의하겠다.

5장

변화가 실패하는 이유

변화에 대한 많은 장벽이 있다. 변화를 효과적으로 관리하는 데 필요한 것을 거의 이해하지 못하는 조직과 일을 해 본 우리의 경험에서 나온 주된 문제도 포함된다. 다음 사례를 보면, 연구가 변화 계획의 70% 이상 실패한 것으로 추정하는 이유를 쉽게 이해할 수 있을 것이다(지가미 외 2006).

| 사례연구: 변화 계획이 실패하는 방식 |

학교가 변화에 대한 큰 비전을 세웠지만, 교육 담당자의 자문 없이 개발된 것이었다. 교장은 교사들에게 변화가 필요하다는 사실과 학교가 취할 방향을 공지했다. 부족한 정보에도 불구하고 일부 교사에게는 이러한 변화 과정이 주요 개혁과 개인의 변화와 아울러 흥미진진하면서도 도전적이었다. 변화는 일부 교사가 이전에는 생각하지 못한 방식으로 스스로 개발할 기회가 되었다는 것을 의미했고, 그들에게 그 과정은 관심과 흥분을 가져왔다(이들은 로저스의 확산 모델에서 언급한 변화의 조기 수용자로 보면 된다. 이들은 일반적으로 동료들에게 영향을 주고, 그들에게 어떤 영향을 미칠지 생각하면서 결국 그들의 미래를 염려하기 때문에, 양성되고 참여하도록 권장해야 하는 바로 그 사람들이다).

이러한 변화 과정에서 일부 교사는 정보가 제공될 때, 미래가 그들과 관련이 있는지 그리고 미래가 그들에게 의미하는 바를 염두에 두고 보다 전략적으로 선택하고 결정했다(전기 다수자로 알려진 이들은 변화에 반대하지 않았지만, 동시에 더 많은 정보를 얻을 수 있고 그렇게 하는 것이 안전할 때까지는 변화를 믿지 않을 것이다).

일부 교사는 다행스럽게도 그들 주위에서 일어나는 일을 알지 못했고, 가능한 업무만 하고자 했다. 그 일만 해도 충분히 부담스러웠을 수도 있다(후기 다수자로 알려진 이들은 동료의 50%가 참여하고 일이 확실하게 진행될 때까지 변화에 관여하지 않을 것이다).

나머지 교사들은 변화에 공개적으로 또는 조용히 반대했다(종종 비방을 일삼는 지각 수용자는 변화하기 가장 어려운 집단이다. 하지만 그들은 특권을 박탈당한 조기 수용자로 간주하면 된다).

따라서 당신은 주요 인물이 함께하지 않으면, 변화할 것으로 예상되는 사람들의 감정적인 문제와 욕구를 해결하지 못하기 때문에 변화 과정이 실패하리라는 것을 알 수 있을 것이다. 여전히 진행 중인 변화 계획이 교육청에서 제안한 방식으로 성공하지 못하는 이유를 발견하는 것은 어렵지 않은 일이다. 실제로 이 책을 완성한 시점에도 많은 교사가 떠나고, 내쫓기고, 해고당하고, 위협을 받았다. 학교도 마침내 변화가 전달되는 방식에 문제가 있다는 것을 인정했다. 이 문제를 해결하기 위해 내부 전산망에 변화 사항에 대한 정보를 공지했다. 이제 남은 교사를 이 계획에 어떻게 성공적으로 참여시키는가에 대해서는 당신의 상상에 맡길 것이다.

사례연구를 보면, 변화를 기정사실로 하고 교사들이 당연히 함께할 것이라는 기대로 시작하기에는 오류가 많다. 교장은 실제 대화에 관여하지 않거나 과정에 대하여 교사들의 생각을 듣지 않았다. 사실 3부에서 볼 수 있듯이, 그들은 변화 계획에 효과가 있음을 거의 확신시켜 주지 않았다. 교장은 조기 수용자의 의견을 중요히 여기지 않는 중대한 실수를 했고 오히려 하찮게 여겼다. 최고의 담당자들이 당신에게서 등을 돌릴 때, 그것은 재앙의 지름길이다. 왜냐하면 나머지 교사들을 참여시킬 수 있는 사람이 아무도 없고, 그 과정을 지켜본 사람들도 없고, 그리고 적극 참여하기로 결심한 사람들이 없기 때문이다. 지금 이 시점에서 이것이 극단적인 예시라고 생각할 수 있다. 그러나 이런 일이 그동안 근무하면서 얼마나 자주 발생했는지를 생각해 보면, 우리가 강조하고 있는 요지를 이해할 것이다. 간단히 말하면, 당신이 하고 있는 일을 알지 못한다면 변화가 어렵다는 것이다.

주요 문화 변화 계획은 어떤 교사에게는 관심, 흥분, 즐거움을 주고, 어떤 이에게는 고민, 두려움, 불안, 분노와 같은 부정적인 영향을 미친다. 내가 업무를 잘할 수 있을까? 요구 사항은 무엇일까? 이것이 나에게 어떤 영향을 미칠까? 업무 만족도의 의미는 무엇인가? 변화에 영향받을 교사들이 의미 있는 대화에 참여하지 않는 변화는 실패하게 될 것이다. 대화가 없으면, 처음에 변화에 흥분했을 교사들이 변화가 실행 가능할지를 의심할 것이고, 담당자들이 실천을 실행하려 하면 변화 계획을 반대할 것이다. 왜냐하면 변화는 감정적인 과정이기 때문이다.

우리는 회복적 실천의 실행을 검토할 때, 실행 팀에게 교사들의 마음과 생각을 바꾸도록 요구한다. 1부에서 논의한 처벌적/독재적인 틀에서 관계적/권위적인 행동 방식으로 전환하도록 요구한다. 우리는 그들에게 20~40명의 학생 앞에서 진실하고 따뜻하고 참되라고 부탁한다. 일부는 이렇게 잘하지만, '나는 선생이고 그들은 학생이다. 그들은 내가 시키는 대로 할 것이다' 하는 직업적인 권위 뒤에 숨어있는 교사들도 있다. 많은 교사가 교육받고 양육된 방법을 생각해보면 이것은 놀라운 일이 아니다. 관계형 교사가 되기 위해서는 학생, 동료, 다른 사람들과 강한 관계가 필요하다. 그리고 자신의 원가족에게서 배우지 않았던 기술까지도 필요하다. 이러한 관계는 건강한 대화가 특징이다. 간단히 말해, 관계형 교사는 관계형 교육학을 이해하고 가치를 부여한다. 그러나 많은 교사가 이 접근 방식을 여러 가지 다양한 이유로 거부할 것이다. 변화 과정에서 교사들을 참여시키고 안심시키는 데 무엇이 필요한지 구별하는 것이 중요하다. 그렇지 않으면 실패하거나 그보다 덜 효과적일 수 있다. 브리지(1995)는 좋은 변화조차도 중요한 무언가를 버려야만 시작되고, 이러한 고통이 과소평가 되어서는 안 된다고 말한다. 현실에서는 변화가 힘들고, 시간이 걸리며, 우리가 이미 말해온 여러 가지 많은 이유 때문에 너무나 많은 변화가 실패하고 있다.

코터의 8가지 실수와 그 결과

코터(2012)는 변화가 실패하는 8가지 이유와 이러한 상황이 일어날 때 조직에서 나타나는 결과를 보여준다. 그는 변화의 관점으로 조직을 변화시키거나 갱신하는 계획을 언급하는데, 회복적 실천의 실행도 마찬가지이다. 이와 같은 계획은 담당자가 마음과 생각을 바꿔야 하고 시간이 걸리며 신중하게 고려해야 할 사항이다. 코터가 언급한 8가지 실수는 다음과 같다.

- 자만심 허용
- 실행 팀을 개발하는 데 실패
- 비전의 힘을 과소평가
- 비전에 대한 대화 부족
- 변화 비전을 막는 장애물 허용
- 단기적인 승리 창출에 실패
- 성급한 승리 선언
- 변화 정착을 무시

이것은 〔표 5.1〕에 확장되어 있다. 이것의 결과는 아래와 같다.

- 변화가 잘 실행되지 않는다.
- 시너지 효과를 내지 못한다.
- 변화 조정이 너무 오래 걸리고 비용이 너무 많이 든다.

- 종종 결과를 축소해도 문제가 해결되지 않는다.
- 우수한 계획으로 성취할 수 있는 결과를 얻지 못한다.
- 사기는 부정적인 영향을 받는다.
- 최고의 사람들이 조직을 떠난다.
- 우회적인 대화가 증가한다.
- 변화 과정에서 적극적인 훼손이 일어난다.

우리는 '오, 우리가 시도해 봤는데 효과는 없었어!'라는 말을 매우 자주 들었다. 코터는 이 주제에 관한 광범위한 문헌 연구에서 이것이 왜 그런지 설명하고 있다. 시간이 부족하고 경쟁이 치열한 현대 사회에서는 시간이 핵심이다. 요컨대 민간 부문에서 서로 경쟁하는 조직과 사업이 학교 업무에서도 동일하게 영향을 미쳤다는 점이다. 코터는 이러한 공통적인 오류를 인식하는 것이 실패를 경감시킬 수 있고, 크게 방지할 수 있다고 말한다. 핵심은 변화에 대한 관성과 저항을 극복하기 위한 리더십 이해와 노하우이다. 이미 지적했듯이, 이것은 교사들에게 우리가 그렇게 하도록 지시했기 때문에 그들을 반대쪽으로 가게 하거나, 가던 길을 가게 하기보다는 동참시키게 하는 내용이다.

코터(2002)의 연구는 이 책 전체에서 우리가 표현한 것의 핵심이 된다. 만약 회복적 실천이 당신이 한두 학기 동안 바로 끄집어내어 사용할 수 있는 하나의 프로그램이라면, 중요하지 않을 것이다. 하지만 회복적 실천은 학교 문화와 학교 공동체 내 관계의 본질을 완전히 바꿀 수 있는 잠재력이 있기에 중요하다. 사실, 변화 없는 회복적 실천은 우리가 여기에서 일하는 방식을 대체하는 행동관리 도구로밖에 보이지

[표 5.1] 변화 과정에서의 8가지 실수(코터 1995, 2012)

단계	실패하는 이유
1. 자만심 허용	* 절박함을 충분히 확립하지 못함- 우리가 하는 방식대로 일하는 것을 더 이상 용납할 수 없다고 명확하게 진술하기 * 변화의 필요성을 이해하지 못하거나 만들어 내지 못함- 변화 계획이 필요한 이유 * 변화 계획을 이끄는 적합한 담당자가 없거나 변화에 필요한 특별한 기술을 이해하지 못함
2. 강력한 실행 팀을 구축하는 데 실패	* 변화를 주도할 수 있도록 변화 과정 초기에 강력한 팀을 구성하지 못함 * 변화를 주도하기 위해 한두 명의 교사에게 의지 * 실행 팀의 담당 부장이 동참하지 않거나 변화 비전을 개발할 시간이 주어지지 않고 성취할 방법도 없음 * 변화 계획의 업무를 과소평가 * 변화를 이끄는 데 도움이 되는 위로부터의 강력한 리더십 부족
3. 변화를 위한 비전 개발 실패	* 명확하고 이해하기 쉬운 변화에 대한 큰 비전 부족 * 변화가 실행됨에 따라 비전 조정 실패- 잠재적으로 변화 방향 변경
4. 참여자에게 비전 전달 실패	* 모범을 보여 이끌어내지 못하고 말한 것을 실천하지 못함- 변화 계획과 모순되는 행동 * 지속적인 대화와 소통에 변화 계획을 통합하지 못함 * 변화 계획과 일치하지 않는 것이 발견되어도 그대로 진행 * 변화 과정에 영향을 받은 사람들을 공정하게 대우하지 않음 * 제안된 해결책과 변화 계획의 일치 여부를 제시하지 못함
5. 다른 사람들이 비전에 따라 행동하고 장애물을 제거하도록 권한을 부여하지 못함	* 새로운 비전에 직면하고 장애물을 제거하지 못함 * 변화 계획과 일치하지 않는 과정을 그대로 유지 * 변화를 거부하거나 변화 계획에 불일치한 요구를 하는 관리자들 * 다른 사람들에게 권한을 부여하지 못하거나 변화 과정을 생성시키는 창의적인 아이디어를 듣지 못함
6. 단기적인 승리를 계획하고 생성하지 못함	* 체계적으로 단기적인 승리를 계획하고 생성하지 못함 * 12~24개월 이내에 변화 물증이 없음
7. 성급한 승리 선언	* 변화에 대한 절박함이 약함 * 갱신 노력이 수개월이나 단기간이 아니라 수년이 걸린다는 것을 이해하지 못함
8. 새로운 접근 방식을 학교 문화에 정착시키지 못함 - 고착시키지 못함	* 학교 문화에 변화, 즉 '우리가 여기서 일하는 방식'을 정착시키지 못함 * 변화가 뿌리내리기 전에 변화 압력 제거 * 변화 계획에 긍정적인 영향을 준 방법을 증명하지 못함 * 변화 계획을 구체화하는 사람들을 찾는 데 실패

않을 것이다. 변화를 달성하고 실행하기 위해서 변화 담당자와 외부 전문가는 변화의 본질 및 어려움과 사람들이 변화에 저항하는 이유를 이해할 필요가 있다.

지가미 외 연구진의 15가지 실수

코터(1995, 2012)는 변화를 실행할 때 8가지의 실수에 중점을 뒀지만, 지가미 외 연구진(2006)은 변화 노력이 실패하는 원인을 15가지 목록으로 설명한다. 그중 많은 부분이 코터(2012)의 변화 과정의 내용과 겹친다. 여기서는 회복적 실천의 실행 관점에서 변화가 어떻게 보이는지를 설명하겠다.

:: 1. 변화를 주도하는 관리자는 변화 선언이 곧 실행이라고 생각한다

이것은 회복적 실천을 하는 학교의 공통적인 문제이다. 혁신자일 수 있는 열정적인 관리자가 전체 교사에게 원칙과 실천에 대한 설명도 없이 회복적 실천이 진행된다고 선언하는 것이다. 또는 하루 정도 연수를 하고 추가 지원이나 대화도 없이 교사들이 실천하리라는 기대까지 한다. 물론, 대부분의 경우 이러한 실천은 성공하지 못한다. 아마도 소수의 교사만이 새로운 아이디어를 선택하고 실천하게 될 것이다. 변화 과정에 대한 지속적인 대화와 전략적인 접근 없이는 학교의 총체적 변화는 불가능할 것이다. 실천이 성공적으로 뿌리내리고 문화 변화를 일으키는 데는 수년이 걸린다. 코터(1995)가 지적한 바와 같이, 이것이 변화가 실패하는 주된 이유 중 하나이다. 조직이 변화하기 위해 필요한 시간과 요구되는 노력을 과소평가하기 때문이다.

:: 2. 변화에 대한 교사들의 고민이 표면화되지 않고 언급되지 않는다

우리가 논의했듯이, 저항하는 교사들은 무시해야 한다. 다른 방식으로 그들에게서 배울 수 있고 참여시킬 수 있다. 그 외 다른 교사들의 말을 듣고, 그들의 고민이 무엇인지를 파악하고, 그들의 실천 개발을 충분히 지원하는 것이 중요하다. 제기되는 문제 중 하나는 항상 시간이다. 실제로는 실천을 배우고, 개발하고, 수정하는 데 일정한 시간이 필요하다. 궁극적으로 이것이 시간을 절약할 수 있는 투자이지만 시간이 걸린다. 이를 관리하기 위해서는 교사들이 이러한 변화를 실행할 때 지원하고, 그들이 실천을 실행하리라고 예상된다면 그때 지원하는 것이 중요하다.

:: 3. 변화하려는 교사들을 계획 수립에 포함시키지 않는다

변화 과정에서 다른 일을 하도록 지시받았지만, 그 과정에서 어떤 말도 하지 않고 얼마나 자주 참여했는가? 더 나쁜 점은 실천 과정에서 문제를 발견하지만, 의견을 들어주지 않거나 수렴되지 않는 경우이다. 3부에서 학교를 대표하는 실행 팀의 필요성을 논의하고 각 부서의 사람들과 대표자들의 좋은 단면을 찾아볼 것이다.

:: 4. 변화의 필요성이 전달되지 않는다

코터(1995, 2012)가 지적했듯이, 변화를 향한 첫 번째 단계는 회복적 실천의 실행이 필요한 명확한 이유에 대한 절박감을 조성하는 것이다. 교사들이 새로운 실천을 채택할 수 있는 중요한 무언가가 있어야 한다. 특히 교사들이 해온 방식에 근본적으로 도전할 수 있는 실천이 필요하다. 이 경우, 변화를 위한 사례 구축의 필요성을 논의해야 한다. 그래야 이 긴요한 일이 받아들여져 변화의 촉매제가 될 것이다. 이것은 3부에서 논의될 코터(1995)의 단기간의 승리를 생성하고 전달하는 단계와 일맥상통한다.

:: 5. 공유된 비전이 부족하다

비전을 공유하기 위해 당신이 일하고 있는 목적에 대한 명확한 그림이 필요하다. 학교에서 담당자로서 무엇을 위해 노력하고 있는지, 이 과정에 다른 교사들을 어떻게 동참시킬지 이해하고 있어야 한다. 미래에 대한 학교 비전 외에, 변화에 대한 분명한 비전이 되는 회복적 실천이 당신의 학교가 해야 할 업무를 개선하는 데 어떻게 도와주고, 비전을 어떻게 뒷받침하는지를 알아야 한다.

:: 6. 변화 리더십에 담당자와 반대자, 비공식 관리자를 포함하지 않는다

변화에 대한 코터의 단계와 연계해보면, 이것은 회복적 실천의 실행에 영향을 미치는 사람들을 참여시키기 위해 영향력을 충분히 발휘하지 못한 점과 관련이 있다. 여기에는 연도별 대표, 가족대표, 교장과 교감, 교장과 부장, 평교사와 변화를 반대하는 사람들과 같은 영향력 있는 자리에 있는 사람들을 모두 포함해야 한다. 회복적 실천의 실행을 지원하기 위해서는 강력한 추진 세력을 만드는 것이 중요하다.

:: 7. 실험과 적응이 부족하다

이것은 두루 적용되도록 만든 실천 접근법이 효과가 있기에 실험은 필요 없다고 믿는 것이다. 우리는 회복적 실천이 전 세계의 다양한 문화적 배경에서도 효과가 있다고 알고 있지만, 각 상황에 적용되는 복잡한 내용을 이해하고 이에 따라 실천을 적응시키는 것이 중요하다. 로저스(2003)는 혁신이 상황에 맞게 재창조될 수 없다면 채택되지 않는다는 점을 상기시킨다. 동시에 다른 학교 환경에 비해 자신의 학교가 독특하다고 믿는 학교와 실천의 본질이 너무 많이 변하여 진실성이 상실된 학교는 함정에 빠질 수 있다. 실천을 해석하는 방법은 이러한 활동의 목적에 대하여 지속적인 대화와 자문을 해 보는 것이다. 우리는 회복적일까? 아니면 실천이 단순히 회복적 과정으로 살짝 변장한 처벌 형태의 또 다른 해결 도구일까?

:: 8. 혁신과 전통적인/기존의 시스템과의 연계가 부족하다

회복적 실천과 기존 방식 사이에서 연결점을 찾지 못한 채로 전통적 가치와 나란히 또는 그 위에서 진행되는 실천은 결국 문제를 일으키고, 실천에서 우리가 한다고 말하는 것과 실제로 하는 것 사이의 단절로 이어질 것이다. 성공적인 회복적 실천을 따르면서도 여전히 체벌이나 다른 처벌을 사용하면 결국 누군가에게 물어보게 될 것이다. '왜 아직도 우리는 처벌을 줄까?' 이것은 벌을 주기 위한 처벌보다 학습을 유도하고, 책임 있는 행동을 개발하고, 도움이 안 되는 행동을 중단시키는 기본 목표를 보장하기 위해 학교의 징계 절차를 전부 검토하게 할 것이다. 왜냐하면 그것이 항상 우리가 일을 해온 방식이기 때문이다.

:: 9. 초점도 없고 우선순위도 없다. 너무 많은 계획으로 종말을 맞는다

우리는 '혁신이 미쳤다'고 말하는 것을 좋아한다. 선택할 수 있는 기존의 계획이 풍부한 학교에서의 공통적인 문제는 다음의 새로운 프로그램을 시작하기 전에 또 하나의 새 프로그램을 끼워 넣는 방법이다. 학교는 일반적으로 다양한 계획을 시행하고, 분기별 또는 학기마다 다른 계획을 실행한다. 결국, 교사들은 새로운 실천을 채택하는 것을 꺼리게 된다. 왜냐하면 실제로 이러한 열풍이 지나가고 곧 다른 것을 적용해야 한다는 사실을 알기 때문이다.

많은 경우 이 부분은 상호 연결 측면이 없는 별도의 계획으로 보이기보다는 변화에 대한 명확한 사례와 계획이 전체와 어떻게 부합되고 관련되는지에 관한 것이다. 회복적 실천을 하면서 효과를 본 학교들은 학교 전체의 사회적, 정서적, 학업적 학습 환경을 조성하기 위하여 다양한 계획을 실행한다. 그리고 1부에서 논의한 것처럼 학교들은 학교의 전반적인 성공과 변화를 위한 비전에 사회적, 정서적, 학업적 측면이 모두 중요하다는 것을 보여주는 데 성공했다.

:: 10. 교사들이 새로운 기술을 개발할 수 없다

이 경우는 교사들이 종종 회복적 실천에 대한 소개라고 언급되는 하루 또는 더 짧은 시간의 교육을 받은 후 회복적 실천을 실행한다고 말하는 것이다. 우리는 회복적 실천을 알리고 인식을 높이려는 목적으로 많은 것을 전달해 왔지만, 학교에서는 '훈련 받았다'라는 말만 들으려고 했다. 또 다른 오류는 훈련과 네트워킹에 대한 조항이 예산에 포함되어 있지 않거나, 교육 훈련이 실천 개발에 영향력을 줄 수 없는 특정 인물로 제한되어 있다는 것이다. 통합적 학교 변화를 추진할 때는 새로운 아이디어를 실천하고 다른 교사에게 영향을 줄 것으로 기대되는 조기 수용자를 목표로 삼는 것이 중요하다.

:: 11. 관리자는 신뢰할 수 없고 엇갈린 메시지를 전달한다

우리가 하는 일과 우리가 말하는 것의 일치가 중요하다(홉킨스 2004, 코트 1995). 한 가지 일을 기대하고 완전히 다른 무언가를 하는 관리자는 신뢰를 잃고, 변화 관리 과정에 큰 영향을 미칠 것이다. 이것은 관리자가 교사들에게 말하는 방식과 학교 내에서 모든 수준의 어려움을 해결하는 방식에 관한 것이다. 이 책의 마지막 부분에서 리더십의 중요성을 논의하겠다.

:: 12. 진행 과정이 측정되지 않는다

교사들이 변화 계획의 목적과 학교가 달성하고자 하는 바를 모를 경우, 회복적 실천의 실행은 곧 실패할 것이다. 달성하고자 하는 것을 알지 못하거나 진행 목표물이 무엇인지 알지 못하면 작은 승리와 큰 변화를 누리지 못할 것이다. 이렇게 하려면 자료를 수집하고 분석하는 것이 중요하다.

:: 13. 교사들이 실행에 대한 책임을 지지 않는다

너무나 자주, 학교에서는 절차에 대하여 누구에게도 어떤 설명도 없이 이것이 일을 처리하는 방법이라고 교사에게 지시한다. 만약 지속가능한 실천을 실행할 리더십과 실행 팀의 책임감이 부족하다면, 실행은 실패할 것이다.

:: 14. 혁신을 실행하여 찾으려는 문화를 존중하지 않고 이해하지 못한다

변화 과정을 시작하기 전에 학교 문화를 이해하는 것이 중요하다. 해제하기 어려운 오래된 사업 방식으로 일을 하는 학교는 매우 전통적인가? 선호하는 문화를 막 만들기 시작한 신설 학교인가? 처벌이 무의미한 다문화 학생이 많은 학교인가? 문제 해결 방식에서 이미 관계형인 학교인가? 부적절한 리더십의 역사가 있는 학교인가? 변화의 규모가 어떤 것을 필요로 하는지 알아야 한다. 이것은 실천 담당자가 자신이 바라던 방식으로 변화되지 않는 이유로 좌절할 때 너무나 자주 간과된 내용이다. 변화에 엄청나게 영향을 주는 또 다른 측면은 교사 간이나 교사와 관리자 간의 관계가 회복적 철학과 일치하지 않는 경우이다. 교사들은 일방적으로 일하는 것과 완전히 상반된 방식으로 대우받는 것을 달갑게 여기지 않는다.

:: 15. 실험과 개발 단계에서 다른 선택 사항들이 고려되지 않는다

변화는 특수교육 대상자나 청소년들의 개인 상황에도 실험과 적응이 필요하다. 우리는 3부에서 특정한 적응단계의 필요성을 이야기할 것이다. 교사는 실험할 기회와 회복적 실천의 적용과 관련하여 효과가 있는 것과 없는 것이 무엇인지 토론할 기회를 제공받아야 한다. 이것은 문해력과 수리력 수준을 높이기 위해서 하는 것처럼, 회복적 실천의 실행에 대해서도 지속적인 대화가 필요하다는 의미이다.

6장

변화는 감정의 과정이다

변화가 불가피한 것처럼 변화에 대한 저항도 마찬가지이다(무어헤드와 그리핀 1998). 변화하려고 교실에서 최선을 다하는 교사로서의 자신을 상상해보면 알 수 있다. 온종일 학생들에게 최선을 다하고, 수업 준비를 하고, 숙제 검사를 하여 피드백을 주고, 학급의 역동과 어려운 행동을 다루고, 전문적인 학습 기회에 참여하고, 변화에 뒤처지지 않고, 자신에게 필요한 것을 지키려고 할 것이다. 당신은 이미 당신의 직업을 잘 수행하기 위해서 필요 이상의 것을 하고 있다. 그때 실행 팀의 담당자가 또 다른 변화 과정을 알려 준다. 이것은 올해의 세 번째 계획이며, 당신은 이제야 기대했던 지난 두 번의 계획이 어떻게 되었는지 궁금하지만 그것들은 헌신과 자원 부족으로 계획에서 완전히 철회된 것처럼 보일 것이다. 이 모든 게 익숙할 것이다.

이제 당신이 이 변화의 담당자가 되어 보라. 당신은 회복적 실천을 실행하면 변화가 일어난다는 사실을 알고 있기에 들뜨게 되고, 무언가

조치를 취할 것이다. 이 사실을 동료에게 말하면, 그들의 표정이 바뀌고, 자리에서 들썩이는 것을 보게 되고, 불평을 듣게 될 것이다. 회의가 끝날 무렵, 엄청난 양의 업무를 깨달으면서, 당신의 감정은 흥미롭고 굉장히 즐거운 상태에서 완전히 기가 꺾이게 될 것이다. 어쩌면 당신은 더 단호하게 변화는 일어날 일이기에 차라리 하는 게 더 낫다고 지시할 수도 있다. 당신은 이 감정을 너무나도 잘 알고 있기에 이 시점에서 말도 안 되는 지시에 스스로 놀랄지도 모른다. 실제로 당신은 동료에게서 자신이 한 말을 들을 수 있기에 부끄러운 반응을 보였을 수도 있다. 우리는 이 모든 것을 여러 가지 방식으로 경험했다. 변화는 변화를 받아들일 필요가 있는 사람들과 변화를 실행하는 데 필요한 사람들 안에서 많은 감정을 일으킨다. 변화가 성공하려면 이 부분을 잘 이해하고 관리해야 한다.

감정의 단계

저항은 사람들이 자신에게 일어나는 일에 영향을 줄 수 없다는 것을 느낄수록 증가한다(지가미와 혹스트라 2006). 지금까지 논의한 바와 같이, 변화는 감정적인 과정이며, 이 점을 고려하지 않고, 참여하면 변할 수 있다고 기대하는 바로 그 사람들을 데리고 오면, 변화는 대개 실패한다. 실패의 또 다른 이유는 이 과정에서 필요한 것을 의사소통하지 않고 사람들을 지원하는 것이다. 다음은 어떤 변화 과정에서도 예상할 수 있는 저항과 부정의 본질을 논의할 것이다. 변화가 아무리 잘 실행되어도 감정은 관리되어야 할 공통 현상이다. 또한 모든 사람이 또 다른 변화 계획을 수행할 수 있거나 기꺼이 하지 않는다는 점도 알고 있어야 한다. 사람들이 때때로 직장을 옮기거나 떠나기로 선택할 때 그들의 마음이 직장에 있지 않다면 그것은 나쁜 일이 아니다.

애덤스, 헤이즈, 홉슨(1976)은 사람들이 변화 전환 과정에서 겪는 감정의 단계와 그들의 능력이 변화에 의해 어떻게 영향을 받는지를 도표로 보여준다(표 6.1).

전환 곡선은 전환 과정에서 시간에 따른 개인적인 능력의 영향을 보여준다. 초기에 변화 계획의 발표로 누군가를 충격(표 6.1 ①) 상태로 만들거나 관심과 흥분을 저해할 수 있다. 이것은 싸움, 비행, 절망 또는 마비와 같은 다양한 반응으로 이어질 수 있다. 동시에 담당자로서의 능력이 도전받을 수 있다.

이러한 초기 충격 상태 이후, 변화의 영향을 받은 사람들은 잘못된

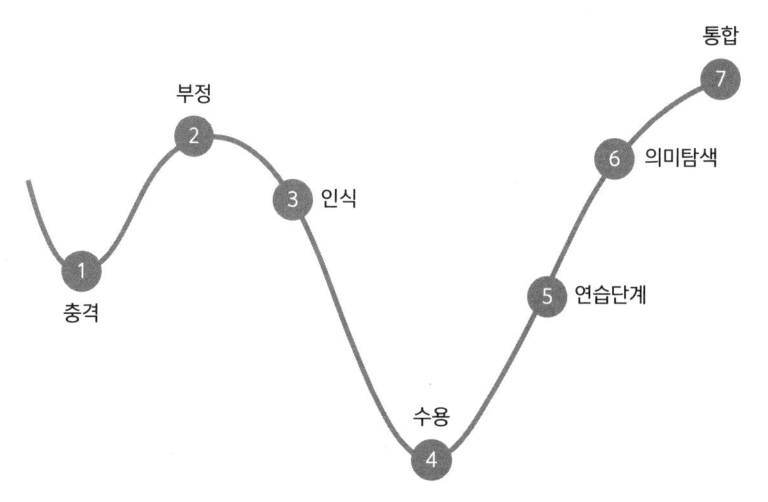

[표 6.1] 전환 곡선(애덤스, 헤이즈, 홉슨 1976)

능력을 떠오르게 하는 어떤 부정(②)의 형태로 들어갈 수 있다('이것은 내게 적용되지 않아. 내가 가만히 있으면, 이 변화는 내게 영향을 주지 않을 거야'). 약간의 여유를 두고, 사람들은 변화가 필요하다는 것을 받아들이고 자기 능력에 대한 인식(③)을 발전시킬 수 있다. 그다음은 변화가 필요하다는 것과 여기에서 우리가 일하는 방식이 바뀌고 있다는 것을 수용(④)하는 단계이다. 이 단계에서는 능력이 최저 수준이라, 사람들은 자신들이 새로운 분야에서 역할을 할 수 있을지 의문을 갖게 된다. 전환 곡선의 실제 예시는 다음과 같다.

| 사례연구: 실제의 전환 곡선 |

한 교사가 금요일 오후에 그들의 강의 시간이 줄었음을 알려 주는 의외의 이메일을 받았다. 그 메일은 그들에게 주어진 교과 영역에서 가르칠 수 있는 그들의 능력에 의문을 제기했다. 그 교사는 격하게 반응했고, 곧바로 충격 상태가 되어, 바로 발신자에게 폭발적인 감정을 전달했다. 캘리(2012)가 지적한 대로, 이 극심한 고통의 상황은 부끄러운 반응을 이끌어 냈고 서둘러 답장을 보내는 형태로 즉각적인 공격으로 이어졌다. 감정적 또는 정서적인 말로 하면, 그 소식은 자신을 괜찮은 사람으로 여기고 있는 교사에게 당면한 장애물이었고 전문적인 능력에 대한 도전이었다. 그러고 나서 그 교사는 자신의 역량을 증명하고 자신을 괜찮은 사람으로 느끼기 위해 경험을 부풀리는 애덤스 외 저자들의 2단계 부정의 단계를 거쳤다. 그리고 기준이 변하고 있고 그 영역에서 가르칠 새로운 요구 사항이 있다는 인식과 이해의 상태에 도달하게 되었다. 이 경우의 전환은 일주일이 걸렸다. 여기에서 그 교사는 자신의 능력과 기술을 입증하고 증명하던지, 결정을 받아들이던지, 아니면 아예 가르치는 것을 전부 포기할지를 선택해야 했다.

실제로 모든 상황은 처음부터 다르게 처리될 수 있었다. 변경된 요구 사항을 전달하면서 대화가 시작되어 교사들이 요구 사항을 충족하게 하거나 대안을 검토하는 것을 도와주면서 처리할 수 있었다. 변화 과정에서 사람들에게 필요한 것을 고려하면, 그들에게 전달되는 정보가 변화의 필요성과 변화의 이유에 대한 인식을 제고하도록 하여 충격과 부정을 줄여 줄 수 있다. 반드시 누군가와 동일한 방식으로 반응하지 않았다는 것이 효과적인 과정을 의미하는 것은 아니다. 왜냐하면 자신만의 고유 가치에 근본적으로 도전하기 때문이다. 변화 담당자가 이것을 알고 있다면, 반응을 포착하고 반응의 실체를 파악할 수 있을 것이다. 그러나 우리는 거의 관계적이거나 회복적이지 않는 이러한 기습적인 형태의 편지를 먼저 사용하지 말라고 조언하고 싶다.

시간이 지남에 따라 우리는 변화 계획을 받아들이기 시작하면서, 새로운 접근 방법을 실험하고, 시험하고, 능력 수준에서 자신감을 높이는 기회를 얻는다. 이것은 애덤스 외 저자들이 연습 단계⑤라고 언급하는 실험 실습 단계이다. 피드백을 통해, 변화의 영향을 받는 사람들이 새로운 의미를 탐색⑥할 수 있다. 이는 사람들이 새로운 기술을 개발하고 시험하는 단계이다. 그들은 자신의 능력 수준을 새롭게 이해하게 된다. 특히 인용된 사례에서 완전히 빠져 있는 내용, 즉 일이 어떻게 되어 가는지를 이해하게 된다. 최고의 능력은 새로운 기술과 행동이 실천에 통합⑦되어 새로운 기술을 개발하고 더 나은 결과를 성취하여 깊은 만족감을 줄 때 달성된다.

회복적 실천의 실행이 근본적으로 개인의 마음과 생각에 도전한다고 여긴다면, 우리가 묘사하고 있는 감정적인 반응에서 그것이 나타날 수 있다는 것은 놀라운 일이 아니다. 이것은 변화를 피해야 한다는 것을 의미하는 것이 아니라, 변화가 사람들의 다양한 반응을 유발한다는 것을 인식해야 한다는 것을 의미한다. 특히 교사들이 교실 관리와 행동 변화에 기존의 처벌 기반 모델이 비효율적이라는 사실을 깨달아야 할 상황이라는 것이다. 물론 이것은 충격이고 유능감을 떨어뜨리고 어떤 사람들이 나의 능력에 도전한다고 느낄 수 있다. 이것이 우리가 나중에 논의할 변화를 위한 사례를 만들어야 하는 중요한 이유가 되고, 사람들의 초기 심적 고통을 덜어주기 위해서도 매우 중요하다. 변화를 위한 사례, 명확한 비전, 집중적인 기술 개발이 이 과정에 모두 도움이 될 것이다.

감정 연결의 청사진

우리는 변화가 때때로 긍정적이지만 대체로 부정적인 감정을 많이 일으킨다고 생각한다. 그래서 사람들이 불필요하게 고통받는 관계 대신에 건강한 관계를 맺을 수 있도록 이 과정에서 사람들에게 필요한 것을 다룰 것이다. 앞부분에서 설명한 것처럼 교사들 사이, 학생과 교사 사이, 학부모와 교사와 관리자 사이의 건강한 관계가 필수적이다. 켈리(2012)는 인간에게 필요한 건강한 감정 연결의 청사진을 다음과 같이 설명한다.

1. 긍정적인 감정을 만들고 가능한 한 많이 조성하기 위해 함께 노력해야 한다.
2. 부정적인 느낌을 줄이거나 없애기 위해 가능한 모든 일을 함께해야 한다.
3. 1과 2를 더 잘 수행하기 위해 다른 사람에게 감정을 숨기지 말아야 한다.
4. 1에서 3을 하는 데 필요한 능력과 기술을 최대한 발달시키기 위해 함께한다.

변화 관리와 그 일이 굉장히 힘들 수 있다는 것을 생각할 때 우리는 단기적인 승리를 창출하고 인정함으로써 긍정적인 느낌을 만들고 조성하기를 희망한다. 무엇이 우리를 우울하게 하고, 무엇이 효과가 없는지, 무엇이 그리 잘 되지 않는지에 관하여 정기적으로 대화를 나누어야 한다. 우리는 이것을 공유할 수 있고, 우리가 일하는 환경이 우리의 말을 들어 줄 준비가 되었다는 것을 알아야 한다. 마지막으로 함께 일할 수 있는 능력과 기술을 지속적으로 개발해야 하며, 특히 변화의 과정에서는 그리 쉽지 않다는 것을 알아야 한다. 여기서 중요한 측면은 사람들이 그들의 우려 사항을 토로할 수 있게 하는 것이다.

사람들의 우려 사항

미국 교육부는 사람들이 변화를 도입하는 데 필요한 6가지 순차적이고 예측 가능한 우려 사항을 언급했다. 이 6가지는 양질의 정보, 변화가 개인에게 미치는 영향, 실행에서 누가 무엇을 하고 언제 하는지에 대한 순차적 단계, 영향은 무엇이며 어떤 변화가 일어나는지, 그 밖에 누가 참여하는지, 그리고 어떻게 변화 과정을 지속적으로 개선할 수 있는가이다.

사람들은 그들의 우려 사항이 해결되지 않았다고 느낄 경우 당연히 저항하게 될 것이다. 저항하는 사람은 제안된 변화 계획과 그것이 실행되는 방식에 대응하면서 변화할 것이다. 예를 들면, 회복적 실천에서 조기 수용자는 변화 과정에서 충분한 자원이 없고, 과정에서 지원을 받지 못하고, 또는 변화를 유지하는 데 필요한 노력이 그들에게 맡겨진다고 느낀다면 앞으로의 변화에 저항할 수 있다. 3부에서 설명한 대로 전략적인 방법으로 이러한 우려 사항을 다루면서 변화에 대한 저항을 관리하고, 아울러 사람들이 공유하는 우려 사항도 해결할 것이다. 아래에서 이러한 각각의 우려 사항을 자세히 논하겠다.

:: 정보 문제

사람들은 회복적 실천을 하려고 처음 결정을 내린 사람들에게 필요했던 것과 동일한 정보를 알고 싶어 한다. 교장은 학교에서 꼭 필요한 것이 회복적 실천이라고 결정할 때, 나머지 교사에게 해결되어야 할 문제가 무엇인지, 이러한 계획이 문제 해결에 어떻게 도움이 되는가에 대한 정보를 제공해야 한다. 양질의 정보가 없으면 교사들이 스스로 부족한 부분을 채울 것이다. 사람들은 다음 질문의 답을 필요로 한다.

1. 변화는 무엇인가?
2. 변화가 왜 필요한가?
3. 지금 일하는 방식에 무슨 문제가 있는가?
4. 효과가 있다는 것을 어떻게 알 수 있는가?
5. 효과는 증거 기반인가?
6. 학교가 얼마나 많이 그리고 얼마나 빨리 변해야 하는가?

이 질문은 변화의 이유와 모든 사람이 동참해야 하는 필요성을 깨닫도록 도와줄 것이다. 정보는 회복적 실천을 알리고 인식을 높이려는 소개에 해당되는 일반적인 개요가 된다.

:: 개인적인 문제

사람들은 변화가 그들에게 어떻게 영향을 주고, 변화를 실행할 기술과 자원이 그들에게 있는지 알고 싶어 한다. 이 단계에서 사람들의 우려 사항은 굉장히 중요하다. 그들이 듣고 싶어 하는 것은 다음과 같다.

1. 변화가 개인적으로 나에게 어떤 영향을 주는가?
2. 변화가 나에게 무슨 이익이 되는가?
3. 변화를 실행할 시간을 어떻게 낼 수 있을까?
4. 새로운 기술을 배워야 하는가?

애덤스 외 저자(1976)들은 자신의 능력에 대한 사람들의 인식이 변화 시작과 중간에서 급격히 저하될 수 있다고 말한다.

:: 실행 문제

사람들은 실행이 어떻게 시작되는지 알고 싶어 한다. 여기에는 실행 단계에 대한 정보와 누가 이것을 할 것인지, 그것이 무엇을 의미하는지에 대한 정보도 포함된다. 시작하는 초기 단계에서는 변화 과정의 세부사항이 개발되지 않지만, 교사들이 변화 과정에 참여하게 되면 세부 계획을 개발하기 위해 희망자를 모집하거나 관련된 주요 사람들을 요청해야 한다. 실행 내용은 모든 교사에게 명확하게 전달되어 그들이 필요한 정보와 누가 무엇을 하고 있는지 알도록 해야 한다.

:: 영향 문제

변화는 사람들에게 영향을 준다. 회복적 학교로 나아가는 모든 단계에서 사람들은 회복적이고 관계적으로 일하는 방식으로 실천과 과정을 선택하고 일치시키려고 할 것이다. 사람들은 변화가 자신들에게 어떻게 영향을 주는지 알고 싶어 한다. 어떤 이에게는 이것이 자신들에게 적합하지 않기에 그만둬야 하는 결정을 의미할 것이다. 블랜차드(2006)는 처음의 3가지, 정보, 개인, 실행 문제만 있다면, 사람들은 변화 과정에 열광하며 계속 참여할 거라고 언급한다. 그럼에도 불구하고, 자신들의 참여 여부를 정보에 입각하여 결정을 내리거나 그냥 참여하지 않는 입장을 드러낼 수도 있다. 많은 사람이 예상치 않게 떠날 수도 있지만, 우리가 할 수 있는 최선의 일을 했기에 이것 자체가 반드시 나쁜 것만은 아니다.

:: 협력 문제

참여하는 과정에서 사람들은 자신들이 어떻게 관여할 수 있고 그 밖에 누가 참여하는지 묻기 시작한다. 학부모들과 학생들에게 공지하여 참여시켜야 하고, 행정 직원도 과정에 넣어야 하며, 잠재적으로는 보다 광범위하게 시스템 내의 사람들과 공동체 내에 종사하는 사람들을 참여시켜야 한다는 소리를 들을 수 있다. 이 단계에서 사람들은 그 과정을 이해하게 되고, 이익을 볼 수 있고, 다른 사람들에게 이 메시지를 전달하기를 원한다. 관리자들은 다른 학교를 방문하거나, 부속학교를 포함시키거나, 시스템 내의 다른 사람들에게 이야기를 하거나, 관련 회의에 참석할 수 있다.

:: 개선 문제

개선은 지속적인 변화 과정 및 양질의 세부사항과 지속 가능한 실천에 대한 내용이다. 이 단계에서 실행은 잘 정착될 것이고 그리고 변화가 어떻게 지속되고 학교 내에 그것을 어떻게 유지할 것인가에 대한 새로운 문제가 생길 것이다. 여기에는 신입 교사, 교사 배치, 신입생에 대한 계획이 포함된다. 지속 가능한 실천을 개발하는 학교는 교사의 지속적인 전문성 개발과 신입 교사를 참여시키기 위한 장기 계획이 있어야 한다.

앞에 나오는 정보, 개인, 실행, 영향, 협력, 개선 사항을 다루는 것은 저항을 줄이고 변화 과정에서 불안과 두려움을 관리하는 측면에서 중요하다. 또 하나의 중요한 면은 문화 변화가 얼마나 오래 걸릴지를 제시해주고, 사람들로 하여금 양질의 실천 개발을 보장할 수 있는 새로운 기술과 행동, 태도를 개발하게 하는 것이다. 사람들은 변화 과정 동안 질적인 정보를 필요로 한다. 사람들은 변화가 개인적으로 어떻게 영향을 미치는지, 순차적인 실행 단계가 무엇인지, 누가 무엇을 언제 하는지, 어떤 영향이 있는지, 어떻게 변화되는지, 누가 참여하는지, 개선의 과정이 무엇인지를 알고 싶어 한다.

부정

변화에는 시간이 걸리고 사람들은 자기 나름의 속도로 변화한다. 우리는 회복적 실천의 실행이 3~5년 사이, 그리고 중고등학교에서는 더 오래 걸릴 것으로 추정한다. 사실 학교가 심각하다면 그 일은 절대 끝나지 않을 것이다. 사람들이 자신의 문제를 고민하는 것처럼, 4장에서 채택하는 사람들의 범주처럼 사람들은 다양한 비율로 변화한다는 것과 문화 변화는 시간이 필요하다는 것을 이해해야 한다. 페리스(2003)는 가장 오래 걸리는 사람들에게는 참여하는 데 충분한 시간이 주어져야 한다고 주장한다. 많은 사람이 이미 참여하고 있다고 이 사람들을 포기해서는 안 된다. 그렇지 않으면 변화가 실패할 것이다.

사람들이 다음 단계로 나아가는 것은 지극히 당연하다(페리스 2003).

1. 부정: 그것은 단지 일시적인 열풍이고, 확실히 일어나지는 않을 거야.
2. 저항: 나에게는 시간이 없어. 어쨌든 우리는 항상 이런 식으로 일해 왔어.
3. 탐색: 좋아. 어찌 됐든 듣기야 하겠지만, 나에게 무슨 이익이 있을까?
4. 전념: 나는 이것을 믿고 당신과 함께 하겠다.

우리는 부정과 저항이라는 두 가지 주요 측면에 중점을 둘 것이다.

부정과 저항은 변화에 직면했을 때 정상적인 반응이며, 비록 예상했더라도 혁신을 실행하는 사람들에게는 많은 좌절을 안겨준다. 영향 이론, 성격 개발, 학습 유형, 절감 이론은 사람들이 다양한 속도로 변화를 수용하는 방법을 이해하도록 도와준다. 이러한 이론들은 변화가 어떻게 실행되고, 그 당시 사람들에게 일어나는 일들, 과거의 경험들, 그들이 배우는 방식과 그들이 일하고 있는 환경의 특성을 혼합하여 다룬다. 우리 모두는 항상 변화에 저항해왔다. 예를 들어 신기술 채택을 생각해보면 최신 변화를 받아들이는 것을 주저할 수 있다. 우리는 많은 단계에서 변화를 수용할 필요성을 절감할 수 있다.

일슬리 클라크와 도슨(1998)은 사람들이 문제에 직면했을 때 어떻게 절감하는지 설명하고 있다. 절감하는 것은 상황을 실제보다 덜 중요하게 취급하는 것으로 4가지 단계로 발생한다.

1. 존재: 무슨 문제? 문제가 보이지 않는다.

2. 중요성: 문제가 있지만 심각하지 않다.

3. 변화 가능성: 문제가 있고, 심각하지만 아무것도 할 수 없다.

4. 개인의 능력: 문제가 있고, 심각하기도 하고, 대처가 필요하지만, 무엇을 해야 할지 모르겠다.

| 사례연구: 행동에서 절감하기 |

집단 괴롭힘을 예를 들면,

1단계_ 문제의 존재: 나는 여러 명의 나이 많은 학생들이 어린 학생 한 명을 괴롭히는 것을 그냥 지나쳐 어린 학생이 무서워한다는 것조차 모른다.

2단계_ 문제의 중요성: 나는 어린 학생이 무서워하는 것을 보고, '그 일은 그 학생에게 도움이 될 것이고. 그 학생이 좀 더 강해질 필요가 있다'고 말한다.

3단계_ 변화 가능성: 나는 나이 많은 학생들이 괴롭혀 어린 학생이 무서워하는 것을 보고 심각하다고 생각하지만, '내가 할 수 있는 일이 뭐 있겠어. 사내애들이 다 그렇지 뭐. 말릴 수 없잖아'라고 말한다.

4단계_ 개인의 능력: 나는 학생들을 지나치면서 일어나고 있는 일을 보고 사태가 심각하다는 사실을 깨닫고, 무언가를 해야 한다는 것도 알고 있지만, '갈등에 휘말리는 것이 싫고 그것을 막기 위해 무슨 말을 해야 할지 모르겠다'라고 말한다.

절감 단계를 파악하려면 기본 믿음 패턴을 바꾸기 위해 많은 에너지를 사용한다는 것을 아는 것이 중요하다. 3, 4단계처럼 문제에 대한 해결책이 없다고 보는 사람이나 무력감을 느끼는 사람들보다, 문제를 볼 수 없는 사람이나 바꿔야 한다는 심각성을 모르는 1, 2단계 과정의 사람들과 일하기가 훨씬 더 어렵다. 3, 4단계의 경우, 문제 해결을 위한 해결책이나 방법을 제공하면 절감된 문제의 정보를 알게 되므로 문제를 해결할 수 있다.

고맙게도 학교 내에는 후자의 두 단계가 가장 일반적인 형태의 절감 방식이다. 교사들은 자신이 직면한 문제를 빨리 파악하여, 학부모, 학생, 사회, 언론을 탓하며, 해결책이 없다 또는 변화시킬 힘이 없다는 잘못된 믿음을 형성한다. 그렇다고 그들이 말하는 것이 심각하지 않고 실제적이지 않다고는 할 수 없다. 그들이 믿음 패턴을 바꾸기 시작한다면 함께 일할 방법을 찾을 필요가 있다. 3, 4단계를 다루려면 주로 정보와 전략을 기반으로 하면 된다. 어떤 단계에서도 절감되지 않는 다섯 번째 대안이 있다. 이러한 대응을 하려면 문제나 상황을 정면으로 직면하고, 문제를 효과적으로 해결하기 위해 관련된 모든 사람에게 권한을 부여해야 한다.

사람들이 절감하는 데는 많은 이유가 있지만, 그중 하나는 그들이 경험하는 정서적 불편감 때문이다. 수치심 척도(네이선슨 1992)는 부정의 본질에 대해 더 자세히 알려 준다. 사람들에게는 수치심과 단절의 격렬한 감정을 다스리는 데 사용하는 회피라고 부르는 하나의 집합적인 행동이 있다. 부정은 요구하거나 바라는 어떤 것의 거부, 무언가가 거짓이라는 주장, 존재나 어떤 실체의 모순을 의미하는 방어 기제로서 '아니오'라로 말하는 형태이다(네이선슨 1992). 거절은 원하지 않는 영향을 유발하기 때문에 특정 정보를 이해할 수 없을 때 나타나는 부정의

한 형태이다. 부정에 대한 또 다른 설명으로 네이선슨은 '우리는 개인적인 세계의 경계를 지키면서, 경계 안에서 우리가 곤란할 그 어떤 것도 없도록 하면서, 사람들이 우리 안에 있는 것에 관심을 두지 않도록 그들의 주의를 딴 데로 돌리는 방식으로 자신을 보호할 수 있다'고 말한다. 우리는 불편할 때, 불편함을 떨쳐 버리기를 원한다. 절감 단계는 주어진 순간에 우리가 겪고 있는 감정적 불편감의 양과 이런 형태의 부정적인 영향을 다루는 방식에 대해 아주 어렸을 때부터 배워 왔던 패턴에 따라 달라진다.

저항

'변화는 불가피하다. 그래서 당연히 저항이 있다'(무어헤드와 그리핀 1998). 변화를 실행하는 사람에게 어떤 형태의 저항, 절감, 주저함, 부정과 맞닥뜨리지 않게 하는 것은 불가능하다. 이건(1998)은 주저와 저항을 수동적이고 적극적인 회피 형태로 구분한다. 주저는 변화에는 대가가 따른다는 것을 알고 있기에 변화에 모호한 태도를 취하는 사람들이 하는 회피의 수동적인 형태(표면상으로 하는 부정의 표시)이다. 저항은 사람들이 억지로 자신이 원하지 않는 일을 하거나 원하지 않는 일로 바뀌는 상황을 느낄 때 적극적으로 하는 행동이다. 저항은 조직, 개인, 또는 조직과 개인 모두에게 일어날 수 있다. 우리 모두는 '우리는 관계적인 일을 할 시간이 없어', '그냥 내 일을 하게 해줘', '나는 가르치러 왔어'와 같은 일상적인 대답에 익숙하다. 일부 학교에서는 불만을 품고 저항하는 교사가 말도 안 되는 일로 불평하는 학부모 집단을 설득하여 부정적인 영향을 줄 것이다. 변화 담당자이므로, 우리는 실행을 장려하고 불안과 두려움의 수준을 줄이는 방식으로 교사들을 참여시키는 절차를 사용하여 개별 저항 수준을 통제할 수 있다(블러드와 소스본 2005. 블러드 2005. 모리슨, 블러드, 소스본 2005). 흥미로운 사실은, 학교가 회복적 실천을 더 많이 받아들이면 들일수록, 이러한 밀접한 관계 방식으로 다른 사람과 관계를 맺고 함께 일할 때 마주치는 저항이 더욱더 적어진다는 점이다.

본질적으로 변화는 미지의 세계로 나아가 위험을 감수하는 것이다. 이것에는 용기가 필요하다. 위험을 회피하는 대다수의 사람에게 이는 너무 어려울 것이다. 어떤 사람들은 이 정보를 이해하고 불확실성과 함께 앉아 있을 것이다. 그러나 94%의 굉장히 많은 사람은 변화의 필요성을 부인하거나, 그들에게 타당한 수많은 이유 때문에 문제의 심각성을 부정하거나, 앉아서 두고 볼 것이다.

7장

효과적인 변화 과정의 요소

지금까지 우리는 사람들이 변화에 어떻게 대처하고 변화가 어떻게 감정적인 과정인지, 변화가 실패하는 이유, 저항과 부정의 본질을 생각해 보았다. 그리고 회복적 실천이 성공적으로 이루어지려면 이러한 모든 우려 사항이 어떻게 관리되어야 하는지 검토해 보았다. 이번에는 효과적인 실행 요소를 살펴보고자 한다.

경험에 비추어 보면, 대부분의 학교는 효과적인 실행 방법과 복잡한 변화 관리를 모르는 채 회복적 실천을 시작한다. 여기에서 변화 관리로 실행을 연구하고 처음부터 지속 가능한 실천을 구축하는 데 시간을 들인 교사들은 예외다. 유감스럽게도, 종종 교사들은 회복적 실천 워크숍에 참석하고 학교로 돌아오면 배운 기법을 전달해야 하는 임무를 맡게 된다. 그리고 나중에 그들을 만나면, 그 과정이 얼마나 힘들었는지에 대한 가슴 아픈 이야기를 예상한 대로 듣게 된다. 실제로 우리 팀의 최고의 선수를 코칭 스쿨로 보내면, 그가 돌아와 팀 전체를 훈련시킬 수 있을까? 동네 축구를 하고 있다면 그렇게 할 수 있겠지만, 실제로 막강한 팀의 선수가 그렇게 할 것이라고는 기대하지 않는다. 하지만 되풀이해서, 학교는 교사들에게 동일한 기대를 하면서도 일을 쉽게 하려고 원칙은 무시하려고 한다. 학교는 예산을 절약하는 대신 결국 시간을 허비하고 처음부터 다시 시작해야 하는 반면, 더 회의적인 교사들은 처음부터 무슨 일이 있는지 보면서 계속 지켜볼 것이다.

이 책은 시행착오를 통해 배울 필요 없이, 특히 학교와 실행 팀이 의도하는 바가 무엇인지, 어떻게 해야 하는지 명확히 밝히고 처음부터 올바르게 이해할 수 있는 내용으로 계획되었다. 점진적 변화가 필요한 경우, 바라는 효과를 얻으려면 이 과정이 얼마나 오래 걸릴지를 알고 있어야 하고, 하룻밤 사이에 일어나지 않을 거라는 사실도 인지하고 있어야 한다.

1단계와 2단계 변화

먼저 회복적 실천의 실행을 고려할 때, 1단계 또는 2단계 변화를 결정하는 환경적 요인부터 살펴보겠다. 환경적 요인은 이러한 자원을 사용하는 방법과 고려하고 있는 변화 유형에 더 잘 맞는 회복적 실천의 실행을 다시 시도할 필요가 있는지 결정하는 데 도움이 될 수 있다.

1단계 변화는 이미 가지고 있는 것을 개선하는 것이다. 1단계 유형은 점진적이며 종종 다음과 같은 결과에 적용한다.

- 실천과 비전을 조화시킬 필요성을 알지 못함(공통적인 문제)
- 낡은 패러다임에 도전하지도 못하고 버리지도 못함
- 2단계 변화를 하기에는 너무 큰 장벽이 있음
- 소규모 실천을 원함(2단계 변화의 초기 단계의 일부일지라도)
- 학교 환경과 문화가 굉장히 관계적이고 복지에 중점을 두고 있어, 회복적 실천의 실행에 이미 도움이 되고 있기에 적은 구조의 변화가 필요함

1단계 변화를 선택하는 몇 가지 이유는 다음과 같다.

- 학교 전체를 변화시키라는 강제조항이 없음
- 재정 및 인적 자원이 모두 불충분함
- 자신들의 방식을 찾으려는 새로운 실행 팀
- 행동 문제에 조치를 취해야 할 절실한 필요가 있음
- 학교 전체에 실시하기 전에 실천의 효능을 시험하기로 함
- 아직 실천에 대한 확신이 없음
- '여기에는 잘못된 것이 없다', '변화가 필요 없다'라는 대화를 함
- 현 상태가 편안하여 현상유지를 하려는 사람들
- 교사 간의 저항하는 문화 또는 어렵고 힘센 파벌
- 단지 학교 전체를 변화시킬 능력이 없음
- 회복적 실천을 행동 관리를 위한 하나의 간편한 도구로 간주

국립 리더십 학술 연구원에 따르면, 장기간으로 지속되는 문화 변화

를 정말로 원한다면, 실제로 필요한 것은 2단계 변화라고 한다. 우리는 이 개념에 동의한다. 학교는 실제로 현재 일어나고 있는 것과는 크게 또는 근본적으로 다른 무언가를 해야 한다. 실천 과정은 돌이킬 수 없고, 일단 시작되면 상황을 되돌리기 어렵다. 이런 수준의 큰 변화는 소극적인 사람에게는 적합하지 않다.

1단계와 2단계 변화를 적용한 학교의 사례를 제시할 것이다. 우리가 사례를 제시할 때, 1단계 변화가 전적으로 타당할 수도 있고 또는 학교에서 시작할 수 있는 유일한 대안일 수 있다는 것을 이해하는 것이 중요하다. 각각의 대안을 선택한 이유와 가능한 이유를 합리적으로 이해하는 것이 중요하다.

회복적 실천의 실행과 관련된 1단계 변화는 환경이 변화에 도움이 되어야 지속 가능한 실천으로 성공할 수 있다는 것이 우리의 견해이다. 이를 위해서는 가치 중심의 밀접한 관계가 필요하다. 그리고 회복적 실천의 실행은 본질적으로 관계형인 학교 비전과 일치해야 한다.

| 사례 A: 모르고 하는 1단계 변화 |

물론 1단계 변화를 선택하는 많은 이유가 있으며, A 학교가 이러한 이유들을 보여준다. 기본적으로 학교는 회복적 실천을 훈련받게 하려고 누군가를 보내는데 보통 실행 팀에서 보낸다. 훈련받은 교사는 그렇게 할 시간도, 자원도 없는 상황에서 회복적 실천을 학교 전체에 실행하기 위해 다른 교사들을 훈련시키도록 요구받는다. 그렇지 않으면, 학교는 자문위원을 초빙하여 학교 소개의 날 행사를 하면서, 교사들이 현재 훈련을 받았으며 더 이상 필요한 것은 없다고 믿게 한다. 6~12개월 동안 변함없이 '우리는 회복적 실천을 시도했다. 그런데 효과가 없었다' '우리는 교사에게 회복적 실천을 강요할 수 없었다'라는 말을 한다. 결국 실천을 실행한 교사는 그 역할에서 소진 당하거나 전근을 갔다. 이 사례에서, 관리자는 변화를 위한 준비가 되지 않은 학교에서 회복적 실천을 실행하는 데 필요한 것을 과소평가했다. 학교는 어떤 변화의 계획도 동일하게 실행한다. 다른 아이디어보다 쉽게 실행할 수 있는 아이디어가 있지만, 대부분의 변화 계획은 앞에서 설명한 것처럼 실패한다. 그러나 다음 예시는 1단계 변화가 성공한 사례이다.

| 사례 B: 알고 하는 1단계 변화 |

B 학교는 공동체 의식이 끈끈하고 비전이 있는 작은 공동체 학교이다. 학교 공동체는 일반적으로 학교가 잘 운영되고 있고, 공동체와 관련된 문제는 거의 없다고 밝혔다. 학생들은 대체로 바람직한 행동을 하면서 규칙을 잘 준수했다. 그러나 회복적 학교에서 전입해 온 교장은 더 좋은 일을 할 수 있고, 더 강한 관계를 형성할 수 있고, 학생들이 자신들의 행동에 더 많은 책임을 갖게 할 수 있는 가능성을 보았다. 교장은 학교에 문제가 많지 않지만, 교사가 학급에서 너무 많은 규칙을 적용하고 있어, 이 부분에서 변화할 수 있다고 여겼다. 결론적으로 교장은 교사들에게 이익이 되고, 그들이 해왔던 일에서 조정할 부분을 이야기했다. 그리고 모든 교사에게 간단한 회복적 실천 실습과 예방적 서클 시간을 소

개했다. 크게 중점을 둔 부분은 학교 공동체 전체에서 일관된 언어를 개발하고 이것을 학생과 학부모 모두와 공유하는 것이었다. 이 경우 학교는 2단계 변화가 필요하지 않았다. 오히려 이미 효과가 있는 것을 조정하면 되었다.

이 학교에서 시간을 보내면서 흥미로웠던 점은 실천을 실행하면서 교사들이 내심 약간의 불안정한 모습을 드러냈다는 것이다. 그 일은 사소한 변화조차도 사람들에게 여러 방식으로 영향을 미칠 수 있다는 것을 다시 한번 상기시켜 주었다. 변화에 대해 알고 있었기 때문에, 교장은 변화를 실행하면서, 그들이 하나의 집단으로 어떻게 회복력을 구축하고 학교를 개선할 수 있는지에 대해 이야기할 수 있었다.

| 사례 C: 2단계 변화 |

C 학교는 호주의 수도에 위치한 작은 초등학교로 사회 경제적 수준이 낮은 가족과 학생들로 구성되어 있다. 학부모들은 많이 싸우고, 일부는 교도소에 들어가 있고, 일부는 환경이 좋지 않은 집에서 살거나 정신 건강과 중독 문제로 고통받고 있었다. 평판이 좋지 않았으며 교사를 포함하여 그 학교에 가기를 원하는 사람은 아무도 없었다. 학생들은 선택의 여지가 없기 때문에 출석을 했고, 출석은 불안정했다. 학부모들은 교사들에게 종종 무례하거나 난폭한 행동을 했기 때문에 학교 안에 들어오지 못하게 했다.

전입해 온 교장은 너무 긴급하여 2단계 변화에 착수했다. 열악한 학업 성적과 학교 폐쇄 가능성으로 인해 학생 수가 감소할 위험에 있기에 그렇게 하지 않을 수 없었다. 물러설 수 없는 상황이었다. 처음에 교장은 물고기 철학[2]으로 접근 방식을 개발하는 데 초점을 맞추고 새로운 학교 비전을 개발했다. 그의 접근 방식은 매일 학교로 걸어 다니며, 학생들 집 앞에서 부모를 만나 인사하고, 교실로 찾아가 관계를 구축하는 완전히 관계적인 방법이었다. 그리고 학교 비전을 실천하기 위해 교사들을 조직적으로 훈련시키고 적절하게 숙련했는지 확인했다. 그들은 모든 학생을 향상시키는 완벽한 비전을 가진 전략을 채택했다. 그들에게 실행 팀은 없었다. 그 대신 모두가 동참할 수 있을 만큼 소규모 학교였다. 그들에게는 확실하게 잘 갖춰진 회복적 과정과 실천이 있었다.

교장은 5년의 재임 기간을 마치고, 회복적 실천을 시도하려는 많은 학교가 찾아왔던 회복적 실천의 모델이 된 그 학교를 떠났다. 학부모가 오후마다 학교에 와서 교사들과 공개적으로 교류했고, 교사들은 학교에 남기를 원했고, 학생들의 학교 출석이 급격히 늘었으며 학업 결과도 크게 향상되었다. 학생들은 적극적으로 참여했고 학교에 있고 싶어 했다. 그 학교는 회복적 실천과 물고기 철학이 살아 숨 쉬고 있었다. 어느 날 한 학생이 교장에게 자신만을 위한 회복적 과정을 요구했다. 요약하면, 주 가해자였던 그 학생을 위해 운영된 회복적 과정은 본질적으로 관계적이고 매우 회복적이었다. 과정이 끝났을 때, 교장은 학생에게 왜 회복적 과정을 요구했는지 물었다. 학생은 '그건 너무 쉬운 일이었어요. 제가 나쁜 짓을 했고, 기분이 나빴어요. 그리고 선생님이 제가 바뀌는 것을 도와주실 줄 알았어요'라고 말했다.

2 미국, 스티브 런딘(Stephen C. Lundin), FISH 철학_옮긴이

2단계 변화에 착수한 학교가 많이 있다. 항상 마무리까지 염두에 두고 이제 막 시작한 것이 무엇인지 확실하게 이해하고 있다. 그 학교들은 언제나 이용할 수 있는 자원을 마련해 놓고, 전문성 개발을 지원하기 위해 예산을 구하거나 지원받고 있으며, 기꺼이 필요한 일을 하고 있으며, 변화 계획을 주도하는 리더십이 있다. 다행스럽게도, 서로에게서 배우고 실천을 알리는 데 도움이 되는 자료들을 이용하는 학교들이 전 세계적으로 점점 더 증가하고 있다.

효과적인 변화의 요소

회복적 실천의 효과적인 실행과 그에 따른 문화 변화는 1단계나 2단계 변화와는 상관없이 변화 계획을 운영하고 비전을 달성하기 위해서

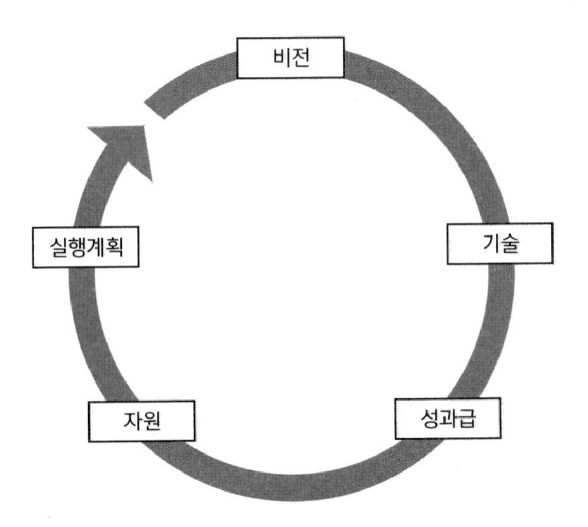

[표 7.1] 효과적인 변화 과정의 요소(노스터, 빌라, 사우전드 2000)

비전, 기술, 성과급, 자원, 실행 계획이 필요하다. 〔표 7.1〕은 효과적인 변화 과정의 요소를 개괄한 노스터, 빌라, 사우전드(2002)의 주장에서 인용했다. 여기에는 비전, 기술, 성과급, 변화를 위한 자원, 실행 계획이 포함된다.

5가지 요소 중 하나라도 없다면, 사람들이 변화에 어떻게 반응하는지에 직접적인 영향을 줄 것이다. 예를 들어, 모든 교사가 공유하고 이해하는 명확한 비전이 없다면 혼란 상태를 초래할 것이다. 큰 그림이 없다면, 방향 감각이 없을 것이다. 만약 자신이 하는 일을 실행하거나 변화시키기를 바라는 교사에게 필요한 기술이 없다면, 변화는 무산될 것이다. 하루 동안의 교육과 단기 과정의 훈련을 택하고, 추가적인 기술 개발 또는 교사들과 지속적인 대화를 하지 않는 학교의 경우도 마찬가지이다. 어떤 교사들은 이 일을 자연스럽게 하고, 반면 어떤 교사들은 자연스럽게 시작되기 전에 이 방법이 시험되기를 기다리거나 지켜볼 것이다. 반복되는 회복적 실천 교육은 실전에서 교사들의 정교함과 숙련도를 부여할 것이다. 이러한 요소가 없다면 우리가 나눴던 대화에서처럼 불안감이 증가할 것이고 효과도 없을 것이다.

또한 교사들은 자신이 하고 있는 일에 새로운 실천을 적용하려면 일종의 성과급을 필요로 한다. 이 사항은 연구 내내 반향을 불러일으킨 주제이다. 만약 교사들이 회복적 실천이 자신의 삶을 어떻게 좀 더 편하게 해주는지 또는 자신이 하는 모든 일과 어떻게 연결되어 있는지 알지 못한다면, 그들은 실행하는 노력을 거부할 것이다.

우리는 이 책에서 회복적 실천과 교육학의 연관성에 관해 이야기해 왔다. 변화는 의미가 있어야 하고 변화를 위한 변화가 되어서는 안 된다. 자원 없는 변화는 좌절만 초래할 뿐이다. 그것은 주요 재료 없이 케이크를 굽는 것과 비슷해서 자신이 기대한 대로 되지 않는다. 홉킨스(2009)가 언급한 바와 같이 회복적 실천의 효과적인 실행을 위한 핵심 자원은 다음과 같다.

- 사람
- 시간
- 재원

지속 가능한 학교 실천의 모든 사례에는 공통 요소가 있다. 여기에는 관리자들이 회복적 실천의 시작과 운영에 책임을 질 수 있는 적합한 사람들을 찾아서, 그들에게 이 작업을 수행할 수 있고 지속적인 전문성 개발에 참여할 수 있는 시간을 배정하고, 자금을 신청하거나 내부 자원을 배분하면서 재원을 찾아야 한다는 것을 포함한다. 우리는 이런 일이 일어나지 않았던 성공적인 모델을 생각할 수 없다.

마지막으로 로스터 외 연구진(2002)에 의하면, 실행 계획이 부족하면 회복적 실천을 잘못 출발할 수 있고 예측하기 어려운 일로 이어질 거라고 한다. 이 책의 주된 목적은 회복적 실천의 실행이 적용될 때 효과적인 변화 관리 과정에 대한 정보를 모아서 이러한 잘못된 시작이 발생하지 않도록 하는 것이다.

채택률

변화율은 조직의 구성원들이 혁신을 받아들이는 채택률에 영향을 받는다. 로저스(2003)는 채택률에 영향을 미치는 변수를 5가지, 즉 혁신의 인지된 속성, 사회 시스템, 결정 방법, 변화 담당자의 활동, 혁신에 관한 의사소통으로 요약한다. 이는 이전의 논문(블러드와 소스본 2005, 블러드 2005, 모리슨 외 2005)에서 언급한 회복적 실천의 실행에서 나타날 수 있는 많은 변수들이다. 이 모델에서 두 가지 중요한 구성 요소, 즉 혁신의 인지된 속성과 변화 담당자의 활동에 대해 이야기해보려고 한다.

:: 혁신의 인지된 속성

혁신을 실행하는 것은 어렵다. 혁신을 실행하는 사람들이 혁신에 대한 이해가 없고, 혁신이 핵심 사업과 일치하지 않고, 실천하기가 어렵거나 문제가 있고, 실험을 못 하게 되거나, 그 결과가 비교적 즉각적이지 않고 대다수가 확인할 수 없다면, 혁신은 실행하기 어려울 것이다. 로저스(2003)는 새로운 아이디어, 즉 혁신을 채택하게 하는 결정적인 요소를 다음과 같이 설명한다.

1. 상대적 이점: 혁신은 이미 존재하는 것보다 더 좋거나 더 효과적이어야 한다. 회복적 실천의 실행은 학생의 정학률과 이것이 학생의 행동에 미치는 영향(효과 여부)을 비교할 때 상대적으로 이점이 있다.
2. 호환성(기존 가치와 관행과 관련하여): 혁신이 기존 가치, 잠재적인 채

택자들의 요구, 그들의 과거 경험과 얼마나 일치하는가? 회복적 가치와 밀접하게 부합되는 학교와 그러한 가치가 일상 행동에서 명확하게 드러나는 학교가 회복적 실천을 실행할 때 저항이 적다.

3. 단순성(편리성): 혁신을 이해하고 실천하는 것이 얼마나 어려운가는 채택률에 영향을 미친다. 회복적 실천의 개념을 몇몇 교사는 쉽게 파악하지만, 그렇더라도 회복적 실천이 어떻게 작용하고 그것이 효과적인지를 알아내기 위해서는 실험을 해야 한다. 일회성 입문 교육으로는 많은 사람을 실천에 참여시킬 수 없을 것이다. 실제로, 회복적 실천이 기존의 실천과 어떻게 연결되는지 볼 수 있는 교사만이 실천을 실행할 것이다.
4. 시험 가능성: 실행이 일어날 수 있는 정도를 말한다. 회복적 실천을 성공적으로 실행하려면 실험할 기회가 있고, 효과 여부를 밝힐 수 있고, 모범 사례를 개발할 수 있고, 실천과 이론을 연계시키는 데 필요한 재교육과정을 할 수 있는 학교에서 작은 부분부터 시작해야 한다. 예를 들어, 일부 중학교는 학생들이 입학 때부터 회복적 실천을 시행했다. 지역 초등학교에서 회복적 실천을 실시했기 때문에 확실히 유리했다. 학생들이 적응하기 어려운 시기에 익숙한 과정에 있다는 것은 좋은 일이다.
5. 관찰 가능한 결과: 마지막으로 실행의 이점을 다른 사람들이 명확하게 관찰할 수 있어야 한다. 사람들은 많은 회복적 실천 중 하나를 통해 행동과 태도의 변화를 보고 경험할 때 회복적 실천이 탁월하다는 것을 알게 되고 쉽게 받아들일 것이다. 데이터에 근거한 회복적 실천 이야기와 영향은 실행 전반에 굉장히 중요하다. 이것

이 없다면 새로운 실천은 다른 사람들에게 수수께끼로 남을 것이다. 개인적인 이야기는 다른 사람들에게 강력한 이미지를 그리게 할 수 있다. 예를 들어 교사, 학생, 학부모, 지역사회로 구성된 대규모 토론회에서 교사, 학생, 어머니들이 회복적 실천과 관련된 영향력에 관해 개인적인 경험을 나누는 것은 매우 강력했다. 이러한 이야기의 공유를 용이하게 하는 시각적 이미지 또한 매우 강력할 수 있다.

:: 변화 담당자의 활동과 기능

변화 담당자는 사람들과 혁신에 영향을 줄 능력을 갖춘 사람이다. 가장 훌륭한 변화 담당자는 시스템 내에 존재하지만, 당신이 변화시키려 하는 학교의 외부에도 있을 수 있다. 그들은 당신이 일하는 환경 안팎으로 이동하는 능력이 있는 사람일 수 있다. 그들에게는 전반적인 관점으로 관찰할 정도의 적당한 거리가 중요하다. 또한 현장의 담당자와 좋은 관계를 발전시키는 것이 중요하다.

클라크(1999)는 변화 담당자를 다음과 같이 말한다.

- 변화의 필요성을 개발한다.
- 양방향 정보 교환을 한다.
- 의뢰인의 문제를 진단한다.
- 의뢰인에게서 변화하려는 목적을 창출한다.
- 창출해낸 목적을 실행하도록 한다.
- 채택을 안정화하고 중단을 방지한다.

- 의뢰인이 변화 담당자가 아니라 자기 자신을 의존하도록 한다.

지역이나 구청의 직원, 행동 및 교육 자문위원, 학교 심리학자는 종종 변화 담당자의 역할을 잘 맡는다. 그들은 현장에서 사람들과 공식적, 비공식적으로 논의하는 기회가 있고 학교에 도움이 되는 역할을 제공받는다. 외부 자문위원들은 학교의 담당자들을 찾아서 자문과 지도를 하여 그들의 능력을 길러주어야 한다. 머지않아 그들이 외부 자문위원 역할을 맡게 될 것이다. 당신도 역시 변화 담당자라는 것을 기억하는 것은 가치가 있다.

8장

리더십의 중요성

우리는 이 책에 리더십에 대한 장을 포함할지 말아야 할지, 그리고 그렇게 중요한 작업이 아직 있다면, 무엇을 남기고 무엇을 배제할 지를 고심해 왔다. 결국, 회복적 실천에서 변화 관리와 지속 가능한 실행에 리더십의 영향력이 중요하다고 느꼈고, 이것을 그냥 빼버릴 수가 없었다. 관계가 회복적 철학에서 중요한 부분을 차지하기 때문에 우리는 또한 관계와 리더십을 연결해야 할 필요성을 느꼈다. 부족한 리더십이 관계에 영향을 미치고 강력한 리더십이 모든 성공적인 변화 계획에서 중요하다는 사실에서 벗어날 수 없다.

조직 변화 전문가이자 저자인 마거릿 휘틀리(1999)는 우리는 관계의 개념에서 벗어날 수 없다고 제안한다. 휘틀리(2005)는 『길 찾기, 불확실한 시대를 위한 리더십』이라는 책에서 리더십은 '타고난 조직 지능으로… 사람들과 사람들 주위에 형성된 시스템 모두에 존재한다'라고 말한다. 다음의 휘틀리(1999)의 설명처럼, 모든 것은 관계 및 사람들과 시스템이 어떻게 연관되어 있는가에 달렸다.

당신은 자연계를 볼 때마다 조직도가 아닌 네트워크만을 찾는다. 이러한 네트워크는 항상 엄청나게 엉망이며, 빽빽하며, 복잡하며, 참여하는 모든 사람에게 더 큰 지속 가능성을 만드는 데 매우 효과적이다. 모든 살아있는 시스템은 관계의 거미줄로 존재한다. 왜냐하면 개인이 사리사욕의 좁은 경계에 갇혀 있을 때보다 인간관계를 만들면 더 많은 이익이 있다는 것을 깨닫기 때문이다. 끊임없는 협력과 공생의 과정은 삶을 특징짓는다. 이러한 상호이익의 관계는 혼자 살려고 노력했을 때보다 개인을 더욱 지지하고 보호하는 시스템을 만들어 낸다. 어떤 것도 혼자 살 수 없다는 것을 기억하는 것이 중요하다.

선도적 역할 하기

조직 문화를 결정짓는 가장 중요한 요인은 각 부서에서 관리자의 리더십 스타일일 것이다(리 2004). 우리의 경험에 의하면, 성공적인 실행은 학교 내 리더십의 특성과 열정에 크게 의존한다. 이것을 무시하면 효과가 없었던 계획 목록에 이미 해 봤던 계획이 빨리 추가될 위험이 있다. 그러나 다른 책의 저자들은 리더십이 학교 공동체 내의 여러 직급에서 발견될 수 있으므로 교사 한 사람에게 크게 의존하지 않는다는 사실을 인정한다. 때로는 일을 할 수 있는 중요한 지지자 집단을 구성하기 위해 소수의 열정이 필요하다.

리더십 행동

사람들에게 그들 자신의 신념과 가치에 중대한 도전이 될 수 있는 패러다임을 채택하도록 하기 위해 학교 공동체에 영향을 주고, 결속시키고, 영감을 주는 리더십 행동은 무엇일까? 코터(2012)는 '모든 관리자가 다르게 행동하기 시작하고 자신들이 바라는 변화를 구체화할 때 조직 전체에 강력한 메시지가 전달될 것이다. 이러한 행동은 동기를 증가시키고, 자신감을 고취시키고, 냉소를 감소시킬 것'이라고 말한다.

다음은 회복적 실천을 수년간 실행하면서 알게 된 결과이다.

1. 실행 팀이 있는 학교는 실행 팀이 없는 학교보다 회복적 실천의 전체적인 연속체와 철학 과정을 이해하기 위해 집중적인 훈련을 더 많이 받는다.
2. 담당자들은 실행 팀의 지원과 지도를 강력하게 가시적으로 받고 있다. 만약 실행 팀에서 실천에 상반되는 불협화음이 있다면, 실행은 어려워지고 아마도 지연될 것이다.
3. 실행 팀의 지도자가 훈련을 받았더라도, 특히 회복적 실천 철학과 회복적 실천에 맞지 않는 학교일 경우 회복적 실천이 지속 가능하리라는 보장은 없다.
4. 실행 팀은 조직 변화와 관련된 내용을 이해하고 지원해야 한다.

부족한 리더십의 예시로 너무 자주 보이는 것은 관리자와 실행 팀이 전체 교사를 훈련에 참가시키지 않는 사례이다. 실행 팀이 회복적 실천에 정통할지라도, 관리자와 실행 팀이 전체 과정에 적극적으로 참여하고 개입하는 것이 중요하다. 그렇게 하지 않으면 교사들에게 이것이 우선순위가 아니고 하지 않아도 된다는 메시지를 보내게 된다. '내가 행동하는 것은 하지 말고 내가 시키는 대로 해라'와 같은 메시지이다. 실행 팀이 활동적이지 않고 그 과정의 모든 단계에 참여하지 않으면서 지속적인 실천에 성공한 학교는 생각할 수도 없다. 더구나 실행 팀 지도자가 당일 나타나지 않거나, 다급한 요구를 호소하면서 훈련 과정에 자주 빠져서 실패한 사례를 굉장히 많이 인용할 수 있다. 물론 리더십이 없고, 자원이 부족하고, 지원이 없고, 과정을 안내하지 않아, 학교가 회복적 실천의 채택을 실패하는 공통적인 요소가 있지만, 실패의 원인은 다양하다.

리더십 부족은 심각한 피해 사건들과 그 사건들을 어떻게 다룰지 결정할 때, 그리고 구조 변화, 접근 방법, 필요한 처리 비용 확보를 결정할 때 확실히 드러날 것이다.

관리자가 실천을 주도하기보다 오히려 변화 과정과 열심히 일하는 팀을 위해 리더십과 지침을 제공할 필요가 있다. 우리는 관리자가 실행 팀의 일원이 되어야 한다고 강력하게 제안한다. 이것은 3부에서 깊이 다룰 것이다. 관리자에게는 의사 결정과 변화 과정의 공식적인 대표 자격이 필요하다. 또한 나머지 교사들을 참여시키고 전반적으로 관리해야 한다.

이러한 리더십 자질은 학교에서의 리더십만큼 회복적 실천의 개척자들(조기 수용자들)에게도 중요하다. 그들은 또한 일반적으로는 행동관리에 관해, 특별하게는 회복적 철학에 관한 유용한 대화로 학교 공동

모범적인 실천	행동
1. 과정에 도전하기	* 현재 상황에 도전하기, 새로운 접근법 시도하기, 혁신하기, 위험 감수하기 * '우리가 무엇을 배울 수 있을까?' 질문하기, 실패와 실수 및 실망을 학습 기회로 여기기 * 목적, 계획, 목표 설정하기 * 개선할 새로운 방법을 학교 밖에서 찾아보기 - 회복적 실천을 실행하는 데 성공한 학교는 자신의 학교를 벗어나 다른 학교에 손을 내밀어 함께 실천을 공유하여 시스템에 새로운 아이디어를 도입한다.
2. 비전을 공유하기	* 사람들의 꿈과 관심사와 연결된 흥미진진하고 설득력 있는 미래의 이미지 묘사하기, 이러한 비전에 사람들을 동참시키기 * 교육과 관계에 영향을 주는 미래의 추세에 관해 이야기하기 * 우리가 하는 일의 의미를 확신 있게 말하기 * 학생들의 교육을 더 큰 그림으로 회복적 실천과 연결하기 - 이러한 학교들은 회복적 실천의 비전에 대한 시각적 단서가 있으며, 비전이 학교가 하는 모든 일에 어떻게 부합되는지, 그리고 글로나 말로써 끊임없이 언어로 상기시켜 준다. 비전이 우리가 여기에서 하는 일이 된다.
3. 다른 사람들이 행동하도록 하기	* 팀워크와 협동심 기르기, '나' 대신 '우리'라는 말 사용하기 * 다른 사람들이 결정하도록 지원하기, 그들이 일하는 방법을 선택하도록 하기(권력 공유와 권한 위임) * 존중과 존경으로 다른 사람들 대하기 * 다른 사람들의 리더십 개발하기, 그들의 업무에서 발전하도록 격려하기 - 다른 사람들이 행동할 수 있도록 돕고, 지원하고, 지지하는 것은 학교 공동체 전반에 걸쳐 잠재적 리더십을 발전시킬 것이다.
4. 솔선수범하기	* 교사, 학생, 학부모가 보고 싶어 하는 행동을 솔선수범하여 회복적 실천에 대한 헌신을 증명하며 개인적인 모범 보여주기 * 약속과 헌신 이행하기 * 다른 사람들에게 자신만의 리더십 철학 밝히기 * 학교 가치에 대한 공감대를 형성하여 모든 사람이 공유하기 * 자신의 행동과 타인의 성과에 미치는 영향에 대한 피드백 요청하기(책임감에서 모범되기) - 행동은 말보다 더 큰 소리를 낸다. 말한 것을 실행하고 우리의 실천에 책임을 지고, 사실과 다를 경우 우리에게 책임을 요구할 수 있는 권한을 다른 사람에게 부여하는 것이 학교 공동체에 제공할 수 있는 최고의 선물 중 하나이다.

5. 마음을 격려하기	* 사람들이 기울이는 노력과 기여를 인정함으로써 희망과 헌신을 유지하기 * 사람들의 능력을 자신 있게 표현하기 * 공유 가치에 대한 약속을 이행하고 의견 수렴하기 * 성취 축하하기 - 실천을 실행하고 유지하는 데는 특별한 것이 필요하며, 당신은 관여한 사람들이 크게 기여한 점과 그들이 감수해 온 위험을 인식해야 한다. 그들의 공헌을 인정하고 그들의 노력에 감사한다는 것을 알려야 한다. 실천을 공유하고 다른 사람들에게 영감을 얻기 위해 그들을 다른 학교, 회의 또는 행사에 보내야 한다. 당신의 학교는 이것의 혜택을 받게 될 것이다.

[표 8.1] 변화를 위한 리더십 행동(쿠제스와 포스너 인용 2007)

체(적어도 그들의 영향권 내에 있는 사람들)에 참여해야 한다. 이것은 그들이 위에서 관리할 수 있으므로, 이를 효과적으로 수행하는 방법을 배워야 하고, 지도를 받고, 조언을 받을 필요가 있다는 의미이다.

이러한 행동은 다행히 존 코터(2012)의 조직 변화를 위한 8단계에서 언급된 행동과 일치하며, 우리는 3부에서 그의 연구에 대해 자세히 논의할 것이다. 이러한 실천을 설명하고 실천을 지원하는 행동을 분석하기 위해, 쿠제스와 포스너의 연구에 우리가 한 작업을 추가하여 표를 만들었다.

우리는 이러한 행동이 달걀흰자와 노른자처럼 서로 분리될 수 없다고 믿고 있다. 그것은 다른 사람들이 변화하도록 영향을 주는 효과적인 리더십을 발휘할 방안을 만드는 통합적인 패키지이다. 이러한 행동은 연중무휴로 실천되어야 한다. 그리고 [표 8.1] 목록을 자세히 살펴보면 변화의 항목들이 있는데, 이것들은 우리가 교실에서 유능하고 영향력 있는 관계적인 교사에게서 볼 수 있는 동일한 종류의 행동들이다. 앞서 언급한 휘틀리(1999)의 인용문처럼, 이러한 상호이익 관계는 그들이 혼자서 살려고 노력했을 때보다 개인을 더욱 지지하고 보호하는 시스템을 만들어 낸다. 관계없이는 아무런 의미가 없으며, 인간관계는 '녹색 선 아래(3부 참조)'에 있는 것으로, 사람들의 감정적 욕구를 충족시키고, 우리가 우리보다 더 큰 무언가의 일부라고 느끼게 해주고, 다른 사람들의 삶과 우리가 일하는 방식에 변화를 가져오게 하는 것을 의미한다. 3부에서는 교육 환경에서 성공적으로 회복적 실천을 실행하기 위해 당신이 해야 할 일을 살펴볼 것이다.

지도자에게 필요한 것은 다음과 같다.

- 언행을 일치한다.
- 문제를 표면화한다.
- 회복적 실천을 잘 알고 있다.
- 정책과 실천을 조정한다.
- 학교 내 교사와 학부모의 문제를 처리한다.

지속 가능한 실천을 개발하는 것은 실행 팀이 솔선수범하면서 시작된다. 자신을 바꾸기를 꺼려하거나, 회복적 실천의 틀을 가진 학교 내에서 실천을 따르지 않으면서 다른 사람들이 바뀌기를 기대할 수는 없다. 관계가 당신이 하는 모든 일의 중심이라면 당신은 솔선수범해야 한다.

| 사례연구: 관계적인 지도자 |

굉장히 성공한 초등학교 교장을 예로 들겠다. 18개월 만에 이 학교는 교사들이 일하고 싶어 하지 않고, 학부모들이 자녀를 보내고 싶어 하지 않는 부산한 회복적 공동체라는 평가에서 벗어났다. 이 학교를 방문하는 사람들은 교문을 들어서는 순간 이 사실을 경험한다. 그것은 교장에게 재빨리 몇 번씩 연락을 취하는 행정직원의 따뜻한 인사로 시작된다. 그를 아침에 만나기가 매우 어렵다는 소문이 자자했다. 솔선수범하기 때문이었다. 교실에서 학생들과 교사를 만나 이야기를 하고, 오가는 길에 학생들에게 애정 어린 인사를 하는 교장을 볼 수 있을 것이다. 그는 교사들의 사정을 알 수 있었고, 학생들은 교실에서 교장 선생님과 가까워지면서, 걱정이 생기면 자신들이 찾아갈 사람을 교장 선생님으로 알고 있었다. 문제가 발생하면, 바로 즉시 그곳에서 처리했고, 그 과정에서 관련 있는 교사들을 참여시켰다. 그는 관계적이었고, 모든 일에 일치된 모습을 보였다.

홉킨스(2004)는 언행이 일치하는 지도자는 학생, 교사, 학부모, 학교 공동체 내에 있는 다른 사람들과 공식적, 비공식적 대화의 기회를 갖는다고 말한다. 그들은 필요할 때 좀 더 도전적인 대화를 나누고 회복적이고 관계적인 방식으로 문제를 해결한다. 회의는 사람들에게서 최선을 얻고, 그들을 관여하게 하고, 과정에 그들이 참여하도록 구성된다. 취해진 조치는 알아야 할 필요가 있는 사람들과 소통하고, 요구될 사항은 학교 전체가 알게 한다. 가장 중요한 것은 회복적 맥락에서 지도자들은 교사들이 교육의 핵심 부분, 즉 교수학습과 관련하여 우리가 하고 있는 일을 왜 하는지 이해하도록 도와준다는 점이다.

블랜차드(2006)는 지도자들이 조직 내의 우려 사항을 표면화할 수 있는 전략을 개발함으로써 변화 과정의 엄청난 부분을 도울 수 있다고 제안한다. 사람들과 집단은 변화 과정에서 받은 영향에 따라 변화 과정에 개별적인 관심을 가질 것이다. 이는 자신의 바쁜 일을 제쳐두고 변화 과정에 주의를 기울이고, 사람들에게 목소리를 높이고, 관심사와 아이디어를 듣는 기회를 만들기 위해 상충하는 요구를 관리한다는 의미이다.

| 사례연구: 선도적 역할 하기 |

여기의 좋은 예시는 교장으로서 세 번째 학교에서 근무하고 있는 어떤 교장에 관한 이야기이다. 매번 그는 변화가 필요한 사람들, 격려와 지원이 필요한 사람들, 책임을 져야 하는 사람들과 일하면서 교사들의 능력을 개발하는 일을 조용히 해 왔다. 적절한 때 그는 회복적 실천을 포함하여 다양한 계획을 진행했다. 그는 모든 것이 어떻게 조정되고, 회복적 실천이 어떻게 학교의 우선순위가 되며, 그리고 중요한 것은 회복적 실천이 어떻게 그들의 핵심 사업에 변화를 줄 수 있는지에 대해 명확했다. 선도적인 역할을 하는 동안, 그는 변화를 수용하는 교사들이 앞장서도록 격려했다. 계획을 지원하고 자신감 있는 교사들을 발굴했는데, 그들 대부분이 다른 학교에서 관리자가 되었다.

위 사례의 교장과 그와 같은 많은 사람은 차례차례 문화를 구축해 왔다. 코터(2012)는 '문화는 사람들이 행동을 성공적으로 바꾼 후에, 새로운 행동으로 얼마 동안 집단의 이익을 얻은 후에, 그리고 사람들이 새로운 행동과 향상된 성과 간의 연관성을 본 후에야 바뀐다'고 말한다.

변화의 본질과 변화가 실패하는 이유를 아는 것이 성공적인 변화를 가져오는 방법을 이해하는 데 중요하다. 자세히 논의한 바와 같이, 변화는 학교의 변화 담당자와 실행 팀이 변화를 일으키는 과정에서 마음과 생각을 사로잡아야 하는 감정의 과정이다. 이성적인 머리와 감정적인 마음 모두에 초점을 맞출 필요가 있다. 이러한 변화의 본질과 효과적인 리더십과 인적 관리 기술이 이 과정에서 도움이 될지라도, 변화는 복잡하고 도전적인 과정임이 분명하다. 회복적인 관계가 모든 일의 핵심에 있다고 생각한다면, 사람들을 어떻게 참여시킬 것인가를 이해하는 것이 중요하다.

이제 중요한 고려 사항을 알았으니, 3부에서는 회복적 실천을 실행하는 '방법'을 제시하겠다.

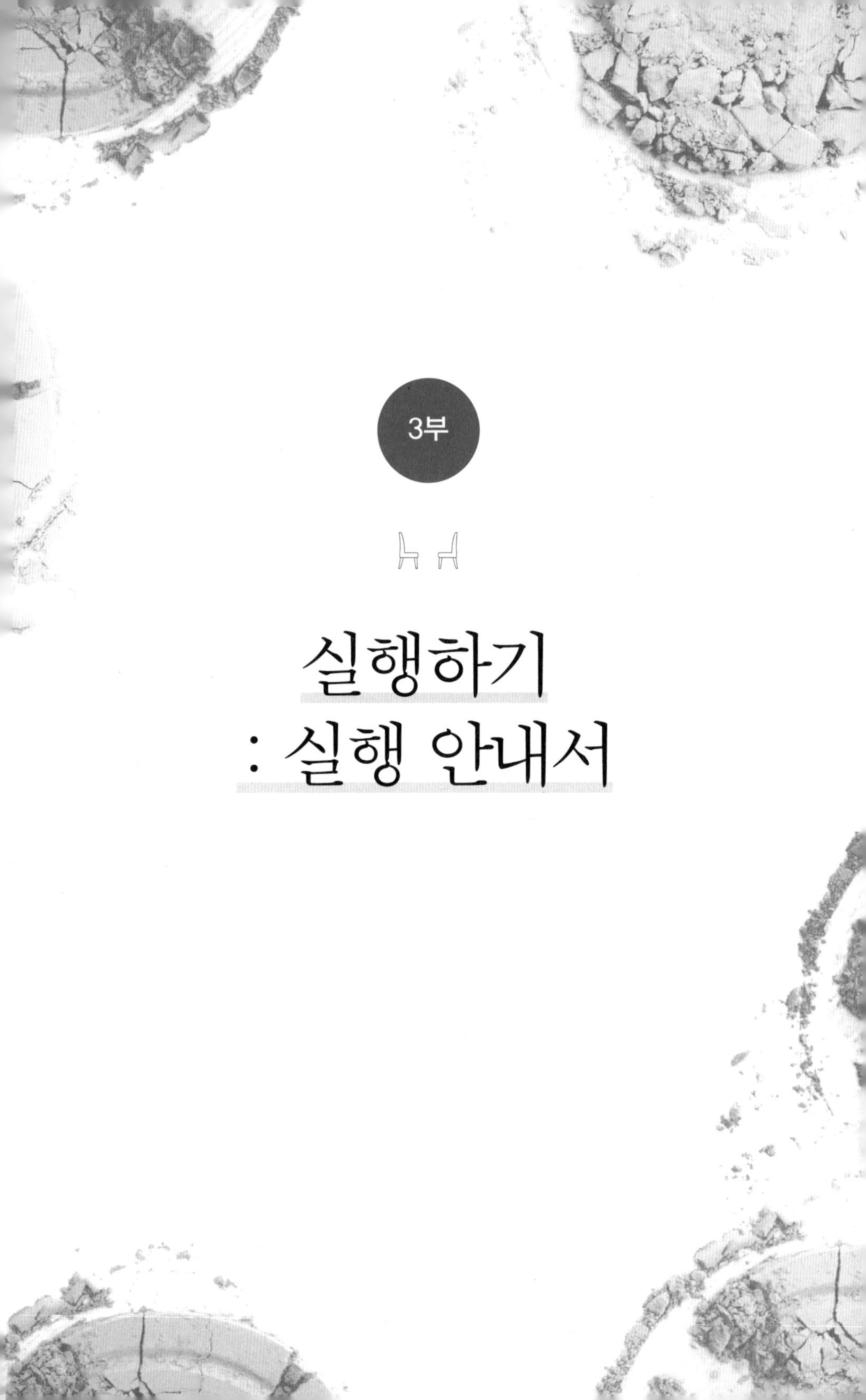

3부

실행하기
: 실행 안내서

9장

개요

이 책의 앞부분은 변화와 그것이 어떻게 사람들에게 영향을 주는지 (어떤 사람들은 흥분시키고, 다른 누군가는 숨게 만든다)를 이해하는 데 할애했다. 3부에서는 두 가지 기본 사항을 제시하고자 한다. 즉 회복적 실천의 수단으로 학교 문화를 바꾸는 복잡한 작업에서 다뤄져야 하는 모든 것을 고려한 모델과 그 모델에 기반을 둔 단계별 지침이다.

2부에서 멕 휘틀리의 인용문은 우리가 어떻게 서로 연결되어 있는지를 말하고 있다. 우리가 가끔 잊어버리는 것을 당신에게 상기시켜 거기에 덧붙이고자 한다. 결국 우리는 생존을 위해 이러한 상호 연결과 네트워크에 의존하는 온혈동물인 포유류로 생물학적 · 사회적 동물이다. 우리는 공동체 안에서 살고 있고 소속의 필요성을 강하게 지니고 있다. 변화가 잘못되면, 공동체를 와해시킬 것이며, 2부에서 그 변화가 어떻게 당신을 위한 것인지를 읽었을 것이다.

7개의 서클

회복적이기 위해 노력하는 학교의 변화 과정을 이해하려면, 현재 가장 잘 알려진 6개 서클 다이어그램을 통해 확인할 수 있다(표 9.1) 처음에는 마거릿 휘틀리에 의해 만들어졌으며, 달마우, 놀스, 쯔이백, 스탈, 카프라, 로저스와 같은 변화관리 전문가 간의 협동적인 노력으로 개발되었다(쯔이백 2000). 녹색 선 양쪽의 영역을 서로 연결하는 강하고 뿌리 깊은 가치가 감동적인 비전을 뒷받침하는 일곱 번째 원을 추가하여 원래의 다이어그램을 수정했다.[3]

달마우(2002)는 녹색선 위의 활동은 사람들의 마음의 문제를 다루지 않기 때문에 바라는 문화나 행동 변화에 영향을 미치지 않을 거라고 말한다. 3부에서는 회복적 실천을 실행하는 활동에만 집중할 것이고, 이러한 모형이 학교의 대규모 조직 변화나 각 부서 내에 작은 변화에도 똑같이 적용될 수 있음을 보여줄 것이다.

다이어그램은 조직 변화가 이성과 감정의 문제라는 개념으로 이해되어야 한다. 캐나다와 뉴질랜드의 원주민과 함께할 수 있는 영광을 누린 작업에서, 그들이 회복적 과정에서 우리에게 가르쳐 준 교훈 중 하나는 회복적 실천은 이성의 이야기뿐만 아니라 감정의 이야기라는 것이다. 우리는 여기에서 유사점을 보게 된다. 학교의 사람들은 지적 논

3 녹색 선은 1993년 호주의 자문위원, 팀 달마우가 워크숍에서 녹색 펠트펜으로 고기 싸는 종이 위에 처음 그린 선이다. 원래는 6개 서클 다이어그램을 시스템 기반 시설과 인간 기반 시설로 나누었다. 그 후에 6개 서클 다이어그램의 녹색 선 위와 아래에서 이뤄져야 하는 활동을 언급했다. 우리는 이 책에서 녹색 펜을 사용하지 않았기 때문에 녹색 선은 실제로 검은 색이다. 당신이 녹색 선을 상상하길 바란다.

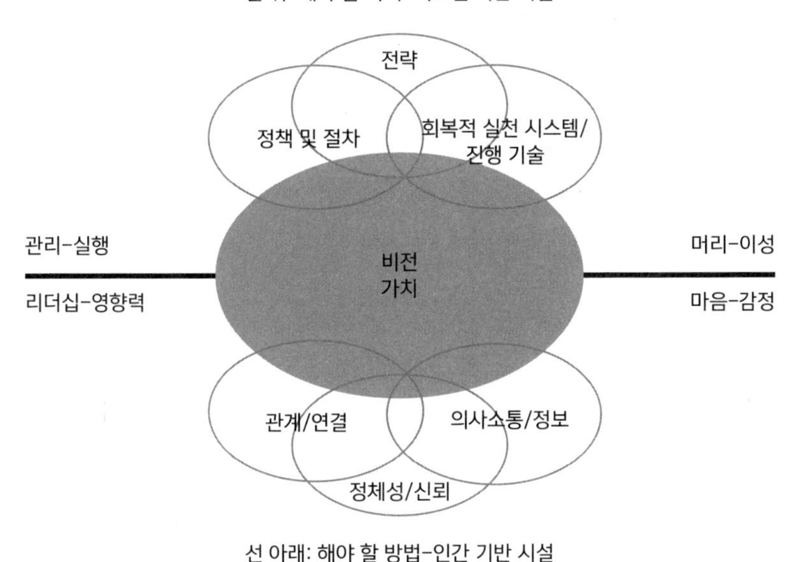

[표 9.1] 7개 서클 다이어그램 - 녹색 선 위와 아래(쯔이백 2000)

쟁만으로는 감동을 받지 않기에, 녹색 선 위에 이성적인 부분을 분류할 것이다. 즉 새로운 구조와 정책을 배치할 것이다. 모든 일은 녹색 선 아래에서 일어나는 일로 귀결된다. 즉 교실, 운동장, 교무실에서 최고의 서비스를 필요로 하고 받아야 할 바로 그 사람들을 참여시키는 일은 우리 모두에게 의미가 있다.

경험 있는 담당자는 효과적인 실천 과정에서 감정의 변화가 얼마나 강력한지 알고 있다. 따라서 사람들의 마음에 영향을 주는 리더십의 역량으로 진정한 변화가 일어나는 곳, 즉 녹색 선 아래에서 이뤄지는 일이 얼마나 영향력이 있는지 이해하는 것이 중요하다. 관리자와 실행팀의 활동은 녹색 선 위와 아래에서 수행되어야 한다.

실행 팀이 더욱더 신경 써야 할 부분은 녹색 선 위의 작업으로 예산, 계획, 정책을 포함한 전략, 구조, 운영, 과정을 효과적으로 관리하는 측면이다. 이것은 하부 구조에 관한 것이며, 반드시 수행되고 실행되어야 하지만 그것은 변화의 이성적인 부분에 불과하다.

그러나 이 활동만으로는 학교의 행동 문화를 바꾸지 못할 것이다. 가장 큰 차이가 나는 것은 교사, 학부모, 학생, 학교 공동체의 마음을 사로잡고 궁극적으로 그들의 사고와 행동에 영향을 주는 리더십의 역량일 것이다. 우리는 물론 영향력에 관해 이야기하고 있다. 그리고 이것은 바로 지지자를 만드는 것이다. 이것은 강화되고 유지되고 보강되는 신뢰의 발달을 통해, 사람 사이, 기관과 프로그램 사이, 학교와 지역사회 사이의 관계를 발전시키는 관계 활동이다.

> 관계는 일반적으로 생각하는 것보다 훨씬 더 넓은 의미가 있다. 관계는 팀이나 조직이 그 속에 포함된 사람들의 가치를 평가하는 방법과 관련이 있다. 즉, 사람들의 감정적, 육체적, 정신적인 행복, 시스템 전반에 걸친 사람들 간의 연결 정도, 협력 팀과 우수 기능 팀에 대한 가치, 그리고 핵심 팀, 프로그램, 운영 시스템 간 관계의 연결 수준과 유형과 관련이 있다. 관계는 단지 사람들이 서로 잘 지내고 서로 좋아하는 것에 초점을 둔 전통적인 함의는 아니다(쯔이백 2012).

관계는 정보, 양방향 의사소통 그리고 '정보는 산소와 같다(쯔이백 2012)'는 말의 이해와 관련이 있다. 앞에서 변화가 실패하는 이유와 효과적인 변화 과정을 논의하면서, 사람들에게는 무슨 일이 일어나고,

그 일이 일어난 이유와 그들에게 어떻게 영향을 미치는가를 알려고 하는 강한 욕구가 있다는 것을 알았다. 사람들은 참여하여 전략, 구조, 과정, 정책(녹색 선 위)을 의미 있는 방식(녹색 선 아래)으로 함께 조정할 필요가 있다. 그래야 참여가 촉진되고 소유권과 소속감이 생긴다. 관계는 시스템 자체의 변화를 가져오기 위해 사람들과 함께, 사람들을 통해서 이 작업을 하고 있다(달마우 2013).

마지막으로 지도자들은 자기 자신 및 비전, 사명, 가치관에 사로잡히기를 원하는 사람들의 강한 정체성을 자신의 조직에 반영하고 개발해야 한다. 그들은 인간의 본성에 관해 무엇을 믿는가? 그들은 아이가 사랑하고, 배려하고, 책임감 있고, 동정심 있게 키우는 가장 효과적인 방법에 관해 무엇을 믿는가? 그들의 삶에서 그들이 하는 일을 믿게 만든 영향은 무엇이며, 변화할 가능성은 있는가?

변화는 녹색 선 위와 아래, 모두 복잡한 작업이다. 인력 개발에 대한 이러한 관심은 시간과 재정 측면에서 자원이 확실히 투입되어야 하며, 장기적으로 집중해야 한다. 그러나 비전과 그 가치를 뒷받침하는 진정한 헌신이 있다면, 학교와 실행 팀은 이러한 발전에 자원을 제공할 수 있는 방법을 모색할 것이다.

그 결과, 학교 실행 팀과 담당자는 이것이 해야 할 일이라는 것을 깨닫게 될 것이다. 이제는 '목적'이 아니라 '방법'이 관건이다.

찬 이외 저자들(2003)은 조직의 변화 과정에서 극복해야 할 4가지 장애물이 있다고 제시한다. 즉 사람들이 근본적인 변화가 필요하다는 것을 못 보게 막는 인지적 장애물, 거의 모든 곳에 만연한 자원 장애물, 사람들을 실망시키고 사기를 꺾는 동기 유발 장애물, 변화에 대한 내

외적 저항의 정치적 장애물이다.

인지적 장애물을 극복하기 위해서는 핵심 인물이 조직 내의 문제를 해결하여 변화에 대한 설득력 있는 사례를 만들어야 한다. 여기에서는 사람들을 데이터 수집에 참여시키거나 변화에 대한 엄청난 필요성을 알려주는 데이터를 그들에게 공유해야 한다. 그 안에는 현재의 비효율적인 실천을 가리키는 연구도 있을 수 있다. 효과적인 자원 관리는 변화를 가장 필요로 하는 분야에서 자원과 노력의 집중을 요구할 수 있다. 예를 들어, 운동장에서 일어나는 대부분의 따돌림과 싸움을 왜 한 명의 교사만 담당하는가? 동기 장애물을 극복하려면 사람들이 무슨 일을 해야 하는지를 인식하고 그것을 스스로 하고 싶어 해야 한다. 한 번에 전체 조직을 동기화하고 개혁하려고 하지 말아야 한다. 대신 로저스의 논문에서 언급한 바와 같이 중요한 영향력을 가진 사람들과 여러 연결을 가진 설득력 있는 사람들에게 동기 부여를 해야 한다. 정치적 장애물은 주요 반대 측을 파악하여 회복적 실천이 효과가 있다는 증거로 말도 못하게 함으로써 해결한다. 의견을 좌우할 능력이 있는 핵심적인 사람들을 파악하여, 그들 편에 서서 정치적 영향력을 활용하는 것이 중요하다.

3부에서는 결론으로, 마음속 깊은 곳에서 바라는 심층적이고 장기적인 조직 변화에 필요한 단계를 구체적으로 설명하겠다. 문화 변화에 관심이 있는 교사들은 우리에게 질문한다. '어디서부터 시작해야 할까요? 사람들을 어떻게 감동시킬 수 있을까요? 저항하는 교사는 어떻게 할까요? 관리자들이 우리를 지원하지 않는다면 어떻게 할까요? 시간을 어떻게 낼 수 있을까요? 얼마나 걸릴까요? 학부모들은 어떻게 참여시킬까요?' 이 내용은 2부에서 이미 탐구되어 왔던 모두 유효한 질문이다. 조직 변화를 잘 연구한 신중한 전략이 있고, 그 전략을 추진하는 헌신적이고 강력한 팀이 있다면, 오래된 습관이 사라지고 새로운 시스템과 새로운 절차 그리고 더 중요한 것은 새로운 행동이라는 우리가 바라는 목표에 빨리 도달하게 될 것이다. 이러한 새로운 행동이 표준이 되면 문화가 변할 것이다. 그러나 이것은 빠른 작업이 아니며, 당신이 앞으로 읽게 될 것처럼, 변화는 처음에는 일어나지 않는다. 변화는 마지막에 일어난다.

변화를 위한 8단계

우리는 주로 존 코터의 논문에 나오는 작은 크기의 단계 모형을 기본으로 했다(코터와 코헨 2002). 원하는 변화를 계획하고 실행하고 유지하기 위해 필요한 것을 이해하는 데 가장 유용한 모형을 개발한 이가 코터라고 생각하기 때문이다. 그는 변화를 '사건이기보다는 과정(코터 2007)'이라고 했고, 우리가 〔그림 9.2〕에 개략적으로 설명한 8가지 핵심 단계를 개발했다. 또한 실제 계획을 수립할 때 실행 팀이 사용하도록 강력히 추천하는 계획표(부록 1)도 포함시켰다.

코터의 단계(1995)는 일반적으로 직선적인 방식으로 표현되었지만, 원안의 모형에 표시된 것처럼 3가지 단계로 묶을 수 있다. 즉 변화를 위한 준비하기, 관성을 극복하고 시작하기, 변화를 실천하여 내재하기이다. 각 단계에는 별개의 단계가 있으며 총 8단계가 있다. 다음 장

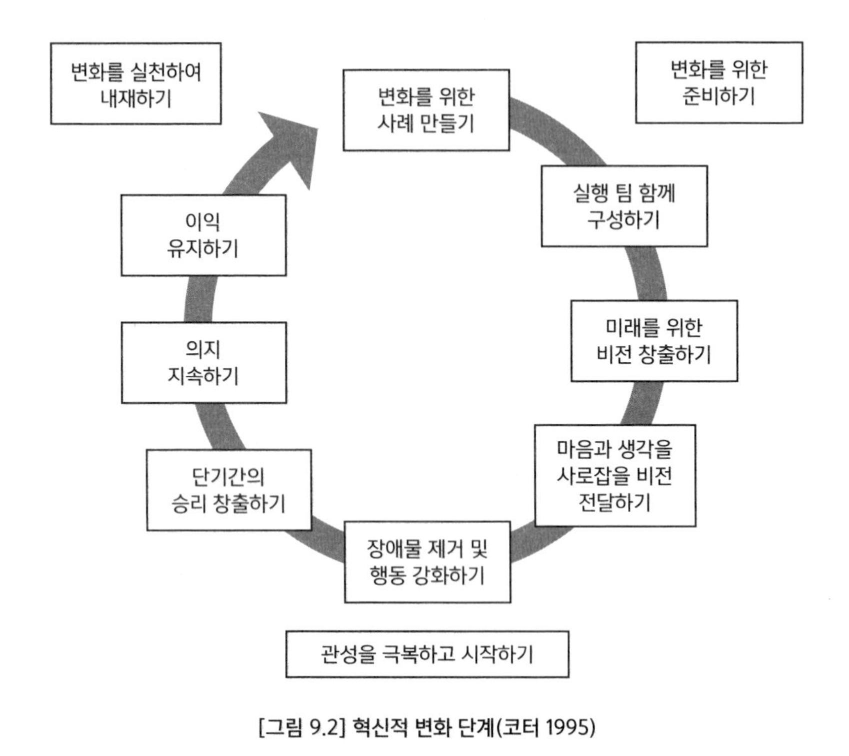

[그림 9.2] 혁신적 변화 단계(코터 1995)

에 단계별 가능한 과제를 분류하고 가능한 명확하게 설명하겠다. 우리가 설명한 많은 실용적인 연구는 다양한 교육 환경 내외에서 효과적으로 관리되고 있는 조직의 변화를 직접 관여하고 관찰한 것이다. 우리가 제시한 방안이 완벽하지 않기에 학교에서 단계별로 성취할 창의적인 방법을 찾길 바란다.

또한 변화 과정이 상당히 혼란스러워질 수 있다고 생각하며, 때로는 3단계 전진 후 2단계 후퇴로 느낄 수 있을 것이다. 모든 주요 단계는 반드시 실행해야 한다는 점을 명심해야 한다. 심지어 놓친 단계를 완료하거나 수행하기 위해 다시 조금 돌아갈 필요가 있더라도, 8단계는 각각의 유용한 검사 체크리스트를 거쳐야 하고, 완벽한 주의를 기울여야 한다. 코터는 초기 단계가 완전히 완료되지 않았거나, 초기 단계를 전부 빠뜨렸기 때문에 조직의 변화 과정이 보류되거나 완전히 실패한 사례를 많이 보여 주고 있다.

어떤 현명한 사람(익명)은 변화 과정은 손수레로 짐을 옮기는 것과 같다고 말한 적이 있다. 손수레는 손잡이를 들고 밀 때만 작동한다. 손잡이를 놓고 힘을 빼자마자 움직임은 멈춘다. 이는 조직 변화에서도 마찬가지이며, 우리가 코터의 단계를 동그라미로 표현한 이유이다. 앞으로 우리가 보고 싶은 실천을 유지하기 위해서, 낡은 습관으로 되돌아가는 경향을 극복하기 위해서, 신규 교사와 신입생, 새로운 학부모, 새로운 운영위원, 심지어 관리자들의 존재와 행동을 바람직한 방식으로 적응시키기 위해서는 지속적인 갱신이 필요하다. 이것은 변화 과정에 대한 헌신, 계획과 실행에 대한 체계적인 접근 방법 그리고 강력한 리더십을 필요로 한다.

부록 1에 있는 계획 템플릿은 코터의 8단계를 완료하는 로드맵이므로 도구로 사용하면 좋다. 대부분의 계획은 학교 내에서 실시할 수 있지만, 서술된 단계를 촉진하기 위해 학교 공동체 밖의 누군가를 비용을 들여 초빙해도 된다. 한 번에 8단계의 계획을 전부 시도하는 것은 심각한 소화 불량을 일으키고 엄청날 수도 있다. 앞으로 보겠지만, 이것은 어떤 경우에라도 미리 계획할 수 없으므로 사실상 불가능하다.

뒤에 나오는 3개의 장에서는 이러한 변화를 달성하는 데 필요한 단계를 정의하고 설명하는 데 전념할 것이다. 다음 장에서 우리는 변화를 하기 위한 분위기를 만드는 중요한 주제에 집중할 것이다. 3개의 단계는 변화 여정을 시작하는 학교에 특히 유용할 것이다. 이 단계는 다음과 같다.

1. 변화를 위한 사례 만들기
2. 실행 팀 함께 구성하기
3. 미래를 위한 비전 창출하기

더 나아가 학교가 주요 단계를 달성했는지 아니면 놓쳤는지를 평가하려면 초기 단계의 논리적인 전개를 제대로 이해해야 하며, 이때 일부 단계를 수행하거나 다시 실행하는 것이 중요하다.

우리는 히스와 히스(2010)가 제안한 충고를 좋아한다. '처음에는 중간에 집착하지 말아야 한다. 중간에 도착하면 중간이 달라 보이기 때문이다. 강한 시작과 강한 결말을 찾아 움직여야 한다.' 만약 다음 장에서 각 단계가 철저하게 이루어진다면, 당신은 히스와 히스가 주장한 강한 시작으로 가는 길에 있을 것이다.

10장

변화를 위한 준비하기

10장에 들어있는 주요 단계는 다음과 같다.

1단계: 변화를 위한 사례 만들기

2단계: 실행 팀 함께 구성하기

3단계: 미래를 위한 비전 창출하기

이 작업을 도와 줄 부록자료는 다음과 같다.

- 부록 1_8단계 계획표
- 부록 2_변화 준비 상태 점검표
- 부록 3_검사 도구
- 부록 4_방과 후 남기기 표본 조사
- 부록 5_전략 계획 템플릿

학교는 문화 변화라는 도전과제를 받아들이기 위해 어떤 준비가 되어 있는가? 그 일은 학교의 몇몇 혁신자의 꿈인가 아니면 전체의 바람인가? 새로운 리더십은 있는가? 위기가 있었던 적이 있는가? 변화에 대한 자극은 무엇인가?

첫 번째 장애물에서 실패할 가능성을 줄이기 위해, 10장은 위에 열거된 3가지 주요 단계를 이해하고 진행하는 데 도움이 될 것이다. 성취가 잘 되었다면, 이것들은 강한 출발이 되고, 지속 가능한 발전을 향한 다음 단계를 위한 기반이 될 것이다. 코터(2012)는 다음 장에 나오는(마음과 생각을 사로잡을 비전 전달하기) 4번째 단계와 같이 이 3가지 단계를 변화를 위한 준비단계로 일종의 워밍업을 달성하는 수단으로 언급한다.

변화 과정에서 처음 4가지 단계는 단단한 현재의 상황을 해체하는 데 도움이 될 것이다. 만약 변화가 쉽다면, 당신은 그 모든 노력이 필요하지 않을 것이다. 그리고 5단계에서 7단계로 넘어가면서 많은 새로운 실천 사례를 소개할 것이다. 8단계는 기업 문화의 변화를 근거로 삼아 변화를 내재하는 데 도움을 줄 것이다(코터 2012).

1단계: 변화를 위한 사례 만들기

로저스(2003), 히스와 히스(2010), 코터(1995) 같은 변화 전문가들은 심각한 학교 문화를 바꾸는 출발점은 변화를 위한 사례 만들기로 시작한다고 제안한다. 그들은 더 나아가 교사들의 행동 변화를 가져오는 동기를 높이기 위해 긴박감을 조성하는 것이 필요하다고 말한다. 당신의 학교는 문제 행동, 높은 정학률과 퇴학률, 출석 문제 또는 저조한 학업 성취로 위기에 직면했을지 모른다. 그것은 당신이 실패할 가능성이 큰 시스템에서 일한다고 간주될 수 있다. 그래서 긴박감을 조성하는 것은 문제 될 게 없을 것이다.

당신의 학교가 운 좋게도 그런 불편한 상태에 있지 않을 수도 있다. 그래서 교사들은 그런 종류의 행동 문제가 없는데, 왜 우리를 귀찮게 하는가 하고 질문할 수도 있다. 이것이 사실이라면, 다른 논의가 전개되어야 한다. 학업 결과는 차치하고, 가치를 깊이 품고 있는 학생들이 학교에서 원하는 것은 무엇일까? 학교가 그 가치를 명확하게 보여 주는지 그리고 그 가치가 학교 공동체의 학생과 교사들의 행동에서 분명히 드러나는지 물어 보는 것이 중요하다.

우리가 생각하는 첫 번째 중요한 질문은 학교의 준비 상태 여부를 묻는 것이다. 문화 변화를 시작하기 위해 긍정적인 결정을 내리게 하는 모든 요소가 있는가? 회복적 실천을 실행할 때 첫 번째 단계는 변화에 대한 사례가 있거나 또는 제안된 변화가 기존의 변화 과정과 일치할 경우에만 가능하다.

첫 번째 단계의 중요성을 과소평가해서는 안 된다. 최소한 학교에 적합한 회복적 실천으로 결정하지 않고 진행한다면, 당신이 기대할 수 있는 대부분의 것은 동떨어진 실천 사례만 있을 것이고, 다른 사람들이 당신의 열정을 모른 척할 때는 실망하게 될 것이다.

실행 팀은 학교와 협의하여 혁신(회복적 실천)으로 학교가 추구하는 결과를 달성할 수 있는지와 관련하여 어떤 단계에서 결정해야 한다. 다시 말해, '회복적 실천이 노력할만한 가치가 있는가?'이다. 2부에서 회복적 철학을 채택하기 위해 학교의 준비 상태를 측정할 필요가 있다고 강조했다(부록 2 참조). 코터(1995)는 장기적인 변화 과정을 성공적으로 실행하기 위한 결정을 실행 팀의 4분의 3이 지지해야 한다고 예상한다. 어떤 경우에는 학교가 이미 비전과 가치에 맞는 값진 일을 했을 수도 있으며, 문화 변화를 실행하고 있을 수도 있고, 너무 많아 찾지 못할 수도 있다. 일부 학교는 최악의 경우 변화 과정이 무력화될 수도 있고 결국에는 매우 힘들게 만드는 불필요한 저항에 맞닥뜨릴 수 있기에 서둘러 시행하기 전에 몇 걸음 뒤로 물러나 있는 것이 좋을 것이다. 변화 과정에 대한 사례를 만드는 데 필요한 핵심 단계는 다음과 같다.

1. 초기 조사를 할 수 있는 핵심 인물 찾기
2. 잠재적인 위협과 기회 구별하기
3. 이해 관계자와 관계 맺기

:: 초기 조사를 할 수 있는 핵심 인물 찾기

(사람들은 회복적 실천의 시작과 실행을 계속할 수도 있고 하지 않을 수도 있다. 이 시점에서 주요 목적은 적절한 정보를 수집하여 교사가 정보에 입각한 결정을 내릴 수 있도록 돕는 것이다.)

누군가가 주요 이해 관계자에게 제시하기 위해 최근의 학교 데이터, 유사한 프로그램에 대한 다른 학교에서의 최신 연구와 평가 같은 많은 정보를 모으는 과정을 먼저 시작해야 한다. 주요 활동은 다음과 같다.

- 학교에서 이미 관심이 있거나(조기 수용자) 이 일에 적성을 보이는 사람들을 찾아야 한다. 이 사람들로 결정하기 전에 몇 가지 점검을 해야 한다. 그들이 도움을 주는 일에 관심이 있는지 물어보아야 한다. 대체로 사람들은 현재의 문화를 개선할 방식을 찾고 있기 때문에 이러한 기본적인 일을 하려고 한다. 풀만(2011)은 사람들은 개인적으로 의미가 있는 무언가에 관여할 것이며, 이는 사회 전체뿐만 아니라 다른 사람들에게도 기여할 것이라고 말한다. 이 사람들이 반드시 부장일 필요는 없고, 교사와 학생들 눈에 믿을 만하다고 생각되면 도움이 될 것이다.
- 이 집단이 기본적인 회복적 실천 훈련을 받아서 기초 작업을 수행할 수 있도록 해야 한다. 그들이 변화를 위한 사례를 만들기 위해서 정보를 수집하는 작업을 할 때 무엇을 찾고 있는지 아는 것이 중요하다.
- 학교가 이미 변화 과정에 착수했다면, 이 집단은 변화 과정이 지금까지 어떻게 운영되고 있는지, 이해 관계자들의 영향력이 어떻게 작용하고 있는지, 주요 분야가 잘 수행되고 있는지, 어떤 분야를 소홀히 했는지 고려해야 한다.
- 그런 다음 이 집단은 회복적 접근으로 개선할 수 있는 시스템의 정책, 교육과정, 기타 필수 사항을 구별해야 한다. 1부에서 논의한 것처럼 회복적 실천이 학교의 핵심 사업으로 통합되는 것이 중요하다. 이를 위해 다음과 같은 사항들을 고려해야 한다. 정부 정책으로 실행되는 필수 과제는 무엇인가? 지역사회, 집단 또는 개인이 학교에서 필요한 것은 무엇일까? 이러한 필수 사항들이 회

복적 실천과 어떻게 통합되는지 생각해야 한다. 회복적 실천을 성공적으로 실행한 학교와 지역사회는 어떻게 회복적 실천이 그들이 하는 다른 모든 것과 부합하는지에 대한 이해를 발전시켰다.

캐나다 온타리오주 요크 교육청(2013)은 회복적 실천을 모두 종합한 접근법을 하나의 특출한 사례로 하여 학교에서 행하는 모든 활동과 계획이 들어간 퀼트 또는 매트릭스를 개발했다. 그리고 모든 활동과 계획이 평등하고, 포괄적이며, 배려하고, 존중하며, 안전하고, 지지하는 긍정적인 학습 분위기를 조성하기 위해 어떻게 연결되고 일치하는지 보여주었다(표 10.1).

온타리오주 요크 교육청은 학습과 업무 팀을 위한 긍정적인 분위기를 퀼트[4]에서 보여준다.

우리가 해야 하는 또 하나의 일은 아니지만, 우리는 우리가 하는 모든 연구가 학습과 업무에 긍정적인 분위기가 결과라는 메시지를 명확하게 하는 데 긍정적인 영향을 미치고 있다고 믿는다. 또한 퀼트 뒤에 숨겨진 철학은 이론과 실무 영역에서의 우리의 연구가 안전하고, 존중받으며, 평등하며, 포괄적이며, 참여적이고, 배려하는 학습 환경의 개발과 지속 가능성에 어떻게 기여하고, 그리고 그것들이 모두에게 결과의 평등을 어떻게 지원하는지를 우리가 반성하도록 하고 명확하게 표현하도록 한다고 믿는다.

---

4 캐나다 온타리오주 요크 교육청은 학습과 업무에 긍정적인 분위기를 만들기 위하여 지역 전체에서 실행한 관련된 전략을 회복적 실천으로 이름 지었다. 퀼트는 2013년에 개정되었고, 미래와 관련된 모든 이미지는 현재의 생각을 반영할 것이다.

평등과 포용은 학습과 업무에 긍정적인 분위기를 조성하기 위한 토대를 제공한다.

인성개발	연구 및 데이터의 조화	문제 해결	학부모, 가족 및 지역사회 협력	평등하고 통합적인 교육
리더십 및 학습	환경 친화적 학교 및 환경 교육	교육과정	진로	전환
학교의 효율적인 시스템	가르침	학습과 업무를 위한 긍정적인 분위기	학습 평가	문화적 효율성
따돌림 예방	건전한 학교 및 직장	학습 기술	감정적인 건강	초기 학습 전략
안전하고 보호하고 지지적인 학교	회복적 접근	위험과 회복력	인종	학생의 성공과 참여

우리 일의 목적은 학교 공동체 내 각 구성원의 결과의 평등을 지원하는 것이다.

[표 10.1] 학습을 위한 긍정적인 분위기 퀼트: 요크 교육청: 학습과 업무 전략을 위한 긍정적인 분위기. 요크 교육청 자료 인용

전 세계적으로 많은 학교가 실행하고 있는 계획으로 또 다른 예시를 들면, 학교 전체의 긍정적인 행동 지원[5] 접근법이 있다. 이 체제가 회복적 실천 철학에 부합할 방법은 무엇인가? 철학이 맞지 않는 분야가 있는가? 맞지 않는 분야를 극복할 수 있는가? 많은 학교가 행동관리

---

5 학교 전체의 긍정적인 행동 지원(SWPBS, School Wide Positive Behaviour Support)은 때때로 학습을 위한 긍정적인 분위기(PB4L, Positive Behaviour 4 Learning)와 같은 약자로 사용되고, 학교의 행동 관리개선을 위한 증거 기반의 틀이 된다. 이 프로그램은 학교가 지역사회 수준에서 학생 행동과 관련된 복잡한 지원 문제를 관리하기 위한 증거 기반 접근법을 실행하도록 도와준다.

를 위해 글래서의 선택이론[6] 접근법을 채택해 왔다. 일부 학교는 행동, 관리와 같은 용어 사용에 의문을 제기했다. 일부 학교는 서클을 사용하여 학생에게 사회 정서적 역량을 구축했다. 회복적 정의 철학과 실천과 호환되는 프로그램 목록이 너무 많아서 언급할 수조차 없다. 중요한 것은 모든 것이 어떻게 일치되는지, 언제 일치되지 않는지, 어디에 적용해야 하는지를 이해하는 것이다. 이것은 처벌적 접근법을 유지하는 학교에서 일어날 가능성이 크다. 그 학교는 기존 방식이 더 이상 적합하지 않기에 결국에는 도전을 받을 것이다. 회복적 실천을 고려할 때, 실행을 더 쉽게 할 수 있는 필수 사항은 무엇일까? 예전에 영국에서 열린 워크숍에서 어떤 학교의 대표는 '회복적 실천은 우리 학교의 모든 것을 함께 묶는 접착제이다'라고 말했다.

관계를 만들어야 한다. 그렇지 않으면, 응집력이 있는 전체의 일부로 보이지 않는 계획으로 너무나 자주 압도당한 교사들이 한숨을 내쉬게 되고, 서로 말을 하지 않게 되고, 감정을 억누르게 될 것이다. 논의한 것처럼, 많은 변화는 교사들의 압도된 감정의 결과와 변화 과정에서 생성되는 저항으로 실패할 것이다. 우리가 종종 생각하는 저항은 실제로 소모적인 것이다.

- 실행 팀은 교수, 학습, 행동 관리 분야에서 우수 사례에 대한 실행 개요를 읽고 제시해야 할 것이다. 어떤 저자의 글을 읽어야 할까?

---

6 인간의 동기부여에 대한 하나의 설명으로, 핵심은 우리가 외부적으로가 아니라 내부적으로 동기가 부여된다는 것과 우리는 항상 행동하는 방법에 대한 선택권을 가지고 있다는 믿음이다. 이것은 학생 개개인이 보다 적절한 행동을 생각하고 선택할 수 있도록 도와주는 일부 학교에서 사용하는 접근법이다.

어떤 연구가 회복적 실천을 지원해주는가? 다른 학교가 성공한 내용은 무엇인가? 그러한 학교를 방문하는 것이 괜찮은 일인가? 책을 더 읽다 보면 우수 사례를 보게 될 것이다(참고 문헌에 회복적 실천을 지원해주는 책과 저자의 목록이 있다).

- 실행 팀은 또한 코터가 말한 한 가지 핵심 과제, 즉 데이터를 사용하고 조사해야 한다. 우리가 이해하는 것은 이것이 학교의 실상을 보여 줄 기회라는 것이다. 첫째, 변화가 필요하다는 것을 나타내는 기초 데이터를 알리는 것이고 둘째, 학교가 데이터(증거 기반 모범사례와 비교하여)를 이해하도록 돕는 것이고 셋째, 학교 공동체 전반에 참여할 기회가 된다는 점이다. 이 단계에서 어떤 데이터를 사용할 수 있을까? 사용할 만한 데이터에 대한 간단한 예는 다음과 같다.
  · 질적 자료: 예를 들면, 교사들의 대화, 교직원 회의에서 현재의 실천이 비효율적이라는 광범위한 불만, 학생과 학부모의 피드백, 학교 감사, 교사와 학생 문제에 대한 운영위원회의 개입, 일찍 시도한 회복적 실천에 대한 긍정적인 일화적 증거('와우, 시도했는데 정말로 효과적이었어!')
  · 양적 자료: 예를 들면, 따돌림 통계, 학생 안전과 복지에 관한 데이터, 정신 건강 관련 설문조사, 정학률, 방과 후 남기는 비율, 출석률, 타임아웃 횟수, 교무실로 보내지는 학생 수, 결석생 수, 교사 결석일 및 병 조퇴 횟수, 행사 참석 수 및 불참 수, 학업 성취도 결과

그러나 우리는 회복적 실천의 실행을 위한 사례를 구축하는 것이 회복적 회의와 같은 실천의 한 측면만이 효과가 있음을 나타내는 데이터와 방과 후 남기는 비율과 정학율 같은 데이터에 의존하는 것보다 훨씬 더 복잡하다는 점을 강력하게 조언한다. 이러한 데이터는 학교 문화의 작은 지표에 불과하다. 이와 같은 데이터는 모두 잘 이해할 수 있도록 상호 관계가 있어야 한다. 데이터를 조사하고 사용하는 일은 학교 전체의 실상을 보여주는 기회이고, 학교가 하고 있는 일과 하고 있다고 주장하는 일을 정직하게 바라볼 기회가 될 것이다. 당신은 학교가 변화하려 하고 향상시키려 하는 것이 무엇인지 명확한 이해로 시작해야 한다. 변화를 위한 사례가 없다면, 계획은 실패할 것이다.

실행 팀은 최소한 초기의 기초 작업이 끝날 때쯤 시간을 할애해서 열정적인 사람들의 노고를 공개적으로 인정하여 긍정적인 조치를 취하는 것이 좋을 것이다. 그래야 이러한 훌륭한 사람들이 계속 용기를 얻고 참여할 것이다.

:: 잠재적인 위협과 기회 구별하기

이다음 단계는 교사, 학부모, 학생, 학교와 관련된 기타 지원 직원을 포함하는 조금 더 광범위하게 학교 구성원을 참여시키는 데 사용된다. 이 단계는 계속해서 회복적 실천 철학에 관여하고 지지하는 데 기여할 것이다.

우리가 제안하는 두 가지 분석 과정은 강점, 약점, 기회, 위협의 SWOT 분석과 강점, 기회, 포부, 결과라는 긍정적인 질문을 기반으로 한 조금 더 긍정적이고 강점 기반 버전의 SOAR 분석이다. 이것들을 대신하여 촉진하는 힘과 방해하는 힘으로 구분되는 역장 분석을 선택해도 된다. 이 모든 분석은 계획의 기초를 점검하기 위해 고안되었으며 부록 3에 자세히 설명되어 있다. 여기에서는 분석 과정들만 언급하지만, 우리는 이러한 과정들이 다음 단계에 크게 기여한다는 점을 강조해야 한다. 이때가 분석 과정을 관리할 수 있는 누군가를 외부에서 데리고 와야 할 완벽한 시점이다. 그리고 학교 담당자는 분석 내용을 제공하면 된다.

:: 이해 관계자와 관계 맺기

변화 담당자는 새로운 사업 방식에 대한 사람들의 헌신을 얻기 위해 변화 과정에 이해 관계자들을 참여시킬 필요성을 밝혀야 한다. 우리는 변화를 요구하고, 경우에 따라 희생을 요구할 것이다. 시스템을 이용해야 하는 사람들뿐 아니라 시스템의 고객이 되는, 학교의 경우 학생, 학부모, 넓은 지역사회를 모두 참여시키는 것이 당연하다. 실행 팀과 교사들이 내부 고객일지라도 참여시켜야 한다.

학교에서 존중받는 중심 가치가 관계라면, 학교 공동체가 이러한 초기 단계에서 관여할 방식은 이 가치를 반영하는 것이다. 변화를 위한 사례에 대하여 SWOT 분석, 역장 분석, SOAR 분석의 검사 부수 자료와 연구 및 결과는 모든 이해 관계자 집단에 제시되어야 하며, 활발한 대화와 피드백을 위한 과정이 수립되어야 한다. 긴급한 사례라면, 이 정보는 적어도 일부 교사를 안일함에서 벗어나게 할 것이고, 최소한 회복적 실천 계획의 채택을 고려하게 할 것이다.

학교 문화를 바꾸려고 시도하는 학교에서 보아 온 수많은 실수 중 하나는 이해 관계자들과 소통을 유지하지 못 하는 점이다. 소통은 교사, 학생, 학부모와 정보를 공유하고 이 정보의 의미에 대해 그들로부터 피드백을 구하는 두 가지 방식으로 작동한다. 우리는 변화 정보에 대한 사례를 공유하는 과정을 연구 집단이 설계하기를 제안한다. 그리고 방과 후에 급히 진행되는 교사 회의에서 다뤄지는 사항이 아니라 이를 수행하는 데 필요한 적절한 시간을 가지고 여러 번 회의를 해야 한다. 참여에 대한 가치를 모델로 삼아야 한다. 실행 팀의 구성원으로 인정받는 관리자가 리더십의 지원을 보여주면서 회의를 소개하고 결론을 맺는 것이 중요하다. 관리자들은 처음부터 변화 과정에 관여하고 눈에 보이는 방식으로 참여해야 한다.

2단계: 실행 팀 함께 구성하기

주요 단계는 다음과 같다.

1. 팀 함께 구성하기
2. 팀 구축하기

변화 과정을 실행하는 것은 너무 복잡하고 오래 걸려 소진될 위험에 처할 수 있어 한두 사람의 일이 아니다. 때로는 성격이 강한 누군가를 데려올 수 있지만, 그렇게 되면 그들의 영향력이 커진다. 이 작업에는 팀 접근이 필요하다. 이 단계에서는 사람과 기술의 가장 훌륭하고 가장 효과적인 조합이 무엇인지, 그리고 더 큰 영향을 줄 수 있는 사람에 대한 몇몇 가치 있는 조언을 해주려고 한다. 이 작업은 관계를 형성하는 데도 사용되기 때문에 팀의 응집력과 강력한 목표 의식을 형성하는 방법에 대해서도 덧붙이려고 한다.

:: 팀 함께 구성하기(변화를 이끌 수 있는 충분한 힘을 가진)

변화 과정에는 학교에서 존경받고 영향력 있는 사람이 이끄는 강력한 전략적 접근이 필요하다. 회복적 실천을 잘 실행하고 있는 학교는 보통 변화를 이끌고 운영하는 관리자와 실행 팀이 있다. 처음에는 한두 사람이 변화의 노력을 이끌어낼 수 있지만, 성공적인 변화는 변화를 이끌어 갈 수 있는 관심 있고 유능한 교사들로 구성된 중요한 집단으로 시작해야 한다. 이것은 이 집단의 리더십 역량을 개발하고 다른 사람들의 리더십을 장려할 기회이기도 하다.

구성원들은 기꺼이 관심을 가지고 강한 긍정적인 관계를 맺고 기술에 영향을 미칠 필요가 있다. 우리의 경험상, 좋은 의도가 있는 사람일지라도 사회적 기술이 매우 부족하고 학급에서 실천이 부족한 교사가 초기 단계의 집단에 참여하는 것이 가장 좋지 않다. 기본적으로 팀은 학교 내 직책, 지위, 전문성, 정치적 영향력 등 다양한 방면에서 힘을 가진 변화 담당자들을 포함시켜야 한다. 당신은 이러한 사람들을 선별해 낼 필요가 있다.

제안된 팀은 다음 구성원을 포함한다.

- 관리자: 지위의 영향력이 있어야 하고, 장기적으로 최선을 다해야

하며, 방법에 모범을 보일 준비가 되어야 한다. 관리자의 역할은 변화 과정의 모든 단계에서 실행 팀의 다른 교사들을 가르치고, 지도하고, 참여시켜야 하기 때문에 비판적이어야 한다.

- 개인 또는 다수의 구성원: 학생과 학급 역동을 관리하는 데 긍정적인 평판이 있어야 하고 학생과 다른 교사 및 학부모와 건강하고 상호 존중하는 관계를 지닌 사람이어야 한다.
- 실행 팀의 부장: 다른 부장들 사이에서 긍정적인 영향력이 있어야 한다.
- 효과적이고 매력적인 내부 전문 개발을 설계하고 촉진할 수 있는 구성원
- 전문지식을 갖춘 구성원(예, 자료수집 시스템을 개발할 수 있는 사람)
- 교사가 아닌 직원들(예, 행정직원)
- 기꺼이 하지만 의심할 만한 구성원: 이 사람들은 의도적으로 반대 의견을 말하는 사람으로 계획에 흠집을 낼 수 있고 로저스의 전기 다수자와 후기 다수자 범주에 들어갈 수 있지만, 여전히 다른 사람들의 존경을 받는다. 중요한 것은 이 사람들이 회복적 실천이라는 아이디어에 완전히 몰입되지 않은 다른 사람의 견해를 대변하는 것처럼 보인다는 점이다. 만약 이 팀원들이 확신할 수 있다면, 그들은 다른 사람들을 납득시킬 것이다.
- 회복적 실천 사안에 적합한 학교 위원회 구성원(예, 학생복지위원회, 학교 기타 위원회)

변화 과정을 이끌어갈 학교 공동체 사이에 영향력을 행사하는 팀의

필요성을 한 번 더 강조한다.

팀에 참가하도록 관심을 불러일으킬 필요가 있고 즉시 표명하지 않는 사람도 소중히 여겨 참석시킬 필요가 있다. 구성원이 필요한 수를 초과하면, 가장 영향력 있는 참여자를 선택하기 위해 일종의 선발 과정을 개발해야 한다. 기꺼이 하겠다는 사람을 배제하는 불쾌한 행동을 하지 않으려면, 진행되고 있는 특정 프로젝트에서 일하도록 분과 위원회에 참여시킨다. 일단 구성이 되면, 당신의 실행 팀은 긴박감과 추진력을 지속적으로 생성하면서 한 팀으로서 일해야 한다.

효과적인 팀의 크기는 보통 5~8명 정도다. 이보다 크면 다른 누군가가 항상 그 일을 할 수 있다고 생각해서, 모임에 참석하지 않아도 문제 되지 않는다고 생각할 위험이 있다. 너무 작으면 헌신적인 사람들이 소진될 위험이 있다. 팀 구성원들은 실행 기간 동안 정기적으로 기꺼이 만나야 한다. 처음에는 개발단계이므로 매주 또는 격주로 만날 수 있고, 실천이 정착되면 기간별로 2~3회 정도 만나면 된다. 관리자는 실행 팀이 정기적으로 만날 수 있도록 지원해야 한다. 그렇지 않으면 변화가 일어날 가능성은 거의 없을 것이다.

팀은 특정한 일을 하기 위해 수시로 다른 사람들과 공동 작업을 할 수 있다. 제안과 피드백을 제시하는 학생 집단이 있는지 고려해야 한다. 과업 수행에는 학생회 같은 기존의 학생 집단을 이용하는 것이 좋다. 또는 특정 학생 참조 집단을 구성해서 이용하면 된다. 위탁, 타임아웃, 방과 후 남기기 시스템으로 자신을 찾은 학생들에게 이러한 전략이 우리가 꿈꾸는 결과를 달성하는 데 효과적인지 아닌지를 조사해야 한다(부록 4 참조). 시간이 있는 학부모들을 활동에 참여시키고, 관심이 있고 영향력이 있는 학부모에게는 참조 집단을 만들 것을 부탁할 수 있다. 가장 확실한 것은 학부모 협의회와 운영위원회와 협력하는 것이 그 과정에서 핵심 부분이다. 새로운 교장이나 대표를 임명할 때, 교육청은 새로운 임명으로 변화 과정이 늦춰지지 않는다는 것을 분명히 할 필요가 있다.

팀은 또한 교사가 전근을 가거나, 종종 그러하듯 리더십 역량이 개발되어 다른 직책으로 승진하는 경우 승계 계획이 필요하다. 팀에 새로운 관점을 가진 새로운 인물을 데려오는 것 또한 변화 과정에 새로운 시각을 얻을 수 있다는 이점이 있다.

:: 팀 구축하기

코터(2007)는 실행을 도입하려면 당신이 만든 팀에 최소한의 신뢰가 있어야 한다고 제안한다. 이 팀은 학교의 일반적인 부서 밖에 존재하므로, 비전과 앞으로 할 과업으로 단결하여 하나의 팀으로 서로 지속적으로 헌신하는 게 필요하다. 이것은 팀원들의 마음과 생각을 연결시켜 줄 것이다.

관계가 존재와 행함의 중심이 되는 회복적 학교에서 코터의 충고는 매우 타당하다. 학교 공동체 외부의 누군가로 인해 다시 팀 내의 목적과 공동체 의식을 형성할 수 있기에 반대편을 위한 예산 책정이 가치가 있을 것이다. 만약 이것이 신중하게 이루어진다면, 팀은 계획에 맞춰 추진할 수 있을 뿐 아니라 팀의 건강과 복지를 위한 몇 가지 가치와 행동을 개발할 수 있을 것이다. 팀원들은 만약 일이 잘못되면, 회복적 접근으로 문제를 모색하여 해결하므로 안전하다고 느낄 것이다. 팀은 회복적 실천의 실행을 위한 비전과 전략적 계획을 수립하고, 학교 공동체에 점점 더 넓게 참여하면서, 말한 것을 실행하고 반드시 그렇게 해야 한다. 뒤의 4단계에서 이 내용을 다루겠다.

3단계: 미래를 위한 비전 창출하기

비전을 창출하는 주요 단계는 다음과 같다.

1. 미래를 포착하는 짧게 요약된 비전 선언문 개발하기
2. 변화의 핵심가치 결정하기
3. 비전을 착수하기 위한 전략을 세우고 실행하기
4. 능숙하게 비전 묘사하기

어떤 변화 과정에서든, 변화를 요구하는 사람들은 자신들이 변화를 필요로 하는 이유와 어디로 가고 있는지를 알아야 한다. 2부에서 이유를 살펴보았다. 이번 단계에서는 '장소'를 살펴볼 것이다. 어디로 가고 있는지 모른 채, 중요한 행동으로 변화해야 하는 여정을 시작할 가능성은 우리 중 어느 누구도 없을 것이다. 만약 비전이 없다면, 우리가 어디로 향하고 있는지 어떻게 알 수 있을까? 결정은 어떻게 할까? 우리가 하는 모든 것의 기저가 되는 가치는 무엇일까? 이러한 가치관이 작용한다는 증거는 무엇일까? 위의 4가지 영역은 이 중요한 단계의 기초를 다룰 때 도움이 될 것이다.

:: 미래를 포착하는 짧게 요약된 비전 선언문 개발하기

비전 선언문은 숙련된 외부인에 의해 개발되어야 한다고 생각하기에 이 단계는 매우 중요하다. 실행 팀은 한꺼번에 과정 전체를 안내하는 대신 비전 개발 과정에 몰두해야 한다. 혁신적인 변화가 요구된다면, 이 과정의 핵심 부분은 비전 진술에서 마음과 생각을 사로잡는 것이다.

비전 개발 과정은 다음과 같은 질문으로 시작할 수 있다. 만약 우리 학교가 회복적 실천을 바탕으로 운영하는 완벽한 학교가 된다면, 3년 후에 학교의 문화는 어떤 모습이고, 어떻게 들리고, 어떻게 느껴질까?

짧은 진술로 본질을 포착하기 전에 비전을 제시하는 과정에서 서로에게 몇 가지 질문을 할 수 있다. 다음 질문이 도움이 될 것이다.

- 학교 교육의 목적은 무엇인가? 왜 우리가 존재하는가?
- 학교 교육의 도덕적 목적은 무엇인가?
- 학교는 3~5년 후에 어떻게 보이고, 느껴지고, 들릴까?
- 학교 공동체의 모든 구성원 사이의 관계는 어떠한가? 사람들은 서로 어떻게 관련되어 있는가?
- 학교 외부의 공동체들이 학교에 대해 말하는 것은 무엇인가?
- 3년 동안 활동에서 무엇을 알 수 있는가?
- 학생의 행동은 어떠한가?
- 교사의 행동은 어떠한가?
- 관리자의 행동은 어떠한가?
- 학부모가 개입하는 목적은 무엇인가?

- 학교와 학부모의 관계는 어떠한가?
- 우리는 관계를 구축하기 위해 무엇을 하고 있는가? 발생하는 사소한 문제를 어떻게 관리하는가?
- 교사의 문제는 어떻게 해결하는가?
- 우리가 성공하고 있다는 증거는 무엇일까?
- 우리는 누구인가?(학교의 정체성에 대한 중요한 질문이다)
- 어떤 포부가 있는가?
- 여기서 우리가 하는 일의 핵심은 무엇인가? 실제로, 첫 번째 질문 중 하나로 돌아가서, 왜 우리가 존재하는가?

다른 말로 하면, '학생들과 학교가 도달하고자 하는 목적은 무엇일까?' 하는 것이다.

이러한 모든 질문의 대답에서 떠오르는 중심 주제를 포착하여 간단명료한 목적 진술로 요약해야 한다. 보여지길 바라는 변화 사항을 포착하여 두 문장(즉, 비전)으로 구성하면 된다.[7] 이것은 기존의 학교 비전과 가치 진술을 함께 적용한 비전에 회복적 실천을 보완한다는 것을 의미한다. 즉, 학교가 그러한 비전을 성취하는 데 회복적 실천이 도움이 되고, 회복적 실천이 비전 달성(예, 향상된 결과, 안전한 학습 공동체, 책임 있는 시민)을 도와주는 더 큰 조직 전략 그 자체라는 의미이다. 또한 비전 진술이 당신이 성취하고자 하는 관계 기반 접근법을 반영한다면,

---

7 다음 웹 사이트에 선도 기업과 조직의 비전 진술의 예시가 들어 있다. www.samples-help.org.uk/mission-statements/sample-vision-ststements.htm. 같은 웹 사이트에 학교 비전 진술을 만드는 데 도움이 되는 안내와 조언이 있다.

현재의 학교 비전 진술과 가치에 적용하길 바란다. 우리는 학교가 비전 진술을 개발할 때, 관계의 중요성을 명시해야 한다고 강하게 주장한다. 그리고 당신이 개발한 비전 진술이 무엇이든 마음과 생각을 모두 사로잡아야 한다.

코터(2012)는 또한 비전은 쉽게 전달될 수 있어야 한다고 제안한다.

- 간단한(전문 용어가 아닌)
- 선명한(백 번 듣는 것이 한 번 보는 것만 못하다)
- 반복 가능한(누구든지)
- 초대하는(양방향 의사소통을 제안한다)

코터(2012)는 명확한 비전은 3가지 중요한 목적을 충족시킨다고 말한다. 첫째, 수백 또는 수천 가지 세부적인 결정을 간단하게 한다. 둘째, 첫 번째 단계가 고통스럽더라도, 사람들이 올바른 방향으로 행동을 취하도록 동기를 부여한다. 셋째, 다른 사람들의 행동을 매우 빠르고 효율적인 방식으로 조정한다.

코터는 효과적인 비전은 6가지 주요 특징이 있다고 말한다.

1. 상상할 수 있는: 미래가 어떻게 보일지 명확한 모습을 전달한다.
2. 가치 있는: 이해 관계자들의 장기적인 관심을 끈다.
3. 실현 가능한: 현실적이고 달성 가능한 목표를 담고 있다.
4. 집중적인: 의사 결정에 지침을 제공할 만큼 명확하다.
5. 유연한: 변화하는 상황에 비추어 개인의 계획과 대안적인 반응을

허용한다.

6. 전달되는: 의사소통이 쉽고 빨리 설명될 수 있다.

다음은 문제 해결을 위해 회복적 접근 방식에 전념하고 있는 호주와 홍콩의 학교 사례이다. 그들은 우리가 여기에 자신들의 비전 진술을 예시로 사용하도록 아낌없이 허락해 주었다.

| 사례연구: 누사 공립 고등학교, 호주 |

비전

다양성을 통한 탁월성. 누사 공립 고등학교는 학생들이 평생 학습자로서 적극적이고 책임감 있는 시민이 될 수 있도록 힘을 실어 주는 안전하고 조화로운 환경을 제공하는 것을 목표로 한다.

가치

누사 공립 고등학교는 배려와 연민을 조성하는 학생 중심의 배움 공동체이다. 우리는 다른 사람들과 그들의 문화를 인식하고, 민주사회에서 다양성을 받아들이고, 호주 시민의 권리와 특권을 인정하고 즐긴다.

– 책임감을 가져라

– 존중해라

– 적극적인 학습자가 되어라

| 사례연구: 디스커버리 대학, 홍콩 |

'성장해라, 발견해라, 꿈꾸어라'는 대학의 비전 진술은 학생들이 우리가 살고 있는 이 복잡한 세상에서 긍정적으로 기여할 수 있는 기술, 태도, 가치를 갖춘 독립적이고 비판적이며 창의적인 사상가가 되어야 하는 필요성을 인식한다.

– 성장해라: 할 수 있는 최선의 것에 열정을 가져라.

– 발견해라: 주변의 세상에서 놀라움을 찾아라.

– 꿈꾸어라: 자기 자신, 인류, 지구를 변화시켜라.

회복적 정의 또는 회복적 실천이라는 단어가 실제 비전 진술 자체에서는 발견되지 않지만, 일단 대화에서 압축을 풀면 회복적 실천이 비전을 달성하는 데 사용되는 핵심 전략으로 명확해진다. 이러한 진술로 만들기 위해서 노력하는 작업은 시간이 오래 걸리고 결코 한 번에 다 뤄지지 않고 서로 다르게 드러나는 가치로 종종 힘들고 때로는 고통스럽기도 하다. 우리는 이 진술을 이 단계로 가져오기 위해 걸린 시간과 노력을 상상할 수 있다. 우리가 진술에서 좋아하는 것은 진술이 얼마나 간결한지, 그리고 얼마나 밀접하게 코터의 지침을 고수하는지에 대한 것이다. 이 진술들은 각 학교 웹 사이트에서 찾을 수 있다.

:: 변화의 핵심가치 결정하기

대부분의 학교는 존경, 우수성, 관용, 책임, 평생 학습 등과 같은 보통 3~5개 정도의 가치 목록을 가지고 있다. 이러한 가치는 비전을 뒷받침하며, 비전을 개발하고 적용하는 과정에서 이러한 가치들을 명시해야 한다. 우리는 학교 방문객이 무작위로 추출한 학생, 교사, 학부모에게 학교의 핵심가치가 무엇인지 물을 때 그들이 확신을 가지고 주저 없이 대답할 수 있는 보기 드문 학교가 될 수 있다는 점을 여기에서 설명할 수 있다. 여기에서 문제는 가치가 알려지고 명확하게 이해되지 않는 한, 그 가치에 위배되는 행동에 대해 대화하는 것이 어려워진다는 것이다.

비전을 뒷받침하는 가치는 행동에서 분명하게 나타나야 한다. 학교가 취하는 일반적인 접근법은 학생들이 보여주어야 하는 행동을 매우 명확하게 하는 것이다. 일부 학교가 놓치고 있는 중요한 것은 학교 공동체의 모든 교사에 의해서 이러한 가치가 모범적으로 행해져야 한다는 것이다. 즉, 교사들의 말을 따라 행동하기보다 교사들의 행동을 따라 하게 하는 것이 중요하다.

여기에서 중심 메시지는 가치를 예시하는 행동이 학교 공동체의 모든 구성원에 의해 명명되고 실천되지 않는 한, 가치는 더 이상의 가치가 아니라는 점이다. 가치와 행동이 명확해질수록 해석의 여지는 적어진다. 그래야 의도적이든 또는 어떤 식으로든 가치를 위반한 사건이나 문제가 있는 학생 또는 교사와 대화하는 것이 실제로 가능하다. 규칙 위반보다 가치 위반에 대한 대화가 훨씬 더 도움이 된다는 것을 알 수 있다. 우리가 교사들에게 문화의 변화와 함께 받아들이도록 요구하는 쓰라린 환약 중 하나는 개인적이고 전문적인 책임의 문제이다. 이것은 누이 좋고 매부 좋다는 의미이다. 다른 말로 하면, 학생들에게 책임감을 느끼게 하는 회복적 과정을 사용하고 있다면, 우리가 공동으로 중요하다고 결정한 그러한 가치를 위반하는 행동에 서로 책임을 져야 한다. 행동에서 가치의 긍정적인 모범을 보인 교사와 학생의 행동은 똑같이 인정하는 것이 중요하다. 우리는 그 순간 매우 긍정적으로 반응하고 느끼고 힘을 얻게 된다.

우리가 알고 있는 영국의 한 학교에서 다음 내용으로 행동 정책을 도입했다.

> 학교에서 좋은 관계를 성취하려면 교사들이 학생들에게 바라는 행동으로 모범이 된다는 것, 좋은 행동은 학업 내용만큼이나 가르칠 필요가 있다는 것, 행동에서의 실수는 학생들에게 감정적 문해력을 개발시키는 학습기회가 된다는 것을 모든 교사가 이해하는 데 달렸다. 우리는 회복적 학교이며 모든 교사는 회복적 과정을 문제 해결의 출발점으로 사용할 것으로 예상된다.

우리 눈에는 이러한 내용이 매우 분명하게 보인다.

관리자와 실행 팀원들이 자신의 행동을 변화시킨 방법을 공유하면서 그 방법으로 이끌 수 있다. 우리 중 어느 누구도 완벽하지 않다. 만일 우리가 그러한 지도자 위치에 있다면, 우리는 우리 자신의 행동에 대해 반성할 준비가 되어있다는 모범을 보여야 한다. 짜증나고 피곤하고 성가신 상황에서 완벽하게 대응할 사람은 아무도 없기 때문이다. 다음 예시에는 회복적 미래에 대하여 색다른 비전을 개발했던 학생부장이 굉장히 심한 처벌적인 학교에서 마음과 생각을 어떻게 변화시켰는지 보여주고 있다.

| 사례연구: 가치를 행동으로 옮기다 |

도발적인 행동을 하는 어떤 학생이 초청 강사가 있는 중요한 교육에서 황당한 소동을 벌였다. 학생부장은 강사가 떠난 후 전교생 앞에서 이 학생을 훈계했다. 공개적인 비난에 그 학생은 이성을 잃고 욕을 하면서 화를 냈다. 학생이 자신의 행동에 책임을 져야 할 유일한 사람이라고 생각하기가 쉽다. 왜냐하면 그 학생은 분명히 질책을 받아야 하기 때문이다. 하지만 이 경우, 학생부장은 그날의 행동에 대해 오랫동안 곰곰이 생각하면서, 특히 자신이 회복적 실천 팀의 중요한 팀원이었기 때문에 방법을 찾으려고 했다. 학생부장의 행동은 새로 개발되고 진술된 가치와 일치하지 않았다.

학생부장은 먼저 학생에게 찾아가 요즘 무슨 일이 있는지 알아냈다. 그는 공개적인 비난에 대해 사과를 했고, 전교생 앞에서 학생을 어떻게 다루어야 할지 매우 힘들었다고 밝혔다. 학생은 그것 때문에 화가 나서 욕을 하고 강당을 떠났다고 했다. 학생은 자신의 행동을 사과했고 두 사람은 학생에게 일어나고 있는 일에 대해 오랫동안 이야기를 나누었다. 이 대화로 학교는 학생, 교사, 학생의 가족과 함께할 수 있는 사안들을 밝혀냈다. 학생부장은 관계를 회복하고 학생이 자신의 행동을 보다 효과적으로 관리하는 방법을 알려줬다. 무엇보다 학생의 행동은 부적절했지만, 학교가 학생에게 큰 기대를 가지고 있다는 것과 학생이 바람직한 행동을 성취하도록 도울 거라는 사실을 분명히 했다.

학생부장은 그날의 행동을 계속 생각해 보았고 교장에게 차기 교육 시간을 요청했다. 그는 전교생 앞에서 관련 학생에게 공개적으로 사과했다. 학생부장으로서 그날 자신의 행동을 얼마나 후회하는지를 언급함으로써 학교 전체를 다뤘다. 그러고 나서 그는 항상 자기 자신과 다른 사람에 대한 존중의 필요성을 이야기했고 특히 학교에 방문객이 있을 때는 더더욱 그러했다.

처벌적 문화에서 다소 단순한 이러한 행동은 학생들을 이끄는 훌륭한 사례가 되었고 학생들과 학교 공동체의 교사들에게 동일한 선례가 되었다. 그것은 행동 변화에 대한 강력한 메시지를 보냈다.

:: 비전을 실행하기 위한 전략 세우기

실행 팀의 다음 과제는 학교 공동체 전체에 회복적 실천을 도입하기 위한 전략적 계획을 수립하는 것이다. 우리는 실행 팀이 자유롭게 과정에 참여할 수 있고 대화에 집중할 수 있도록 외부 진행자를 제안한다. 첫 번째 단계는 회복적 실천으로 실행하려는 계획이 학교의 광범위한 전략적 계획에 확고하게 반영되어 있는지 확인하는 것이다. 우리는 회복적 실천으로 명명된 페어홈 대학[8]과 모아마 성공회 대학[9]의 각 사례를 보여줄 것이다. 이 학교들은 인간적 배려라는 훈육 시스템에 단단히 뿌리내리고 있다. 회복적 실천 철학을 받아들인 많은 학교는 학교 비전 선언문에 명시적으로 회복적 실천을 명명하지 않았지만, 정책 문서를 면밀히 검토하면 그 존재를 나타내는 실마리가 드러난다. 만약 당신의 학교가 이 같은 경우라면, 검토할 기회가 있을 때 학교의

---

8 www.fairholme.qld.edu.au/index.php/83.

9 www.moamagramma.nsw.edu.au/about/the_school.

중요한 문서에 핵심적인 회복적 실천 계획을 포함할 것을 추천한다. 이것이 없다면, 후기 다수자와 지각 수용자들을 과정에 참가시키기 힘들 것이다. 특히 그들이 새로운 프로토콜과 회복적 과정에 대해, 정책에서 회복적 실천이 어디에 나오지? 라는 질문을 할 때는 과정에 참가시키기 어려울 것이다.

전략 계획 템플릿은 부록 5에 있는데, 이는 1~3년 기간의 전략 과정의 견본일 뿐으로, 당신의 목적에 더 잘 부합하는 또 다른 형식을 개발하도록 권장한다. 계획 영역은 SWOT 분석, SOAR 분석, 역장 분석의 결과로 나타날 것이며, 다음에 언급된 내용과는 다를 수 있다. 이것은 물론 있어야 하는 시스템 기반 시설로 녹색 선 위의 목적에 관한 일이다(2부 참조). 이 일을 하는 방법은 사람들의 마음과 생각을 포착하는 데 관건이 있다. 즉, 원하는 변화를 얻기 위해 얼마나 열심히 노력하는가에 따라 차이가 있다. 경험에서 보면 계획의 주요 부분에는 몇 가지 핵심 영역이 있어야 한다.

- 시스템: 구조, 프로토콜, 절차, 흐름도, 역할, 책임, 데이터 수집, 평가 개발과 관리
- 배움과 성장: 이 부분은 내부와 외부 자문가들이 연합하여 진행해야 한다. 외부 자문가만 이용할 경우 비용 면에서 유지가 불가능하며 결국, 팀은 내부 자문가를 이용해야 한다. 나중에 자문가로 활동할 수 있는 조기 수용자들이 다른 사람들을 참여시키도록 하는 것이 중요하다. 그들이 시스템 내에서 신뢰성이 있어 보이기 때문이다. 그리고 그 일은 그들의 리더십 자질 개발에 도움이 될

것이다.

- 정책: 원하는 것을 알기 전까지 규율이나 인간적 배려에 관한 학교 정책을 다시 작성하려고 서두르지 말아야 한다. 즉, 당신이 포함시키고자 하는 것을 알기 전에는 실험이 필요하다. 주요 변화를 시작하면서 기존의 구조를 유지하는 것도 중요하다. 원하지 않는 것을 없애려다 소중한 것을 잃지 않는 것이 중요하다. 모든 것이 바뀌어야 할 필요는 없지만, 존재하는 것은 회복적 실천의 비전과 가치 및 철학을 통해 걸러져야 한다.
- 자원: 회복적 실천은 과정을 운영할 수 있는 교사를 개발하고 기타 비용을 충당하기 위해 학교 연간 계획에 자체 예산이 필요하다. 이것은 장기적인 투자가 된다.

당신의 계획에 이러한 영역이 상당히 중첩된다는 점이 드러날 것이다. 그리고 자원, 배움과 성장 부분은 개발되어야 하는 새로운 시스템과 구조와 아주 잘 맞을 것이다. 전략 계획 분야에 대한 자세한 내용은 부록 6에 나와 있다.

:: 능숙하게 비전 묘사하기

비전이나 버전은 분명하고 설득력 있게 5분 이내로 전달되어야 한다. 우리는 기차나 비행기에서 옆에 앉은 사람, 가게 직원, 국제공항의 이주민, 저녁 파티에서 누군가에게 비전을 묘사하는 상상을 해본다. 그 누군가는 어쩌면 진정한 관심보다는 예의상 묻는 것일 수도 있겠지만, 미래에 대한 당신의 대답에 따라 곧 관심이 생길 수 있다. 대답은 마음과 생각에 호소해야 한다.

우리가 제안하는 것은 관리자와 실행 팀을 위한 일종의 활동이다. 소집단이 협력하여 비전의 핵심 주제를 넣은 간단한 버전을 개발하여, 비행기, 기차, 저녁 파티에 앉아있는 사람들에게 시도하기 전에, 두 사람이 먼저 짝이 되어 연습하여 서로 익숙하게 묘사할 수 있게 하는 것이다. 우리는 여행에서 낯선 사람들에게 우리가 하는 일을 설명해야 한다는 것을 너무나도 잘 알고 있다. 간결하고 간단한 진술을 사용하면 아래의 예시가 강조하는 것처럼 그들을 잠재우거나 잡지를 다시 읽게 하지 않고 많은 대화를 나눌 수 있을 것이다. 학교의 대화에서도 마찬가지이다. 우리는 다른 사람들이 '재미있다. 이야기를 더해 달라'고 말하도록 감동을 줘야 한다.

| 사례연구: 마거릿 소스본 |

나는 수년 동안 회복적 실천과 같은 이러한 이상적인 주제를 완성하려고 노력해 왔다. 내가 하는 일을 누가 물으면, 보통 '학교가 보다 효과적인 학습을 위한 훈육을 마련하도록 돕는다'라고 대답한다. 뒤따라오는 일반적인 반응은 예전 것을 그리워하는 말로 듣기 좋게 치켜세운다. 나는 그들의 말에 넘어가지 않으면서, 처벌이 누군가를 책임지게 하는 하나의 방법이지만, 훨씬 더 강력한 또 다른 방법은 잘못한 사람과 피해를 당한 사람을 불러와 서로 얼굴을 마주 보고 피해에 대한 이야기를 하고 피해를 해결할 방법을 함께 결정하는 방법이라고 말한다. 달리 말하면, 그 과정에서 피해자에게 목소리를 부여하는 것이라고 말한다.

위 내용은 만찬에서 할 수 있는 학교 비전문의 예시는 아니지만, 메시지는 강력하며, 청중에게 회복적 실천의 본질을 간단명료하게 충분히 보여준다.

일단 비전의 본질이 포착되면 큰 노력이 필요하다. 이것은 변화를 필요로 한다는 사실에도 불구하고, 사람들을 희망적인 미래의 가능성에 대한 관심과 흥분, 희망과 낙관으로 감염시키는 것이다. 이때는 상상할 수 있는 이익을 얻기 위해 편안한 습관을 포기해야 한다.

10장에 나오는 모든 단계의 전반적인 목적과 11장에 첫 번째로 나오는 4단계가 사람들을 따뜻하게 한다는 것을 기억해야 한다. 다음 장에서는 일을 순조롭게 시작하고 준비하도록 도와주는 단계를 안내할 것이다.

11장

관성을 극복하고 시작하기

이번 장의 주요 단계는 다음과 같다.

4단계: 마음과 생각을 사로잡을 비전 전달하기

5단계: 장애물 제거 및 행동 강화하기

6단계: 단기간의 승리 창출하기

이 작업을 하는 데 도움이 되는 부록자료는 다음과 같다.

- 부록 1_8단계 계획표
- 부록 6_핵심 계획 영역

관성을 극복하려고 생각하면 두 가지 사실이 떠오른다. 첫 번째는 오래전부터 유명한 물리학 교훈으로 운동이 일어나기 전에 필요한 여분의 힘(정지된 자동차를 미는 일)과 두 번째는 사람들에게 관심과 흥분을 심어 줄 필요성에 대한 것이다. 다른 말로 하면, 새로운 미래가 무엇인지(추가적인 힘)에 대한 메시지를 전달하는 데 결정적이고 전략적인 노력이 필요하다. 동시에 메시지는 매력적이고, 낙관적이며, 희망적이며, 영감을 주고 매혹적이어야 한다.

일단 운동이 시작되면 경로를 변경할 수 없기에, 실행 팀이 실험할 공간을 확보해야 하며, 비전 달성을 방해할 수 있는 장애물을 제거할 준비된 리더십이 필요하다. 왜냐하면 실행되고 있는 일이 보통은 매우 새롭기 때문에, 지켜보는 사람들이 목표한 회복적 전략의 성공을 보는 것이 중요하다. 이것은 좋은 소식으로 전달되어 희망과 동기 부여를 그대로 유지해 줄 것이다. 다음 3개의 단계에 이러한 내용이 자세히 들어 있다.

4단계: 마음과 생각을 사로잡을 비전 전달하기

미래에 대한 비전이 학교의 연간 계획 폴더에 비밀로 남아 있거나 실행 팀에 의해서만 단단히 유지된다면 비전은 전적으로 아무런 의미가 없다. 이 부분의 과정이 얼마나 잘 이뤄지는가에 따라 다음 단계의 성공이 결정될 것이다. 비전 발표는 관리자나 담당자가 부가적인 내용을 넣어서 한 번에 발표하는 것이 가장 적절하다. 비전은 가능한 모든 기회와 수단을 통해 전달되어야 한다. 비전을 요약하면 몇 개의 단어로 된 내용으로, 일상에서 하는 의사소통으로 전할 수 있다. 비전 내용이 단어끼리 서로 연결되어 전달될 수 있기 때문이다. 비전 전달에 중요한 부분은 메시지 관리이다.

비전은 상상력을 포착하고 흥미와 흥분을 유발하는 방식으로 가능한 모든 뉴스 채널, 교직원 회의, 학부모의 밤, 학교 협의회와 학교 웹사이트를 통해 전달되어 사람들이 가능성을 느끼게 해야 한다. 학생들과 교사들은 비전을 말할 수 있어야 한다. 학교가 다른 지역에서 회자될 때, 사람들의 대화에 학교의 비전이 드러나기를 바란다.

코터는 효과적인 정보 전달은 반복에 의존한다는 것을 상기시킨다.

> 여기에서는 문장으로, 저기에서는 하나의 구절로, 회의 중에는 2분, 대화 끝에는 5분, 연설에서는 3가지 간단한 견해로 말할 수 있다. 총괄하면 이러한 짧은 언급들이 엄청난 양의 유용한 의사소통에 더해질 수 있다. 이는 일반적으로 마음과 생각을 모두 사로잡는 데 필요한 것이다.

다음은 비전 메시지로 회복적 실천에 참여를 늘리기 위한 몇 가지 방법이다.

- 변화에 대한 비전을 지속적이고 일상적인 의사소통과 통신에 반영한다. 특히 교장, 교감 및 부장들이 성과에 관한 대화를 할 때나 전문적인 토론을 할 때 회복적 변화와 철학 및 이유를 적절하게 언급한다.
- 비록 회복적이라는 단어를 사용하지 않더라도 학교의 웹사이트에 비전의 본질을 반영한다.

- 학교 신문에 작은 기사, 학부모를 위한 간단한 조언, 이야기에 일반적인 내용으로 비전을 포함시킨다.
- 만약 학교에서 소통 방법으로 SNS를 사용한다면, 관계에 대한 내용을 넣을 방법을 강구하고, SNS를 통해 관계를 건전하게 관리하기 위한 적절한 정책을 개발한다.
- 회복적 철학, 학교 정책, 입학 절차를 설명하는 안내 책자를 만들어서 학부모와 학생들이 미리 내용을 알게 한다.
- 학교를 처음 방문하는 사람들에게 학교를 소개하는 과정에서 무심코라도 회복적 실천이 많이 거론되도록 한다. 회복적 실천은 '우리가 여기에서 일하는 방식'이라는 메시지의 일부가 되어야 하고, 교사와 학생, 학부모가 알 수 있도록 입학 절차에 잘 반영한다.

비전을 전하는 이 모든 방법은 참여자들을 늘리고 저항을 줄이고 사람들의 마음을 따뜻하게 하려는 것으로, 실제로 이러한 모든 노력은 메시지 관리에 관한 것이다. 전달이 잘 된다면 참여자들은 확실히 늘어날 것이고, 제대로 전달되지 않으면 저항을 증가시키는 몇 가지 문제가 생길 것이다. 특별히 우리가 강조하는 것은 다음과 같다.

- 관리자들은 말한 것을 반드시 실행해야 한다. 자신들이 말한 것을 새로운 행동으로 보여줘야 한다. 다른 말로 하면, 솔선수범해야 한다. 코터는 관리자들이 다르게 행동하기 시작하고, 자신들이 바라는 변화를 구체화할 때 조직 전체에 강력한 메시지가 전달된다고 말한다. 이런 행동은 동기 부여를 증가시키고, 자신감을 고취

시키고, 냉소를 줄여준다.

- 비전 테스트는 학교 업무의 모든 면에 적용되어야 한다. 만약 그 비전이 맞으면 유지하고, 그렇지 않으면 아주 신중한 협의를 통해 구조, 과정, 정책을 바꾸거나 최소한 맞추기라도 해야 한다. 예를 들어, 교실 관리 규제에 중점을 두고 있는데 현재 실천이 비전과 상반된다면(학급에서 해결할 수 있는 사소한 문제로 학생들을 수업에서 제외시키는 경우), 관리자들은 그들이 무엇을 보고 싶어 하는지를 명확히 하고, 만약 교사들이 하지 않는다면 따르게 해야 한다. 관리자들은 또한 교사들이 다른 방법을 적용할 수 있도록 지원해야 한다. 회복적 실천의 실행에는 시간이 걸리고 모든 교사가 처음부터 자신의 실천에 확신을 갖지 않는다는 것을 기억해야 한다. 아울러 교사들에게 다르게 행동하도록 요구하려면 인내심과 지지가 중요하다.
- 비전에 맞지 않는 결정을 내려야 할 경우, 이러한 불일치는 투명하고 정직한 방식으로 설명되어 교사들이 두 세트의 규칙(우리를 위한 규칙과 그들을 위한 규칙)이 있는지 궁금해하면서 불필요하게 분개하고 저항하지 않도록 해야 한다.
- 변화로 영향을 받는 교사, 학생, 학부모에게는 관심을 드러내고, 생길 수 있는 불안을 이야기할 수 있는 정기적이고 구조화된 기회가 필요하다. 관리자와 실행 팀이 기꺼이 들어주는 것이 도움이 될 것이다. 변화 과정에서 이러한 부분은 관계가 매우 중요하다는 회복적 철학을 반영하면서 사람들에게 발언권이 주어지므로 굉장히 중요하다. 서로 맞지 않을 때는, 이야기를 하면서 헤쳐 나아가

고, 또는 대안적이거나 조정된 회복적 접근법을 제시하면 된다.

5단계: 장애물 제거 및 행동 강화하기

히스와 히스는 변화 과정에서 5단계를 경로 형성이라고 부르며, 상황이 바뀔 수 있다면 행동은 변할 것이라고 제안한다. 그들의 제안 중 하나는 특히 환경을 조정하는 것이다. 예로, 일부 실행 팀은 타임아웃을 더 이상 사용하지 않는다는 주요한 결정을 내렸다. 일부 학교는 휴식 시간 또는 심지어 시간표를 변경했다. 이것은 중요한 상황 변화 요인들이다.

변화 과정에서 5단계에 도달할 때 주요 고려 사항이 있는데, 관리자는 실행 팀의 노력을 가시적으로 지원해야 한다는 점이다.

- 실행 팀의 교사들은 학생, 학부모, 다른 교사들과 함께 일을 할 때 새롭고 다양한 방법들을 개발하는 데 위험을 기꺼이 감수한다. 관리자가 위험을 회피하는 경우 이 실험은 중단될 것이다. 담당자들에게는 일을 하는 새로운 방식을 개발할 수 있는 시간이 주어져야 한다. 실행 팀이 새로운 실천 방법으로 시도할 목적, 방법, 장소, 시기를 결정하게 하고, 자료와 피드백을 수집한 후 원하는 결과를 얻을 때까지 구조와 과정을 계속 조정하도록 해야 한다.
- 전체 시스템을 정밀 조사할 필요가 있지만, 시작할 지점을 결정하는 것이 중요하다. 작지만 눈에 잘 띄는 변화로 시작하면 일할 가

능성이 커지고 가시적인 결과를 도출할 수 있을 것이다. 변화에 필요한 구조를 바꿔야 할 때 부록 5의 내용을 참고하면 된다. 실험하는 것이 첫 번째로 중요한 일이다. 어떤 실험도 임의적인 일이 아니라 신중하게 해야 한다. 학부모와 학생을 포함한 모든 이해 관계자가 제안한 개선 사항과 피드백을 수렴하고 자료를 수집하여 공개적으로 이야기하면서 교사들이 과정에 참여하도록 해야 한다.

- 다르게 일을 하도록 요구를 받은 교사들에게 그렇게 하는 데 필요한 기술을 제공하는 것이 필수이다. 지속적인 전문성 개발 프로그램은 (a) 효과가 있고 (b) 교사들의 학습 요구도와 (c) 전달되어야 하는 비전과 분명하고 명확하게 연결된 프로그램으로 제공되어야 한다. 그리고 수행 평가 시스템과 연결된 이러한 변화(기술 습득과 실천)를 실행하는 것은 비전을 달성하는 능력에 중요한 영향을 미칠 수 있다. 처음에는 전문성 개발이 외부 자문가에 의해 실행될 것이다. 그러나 장기적으로 재정적인 지원이 없으면, 내부 자문가 팀이 결국 모든 팀의 프로그램을 관리할 만큼 충분히 숙련되어야 할 것이다. 회복적 실천을 실행하는 데 필요한 기술이 부록 5에 세부적으로 나와 있다.
- 기술 개발에 대한 효과적인 지원과 기회가 풍부할지라도 특정 교사들이 변화에 저항하면, 회복적 절차의 방식으로 그들의 행동에 책임을 지게 해야 한다. 교사들이 책임을 져야 학생들도 책임을 질 수 있다. 새로운 비전에 대한 지속적인 저항은 종국에는 평가 관리 시스템을 적용하게 할 수 있다. 그러나 히스와 히스는 저항

처럼 보이는 것이 실제로는 기대와 방향이 명확하지 않아서 일어날 수 있기에 변화 과정이 어떻게 진행되고 있는지 신중하게 숙고할 필요가 있다고 경고한다.

- 구조를 개혁하려면, 교사들이 떠나기도 해야 한다. 때로는 그들이 새로운 사업 방식과 마찰을 빚어 자발적으로 사직하거나 전근을 요청하기도 한다. 비전에 참여하기를 거부하거나 매진하지 않는 교사들과 격렬하고 정직한 회복적 대화가 필요할 것이다. 관리자는 이들에게 기술과 용기를 주어야 한다. 또한 저항이 만연할 경우, 한두 단계가 성급했는지 또는 제대로 완료되지 않았는지 확인하기 위해 지금까지의 단계를 점검하여 변화를 검토하는 시간이 필요하다. 각 단계의 성공적인 완료가 다음 단계의 기초이므로 누락된 영역이 있으면 다시 되돌아가야 한다.
- 실행 팀을 구성하고 담당팀장을 임명하는 동안 비전이 요구하는 변화를 정확하게 넣어서 전달해야 한다. 가능한 한 새로운 담당자들의 가치가 학교의 가치와 부합하는 것이 중요하다. 그들이 얼마나 관계적인 태도를 가졌는지, 특히 징계를 받은 적이 있는지, 그들이 새로운 비전에 얼마나 잘 일치하는지가 중요하다.
- 현재의 직무 내용과 업무 분장이 비전과 부합하는가? 업무와 비전을 결부시키는 필요한 활동들이 있는가? 부장의 역할이 담임교사를 대신하여 처벌을 주는 것에서 벗어날 수 있을까? 이제 그 역할은 문제 해결과 관계 회복을 촉진시키는 것을 의미하는 것일까? 이러한 변화는 모든 사람에게 명확하게 전달되어야 하고 관리자에게 지지를 받아야 한다.

• 실행 팀과 변화를 실행하는 담당자의 노력을 인정하는 것이 중요하다. 학교생활을 이미 열심히 하고 있을 때 사적인 칭찬과 공적인 인정은 동기를 오랫동안 유지하게 한다. 인정은 때때로 다른 학교와 지역 및 국내 회의, 국제회의에 참석할 수 있는 허가를 의미한다. 경험에 따르면, 간단한 감사와 격려의 말을 글이나 말로 표현하는 것이 아주 큰 효과를 낸다.

6단계: 단기간의 승리 창출하기

초기에 몇 가지 성공이 없다면, 동기 부여가 실패할 수 있으며 이 일은 잘되지 않을 거라던 냉소적인 사람들은 더 크게 떠들어 댈 것이다. 이 일로 심히 낙담할 수 있으므로 초기 승리를 계획하는 것이 중요하다. 단기 목표를 만드는 것이 중요한 첫 번째 일이다. 실행 팀은 매우 가시적이고 모호하지 않으며 가능한 한 성공할 가능성이 크고 긴급한 것을 선택해야 한다. 코터와 코헨(2002, 히스와 히스 2010)은 대부분의 성공적인 변화에서 개인의 변화는 '본다-느낀다-변한다'라는 연속적인 과정을 보여준다고 언급한다. 여기에서 주는 메시지는 승리는 임의적인 사건이 아니라는 것이다. 공개적으로 인정받고 축하받는 단기간의 승리는 담당자에게 긍정적인 방법으로 희망을 주고, 동기를 부여하고, 비평가와 냉소자들에게 영향을 준다고 한다. 다음은 단기간의 승리를 할 수 있는 변화 사항들의 예시이다.

- 정학과 퇴학
- 학생부장에게 보내기
- 운동장 사건
- 방과 후 남기기
- 따돌림 사건
- 복지 관련 조사

부장 회의나 교직원 회의에서 교사들과 이야기를 나누는 기회를 주어 열심히 일하는 사람, 냉소적인 사람, 모두를 감화시키는 좋은 소식을 이야기하도록 한다. 무엇이 긍정적인 변화를 가져오는지를 이해하는 것이 중요하다. 그래야 모든 교사가 연결될 수 있다.

12장

변화를 실천하여 내재하기

이번 장의 주요 단계는 다음과 같다.

7단계: 의지 지속하기

8단계: 이익 유지하기

우리는 이 책의 시작부터 독자들에게 지속적인 변화는 수개월이 아니라 수년이 걸린다는 사실을 상기시켜 주었다. 성급한 승리 선언을 생각해 보면, 2003년 5월 두 번째 이라크 전쟁에서 전투 작전의 종식을 알린 조지 워커 부시 미 대통령의 유명한 선언[10]이 떠오르면서, 우리도 변화의 상당 부분이 완료되었다는 착각을 하게 된다. 그와 그의 행정부가 얼마나 틀렸는지 알 수 있다. 문화 변화가 전쟁에서 승리하는

10 모든 곤란한 문제가 항공모함에서 한 연설의 결과로 일어났고, 승리를 선언한 날의 공식 사진의 배경에 '임무 완수'라는 배너가 있었다.
http://en.wikipedia.org/wiki/2003_Mission_Accmplished_speech.

것과 같다고 생각해서는 안 된다. 그러나 우리는 성급한 승리 선언을 생생하게 그리려고 한다.

우리가 방문한 많은 학교는 문화 변화를 달성했다고는 하는데, 사실은 1단계 변화(2부 참조)의 가장자리를 맴돌거나, 하던 일을 멈춘 상태였다. 마지막 단계는 마라톤의 마지막 단계처럼 동기를 부여받고 집중해야 한다. 그러나 마라톤은 끝이 나지만, 문화 변화는 실제로 그렇지 않다. 회복적 과정은 끝이 없다. 만약 새로운 마음과 행동을 갖고 싶다면 집중과 반복이 필요하다. 집중과 반복이 없으면 원래대로 돌아갈 것이다. 이것을 돕기 위한 마지막 두 단계가 의지 지속하기와 이익 유지하기이다.

7단계: 의지 지속하기

이 단계에서 하던 일을 멈추는 것은 굉장히 위험하다. 코터(2007)는 성급한 승리 선언의 위험성을 상기시켜 준다.

> 하지만 그것은 추진력을 죽이는 조기 승리 축하이다. 그러고 나면 전통과 관련 있는 강력한 힘이 차지하게 된다…. 성공적인 노력의 지도자들은 승리를 선언하는 대신에, 훨씬 더 큰 문제를 단기적인 승리로 얻은 신뢰를 이용하여 해결한다. 그들은 변화 비전과 일치하지 않으며 이전에는 접하지 않은 시스템과 구조를 추구한다. 그들은 누가 승진하고, 누가 고용되고, 사람들이 어떻게 발전하는지에 큰 관심을 기울인다. 그들은 초기의 계

획보다 훨씬 더 큰 새로운 재설계 계획을 수립한다. 그들은 갱신 노력이 몇 개월이 아니라 몇 년이 걸린다는 것을 알고 있다.

변화는 학교 문화의 구조에 깊숙이 박혀 학교의 중요한 일부가 되어야 한다. 학교의 위계적인 특성으로, 학교는 매우 탄력적(리 2004)일 수 있으며 개혁을 극대화하고 활용하기 위한 구체적인 조치가 취해지지 않는다면, 1~2년 내에 매우 빠르게 기존 방식으로 돌아갈 것이다. 우리는 회복적 실천의 실행에 책임이 있는 핵심 인물이 학교를 떠나면, 거의 즉각적으로 원래 행동으로 되돌아가는 것을 자주 보았다. 또한 회복적 문화를 달성하기 위해 지금까지 수행된 작업을 진심으로 이해하지 못하거나, 진정한 관계에 대한 지식과 기술이 없는 관리자가 학교에 임명될 때 발생하는 슬픔도 맛보았다. 이것 때문에 회복적 문화가 한두 해의 공백 기간으로 있을 수 있다. 변화는 지속적이므로, 핵심 인력의 전출과 새로운 인력의 임명을 유지하고 계획할 필요가 있다.

몇 가지 제안을 하면 다음과 같다.

- 프로젝트 범위를 넓힌다. 즉 연간 활동을 많이 한다. 학부모 워크숍을 한다. 학생 촉진자 팀을 훈련시킨다. 교사의 갈등 해결과 성과 관리에 회복적 실천을 이용한다. 결석생과 출석문제를 회복적 과정으로 실험한다. 고품질의 기술을 지속적으로 개발하는데, 한 번이 아니라 두세 번 또는 더 많이 실시한다. 모든 종류의 문제에 회복적 실천을 넓게 적용한다(퇴학생에게는 회복적 이별을 실시한다).
- 학생의 사회 정서적 능력을 키우기 위해 교실에서 서클 사용뿐 아

니라 발달 과제에 관심을 두어야 한다. 이것은 학생과 교사 간에 문제 해결 능력을 기르는 예방적 방법으로 작용될 것이다. 또한 학생들이 절벽 꼭대기에서 떨어지는 것을 막아주는 울타리가 될 것이다.

- 새롭게 일하는 방식이 지속적으로 효과가 있다는 증거가 생길 때마다 계속 확인하고 발표해야 한다.
- 각각의 성공과 승리 후에는 무엇이 효과가 있었는지, 무엇이 효과가 없었는지, 관리자와 교사, 학생과 학부모와 같은 핵심 이해 관계자들이 어떻게 상황에 대처할 수 있었고, 어떻게 대응할 수 있었는지를 분석해야 한다.
- 신입 담당자, 특히 담당팀장의 임명에 크게 주의해야 한다. 우리는 핵심 지도자의 위치에 완전히 잘못된 사람을 선택함으로써 굉장히 긍정적이고 회복적/관계적인 문화가 붕괴하는 것을 목격했고, 그 일은 실행 팀과 학교 공동체에 가슴 아픈 일이었다. 학교는 핵심 지도자를 문화 변화의 속도를 염두에 두고 선택해야 한다.
- 학교 공동체의 다양한 부서의 교사에게 새로운 계획에 대한 책임을 부여해야 한다. 이것은 리더십을 개발하고 지속적으로 참여하도록 촉진시킨다.
- 참신한 생각과 리더십을 개발시킬 수 있는 새로운 인물을 실행 팀으로 데리고 와야 한다.
- 가족 및 학생들과 관련 있는 기관과 단체, 즉 경찰, 학생 서비스, 가족 서비스, 주택 서비스, 지방 단체, 의회, 사법부, 건강센터 등과 협력하여, 문제 해결을 위해 지역사회 접근법을 탐구해야 한다.

이 단계는 리더십의 역할이 다시 중요해지는 위험한 실행 단계이다. 변화의 필요성에 대한 위기나 긴박감이 있는 학교를 이끄는 것보다는 장기적인 변화를 이끄는 리더십이 중요하다. 우리는 이 단계가 변화 과정에서 가장 매력적이지 않은 부분이기에, 흥미와 흥분이 새로운 프로젝트와 영감을 주는 환상적인 리더십을 통해 신중한 방식으로 유지해야 한다고 생각한다. 애석하게도 많은 학교에서 사라지는 또 다른 중요한 요소는 교사들의 리더십을 개발하여 서로 영향을 주도록 하는 관리자의 영향력이다. 이것은 학교에서 최고의 지도자들이 학교 전체의 작은 리더십을 장려하고 양성하며 지원하는 방법이다(코터 2012). 지속적으로 실천에 성공하고 있는 학교는 학교 전체에서 리더십을 창출하여 젊고 영감을 주는 교사들이 실천을 공유하고 실행을 주도하도록 했다. 그들은 학교에서 일어나는 일에 강한 주장을 하면서 책임은 훨씬 더 많이 졌다.

8단계: 이익 유지하기

문화 변화가 변화 과정의 8단계에서 일어난다는 것이 반 직관적인 것처럼 보이지만, '여기에서 일하는 방식'으로 변화가 확고하게 구축되어 있지 않으면, 이 변화는 확실한 것이 아니다. 변화는 우연이나 행운에 의해 일어나지 않으므로 전략적 접근 방법이 계속 유지되어야 한다. 우리는 숨을 헐떡이며 '잘했어. 이제 목적지에 다 왔어'라고 하면서도 도달할 최종 목적지가 없음을 확실히 알고 있다. 변화를 지속하기 위한 압박감은 잘 먹고 건강을 유지하는 것과 같이 계속 유지되어야 하며, 어떤 면에서는 학교 공동체와 사회가 끊임없이 진화하는 것처럼, 중요한 비전을 향해가는 지속적인 여정이기도 하다.

변화 과정을 지속하기 위한 몇 가지 아이디어는 7단계와 매우 유사하지만, 효과가 있기 위해서는 끈질기게 노력해야 한다.

- 기회 있을 때마다 이익을 이야기하고 이러한 성공과 회복적 접근법의 사용 사이의 연결점을 이야기해야 한다. 계속 성공하고 향상되는 이유도 이야기해야 한다. 교사, 학부모, 학생들이 이러한 연관성을 모르기 때문에 계속 이야기해야 한다.
- 배움과 성장에 관한 강력한 프로그램을 계속해야 하며, 모든 사람이 무의식적으로 유능하다는 가정을 하지 말아야 한다. 새로운 습관을 창출하려면 집중하고 연습해야 한다는 것을 기억해야 한다.
- 학교의 가치 및 비전과 문화 변화 과정에 헌신할 수 있는 차세대 사람들을 지속적으로 모집하고 장려해야 한다.
- 자신의 행동에 책임을 져야 할 사람들을 회복적 방식으로 계속 붙잡아야 한다.
- 매년 학교 문화에 대한 신중한 안내가 필요한 신입 교사, 신입생, 새로운 학부모가 있다는 것을 알아야 한다.
- 다른 학교에 당신이 얻은 이익을 보여주고, 국내외에 일어나는 일에 뒤처지지 않도록 해야 한다. 회복적 실천 관련 회의에 참석할 때마다 우리는 다른 사람들이 얻은 이익에 영감을 받고 그들의 경험에서 배운 것을 강조해야 한다. 이것으로 실행 팀은 계속 동기

부여를 받을 것이다.

- 더 넓은 지역사회와 지속적으로 인식과 협력을 구축해야 한다.

어떤 면에서 이 단계는 문화 변화 과정을 처음부터 다시 시작하는 것과 같다.

우리는 8단계에서 변화 전문가에서 찾을 수 있는 최고의 조언을 했고, 당신 팀에 유용한 몇 가지 가능한 구체적인 전략도 제공했다. 당신이 변화를 꿰뚫어 보려면 집중, 결정, 비전, 리더십, 정직, 용기가 수반되어야 한다. 때때로 당신은 완전히 지치고 좌절하며 낙담할 것이다. 극복할 가망성이 없는 것처럼 보일 것이다. 당신 팀이 서로 사이가 틀어질 수도 있다. 회복적 실천을 전혀 이해하지 못하는 새로운 관리자를 만날 수도 있다. 이것은 무서운 소리지만, 그렇게 될 수도 있다. 또는 긍정적으로 반응하는 학생, 행동을 바꾼 교사, 가족과 시간을 보내어 고마워하는 학부모들을 보는 것이 굉장히 즐겁고 만족스러울 수 있다. 높은 수준의 학업 성취도와 교사와 학생에게 수준 높은 복지를 확실히 시행하는 학교 공동체의 일원임을 자랑할 수도 있다.

당신이 하는 일을 주도하는 가치 중의 하나를 바꾸려면, 심각한 문화 변화를 실행하는 실행 팀의 일원이 되는 것이 방법일 수 있다. 그러나 앞으로 나아갈 길에는 지도가 필요하며 8개의 단계가 바로 그것이다.

결론

여기까지 읽었다면, 당신의 순수한 끈기에 경의를 표한다. 우리는 당신이 결실을 보기 바란다. 우리는 훌륭한 아이디어를 듣고, 사용하고, 효과가 있는지 살펴보고, 다른 사람들을 훈련시키고, 그러한 아이디어가 학교와 같은 조직 문화를 변화시키는 능력을 도와주고 목격하면서 차이점을 이해하는 데 오랜 시간이 걸렸다. 이제 회복적 실천이라 부르는 아이디어를 실행할 시기가 되었다. 이제 이 아이디어를 활용하고 배워서 다른 사람의 마음과 생각에 새겨 넣는 방법을 알아야 한다. 그래야 우리가 떠나도 그 아이디어는 남아 있을 것이다. 회복적 실천은 학교가 행동을 관리하도록 하고 학생들의 갈등 해결을 돕는 해결 도구일 뿐 아니라 삶의 기술이고 친구, 이웃, 동료, 직원, 관리자, 팀원, 학부모 등과 같이 다른 사람들과의 관계를 생각하는 방식이다.

우리는 몇 가지 중요한 영역을 다루었고, 이전의 다른 저자들과 마찬가지로 남긴 것에 대해, 남은 것에 대해, 바뀐 것에 대해 우려하고 있다. 우리는 학교 공동체에서 회복적 정의의 실천이 어떻게 보이는지 간략하게 살펴보았다. 학교와 문화 변화의 복잡한 세계가 우리에게 어떻게 영향을 미치고 무엇이 효과가 있고 그렇지 않은지를 보았다. 마지막으로 당신의 노력이 헛되지 않고 조직적이고 희망적이고 낙관적으로 유지되길 바라면서, 학교 변화 과정을 관리할 수 있는 크기로 단계별로 나누었다.

왜 우리가 신경 써야 하는가? 왜냐하면 학교는 무엇보다 거의 모든 사람이 가는 공동체의 하나이기 때문이다. 또한 교사가 학생들을 위한 적절한 교육 이상의 것을 성취할 수 있다고 믿는 장소이기 때문이다. 영감을 주는 리더십과 올바른 철학적 접근을 하는 학교는 가족과 더 넓은 공동체를 위한 평화 구축의 중심이 될 수 있다. 어쩌면 우리 모두가 헌신하는데 세계 평화가 안 될 것도 없지 않을까!

우리는 이 책이 학생들을 위하여, 궁극적으로 우리 모두를 위하여 교사, 관리자, 학교 공동체가 더 밝은 미래를 위한 길을 닦도록 영감을 주기를 바란다.

부록

부록 1

8단계 계획표
변화 준비하기

(www.kotterinternational.com 인용)

다음 계획표는 당신과 당신 팀이 성공적인 실행을 계획하고 실천 과정이 지연되었을 때 검토할 수 있도록 고안되었다.

계획표는 이 책의 3부에 자세히 설명되어 있으며, 여러 세부 단계를 포함하는 3단계로 구성되어 있다.

단계	세부 단계
1단계: 변화 준비하기	1. 변화를 위한 사례 만들기
	2. 실행 팀 함께 구성하기
	3. 미래를 위한 비전 창출하기
2단계: 관성을 극복하고 시작하기	4. 마음과 생각을 사로잡을 비전 전달하기
	5. 장애물 제거 및 행동 강화하기
	6. 단기간의 승리 창출하기
3단계: 변화를 실천하여 내재하기	7. 의지 지속하기
	8. 이익 유지하기

계획표는 변화 과정의 3가지 단계에서 왼쪽에서 오른쪽으로 6개의 열로 구성되어 있다.

- 세부 단계
- 계획 분야
- 가능한 과제
- 실패한 과제
- 이끄는 팀
- 측정 시기와 방법

'가능한 과제'는 계획 분야를 돕기 위해 들어가 있다. 당신이 여기에 추가하거나 개발해도 된다. 그런 다음 누가 과제와 일정을 이끌어 갈지 고려해야 한다. 또한 이것을 어떻게 측정할 것인지도 고민해야 한다. 즉 과제가 완료되었음을 보여주는 어떤 것을 측정하는 것이다.

계획표의 처음부터 또는 학교가 변화 과정 중에 있는 부분부터 시작해도 된다. 어떤 방법을 사용하든 모든 부분을 검토하여 중요한 부분을 놓치지 않았는지 확인하는 것이 필요하다.

1단계: 변화 준비하기					
세부 단계	계획 분야	가능한 과제	실패한 과제	이끄는 팀	측정 시기와 방법
1. 변화를 위한 사례 만들기	* 기초 작업을 할 수 있는 핵심 인물 확인하기 * 잠재적 위협 구별하기 * 기회 포착하기 * 교사, 학생, 학부모, 교육청 등 이해 관계자와 관계 맺기	* 업무를 시작할 소집단 선별하기 * 데이터 사용 및 조사하기 * 필요한 것 확인하기 * SWOT, SOAR, 역장 분석하기 * 이해 관계자에게 데이터를 제공하고 문제에 대하여 강력하게 대화하기			
2. 실행 팀 함께 구성하기	* 팀 함께 구성하기 * 팀 구축하기	* 관심 있는 표현을 선택적으로 요구하기 * 필요하다면 어깨를 토닥여주기 * 기술과 약점의 확산여부 확인하기 * 정서적 차원에서 헌신할 수 있는 중요한 팀 구성하기			
3. 미래를 위한 비전 창출하기	* 미래를 포착한 간단한 비전 개발하기 * 변화의 핵심가치 결정하기 * 비전을 만들기 위한 전략을 세우고 실행하기 * 비전에 유창하도록 연합하여 안내하기	* 실행 팀이 비전 개발하기 * 현재의 가치 진술을 찾아 조정하여 행동 가치로 정의하기 * 새로운 비전에 맞게 현재의 학교 전략을 세우거나 재정비하기 * 비전 실행하기 * 유창하도록 비전 연습하기			

2단계: 관성을 극복하고 시작하기					
세부 단계	계획 분야	가능한 과제	실패한 과제	이끄는 팀	측정 시기와 방법
4. 마음과 생각을 사로잡을 비전 전달하기	*변화 비전에 대해 자주 말하기 *우려 사항과 불안 해결하기 *모든 것을 비전에 결부하기 *모범적인 말과 행동으로 이끌기	*모든 기회를 이용하여 변화에 대해 말하기 *문제를 제기할 수 있도록 규칙적으로 구조화된 연습하기 *주의 깊게 듣기. 교사들에게 피드백하기 *모든 결정과 활동은 비전과 연계하기 *말한 것을 실천하기			
5. 장애물 제거 및 행동 강화하기	*비전을 방해하는 장애물 제거하기 *위험을 감수하고 비전통적인 생각, 활동, 행동 장려하기 *기술 개발하기 *사리사욕보다 비전 선택하기 *비전을 훼손하는 구조와 시스템 변경하기	*학교 내 사람들을 확인하여 변화를 실행할 수 있는 담당자 임명하기 *전문성 개발 프로그램 개발하기 *변화를 추진하는 교사를 찾아내어 보상하기 *구조, 운영, 역할 내용이 비전과 일치하는지 확인하기 *비전, 가치, 행동, 책임과 일치하는 과정이 되도록 걸림돌 제거하기			
6. 단기간의 승리 창출하기	*비판하는 사람들의 지원이 필요하지 않은 확실한 점화 프로젝트 찾기	*절실하고 폭넓은 지지를 얻고 성공할 가능성이 큰 프로젝트 선택하기			

	*장단점을 가진 조기 목표 선택하기, 그다지 비용이 들지 않고 실패하지 않는 목표 찾기 *목표를 찾도록 도와준 교사를 인정하고 보상하기	*지속적으로 확신주기. 교사들을 양성하고, 승리를 축하해주고, 하는 일에 대해 충분한 정보 제공하기			

3단계: 변화를 실천하여 내재하기					
세부 단계	계획 분야	가능한 과제	실패한 과제	이끄는 팀	측정 시기와 방법
7. 의지 지속하기	*비전에 맞지 않는 모든 것을 바꾸기 위해 높은 신뢰성 이용하기 *변화 비전을 실행할 수 있는 사람을 임명하고 승진시키고 개발하기 *새로운 변화에 활력 불어넣기	*승리할 때마다, 잘한 점과 개선할 점 분석하기 *새로운 목표 세우기 *지속적으로 개선하기 *새로운 인물로 팀 바꾸기			
8. 이익 유지하기	*행동 변화를 위해 이해 관계자 의견과 성과 데이터 이용하기 *리더십 향상과 확장하기 *가치와 행동에 대한 의지 지속하기	*모든 변화 과정을 이야기하고 더 효과적인 성과를 낼 수 있는 구체적인 행동 인지하기 *직급 전반에 걸쳐 리더십 장려하기 *새로운 팀원을 임명하고 훈련시킬 때 변화아이디어와 가치 포함하기 *최초의 실행 팀원들을 공개적으로 알리기 *떠나는 핵심 담당자들에 대한 승계 계획 수립하기			

부록 2

변화 준비 상태 점검표

이 점검표는 관리자와 실행 팀이 회복적 실천을 실행하는 데 학교가 얼마나 준비가 되었는지 알아보기 위해 고안되었다. 먼저 준비 상태에서 더 광범위한 환경적인 요인을 살펴보고 1단계 변화 또는 2단계 변화를 결정하면 된다.

회복적 실천으로 달성하고자 하는 것

첫 번째 단계는 당신이 시작하는 것이 무엇인지 명확하게 하는 것이다. 학교에 이미 관계적인 문화가 있는지, 회복적 철학에 부합하고 저항은 적은지를 평가하려면 1부에서 개발한 종합 점검표를 이용하면 된다. 당신의 대답에서 차이가 적다면 회복적 실천 과정은 1단계 변화를 실행하면 된다. 차이가 상당하면 2단계 변화가 필요하다. 그리고 앞으

가치, 태도, 분위기	메모
□ 교사와 학생 모두에게 배움과 행동에 대한 태도가 확실히 긍정적이다. □ 어려운 순간을 실제로 가르칠 수 있는 순간으로 교육적 기회로 간주하고 있다. □ 학교 가치는 목표 행동 용어로 교사, 학생, 학부모 모두에게 명확하게 정의되어 있고, 이러한 행동은 모든 교사와 학부모들이 확실하게 가르치고 알려주고 모범이 되고 있다. □ 문제 행동은 학교 공동체의 가치에 반하는 관계 위반으로 간주된다. □ 학교에는 학생들을 보호하는 것을 목표로 하는 시스템을 가진 가르침과 행동에 대한 포괄적인 접근법이 있다. 학교가 힘들게 하는 학생을 포기하지 않으려 하고, 그들을 가능한 한 배제하지 않으려는 것을 의미하는 끈질긴 태도가 교사, 학부모, 학생들 사이에 있다. □ 학생들을 나쁘게 평가하지 않는다. 학교는 가족과 함께 학생들을 양육해야 하는 파트너의 역할을 알고 있다. 언제나 동등한 관계는 아니지만, 학교는 동참할 준비가 되어 있다. □ 학교는 물리적으로나 상징적으로나 지역 사회의 중심이 되고 있다. 강력하고 긍정적이고 협력적인 관계가 학교, 지역 경찰, 지방 자치단체, 지역 사업 단체와 지역 단체들 사이에 분명히 드러난다. □ 학생들과 그들 가족의 문제를 해결하기 위하여 공동체적 접근법이 있다. 이것은 학교가 물러나기보다 오히려 포용하는 공통의 책임이자 도전으로 여기고 있다. □ 긍정적이고 견고한 관계가 학습, 교육적 실천, 복지, 소속감, 연결성의 핵심이라는 개념을 인식하고 전념하고 있다. 모든 결정, 구조, 정책, 절차는 이러한 이해를 반영하고 있다. □ 학교 내 갈등, 비행, 주요 사건의 여파로 관계 회복의 필요성을 이해하고 있다. 처벌해야 하는 규칙 위반보다 회복해야 하는 피해에 중점을 두고 문제를 해결하려는 회복적 실천을 반영하고 있다. □ 문제 해결에 대한 학교의 가치와 회복적 실천의 가치가 잘 연결되어 있다. 리더십은 가치 중심적이고 혁신적이며 관리자들은 말한 대로 실행하고 필요한 변화에 모델이 되고 있다. □ 학교는 스스로를 학습 기관이라 여기고, 지속적인 발전을 위해 헌신하고 있다. 데이터는 문제를 해결하기 위해 사용되며, 실제 상황을 정기적으로 조사하고 있다. □ 학생과 교사들이 다정하게 인사하며 존경으로 맞이하기 때문에 방문객은 환영받는다고 느끼고 있다. 학교와 더 넓은 지역사회의 구성원 간에 확실히 높은 수준의 신뢰도가 있다. □ 학교는 친절하고 평화롭고 우호적이다. 학교는 긍정적인 측면, 공정한 절차의 사용, 학업의 우수성, 지역사회에 변화를 가져온 사실로 명성이 높다. 입학률이 떨어지기보다 올라가고 있고, 주차장과 슈퍼마켓에서의 대화에서 학부모들은 학교에 대한 이야기를 긍정적으로 하고 있다. □ 모든 사람은 학교 공동체가 절대로 고정적이지 않다는 것과 학교 구성원들이 계속해서 바뀌고 있다는 것과 한 집단의 학생들에게 효과가 있는 것이 다음 학년에는 그렇지 않을 수 있다는 것을 이해하고 있다. 학교는 적극적이고 미래 지향적이며 변화를 기꺼이 받아들이고 있다. □ 교사, 학생, 학부모와 학교 공동체에 종사하는 모든 사람 간에, 위에서 아래로, 아래에서 위로 효과적인 대화를 명확하게 하고 있다.	

교육과정과 교수학습 간의 연결	메모
□ 주요 계획, 필수 시스템, 교육학과 핵심 역량 간의 명확한 연계가 추가 기능이나 별도의 계획이 아니라 회복적 실천을 통해 이루어지고 있다. 회복적 접근은 최상의 실천 모형으로 학교 공동체 내에서 교수 학습이라는 핵심 업무를 최대한 향상시키는 것으로 간주되고 있다. □ 관계 기술 개발의 일환으로, 교사들이 기본적으로 효과적이고 혁신적인 학급 관리와 교육학에 숙련되어 있다. □ 교사와 학생 사이뿐 아니라 학생들 간의 양질의 관계가 안전과 소속감을 느끼는 최상의 학습 환경에 필요하다고 인지하면서 주의를 기울이고 있다. □ 학교는 학생과 교사 모두에게 흥미와 즐거움을 최대한 활용할 수 있는 감성을 자극하는 환경이다. 장애물은 적절하게 다루어지고 있다. □ 학생의 행동은 교육과정 밖에서 관리되는 별도의 문제로 간주하지 않는다. 사회정서적 역량, 자기 조절, 학급 분위기에 대한 학급 전체의 책임감을 개발하기 위해 정기적으로 학급회의가 개최되고 있다. □ 교실에서 문제 행동이 발생할 때 교육적 돌봄(예, 담임교사, 교장, 학부모, 관련 기관장)과 교육과정 역할 사이에서 효과적인 의사소통과 협력이 있다. □ 신입 교사와 학생에 대한 안내는 진지하고 적절하게 제공되고 있고, 문제 해결에는 비난하지 않는 긍정적인 접근 방식에 중점을 두고 있다. □ 학생들의 이동은 잘 관리되어 있다. 학교 간, 학교 내 학년 간, 하위 학교 간, 과목을 바꿀 수 있어 강한 유대감이나 폐쇄성이 결과로 나타난다. □ 사례관리 접근법은 특정 학생 주변의 문제를 해결하기 위해 취해지며, 징후 행동뿐 아니라 보이지 않은 사안까지 다뤄지고 있다. 학교는 학생과 가족 문제를 지원할 수 있는 기관들과 잘 연계되어 있다. □ 관계 능력은 학교의 평가, 선정과 모집 과정에 포함되어 있다.	

회복적/관계적 실천	메모
□ 강력한 관계에 초점을 둔 회복적 실천이라고 간주되는 몇 가지 실천이 이미 존재하고 있다. □ 심각한 상황에서 사소한 상황까지 즉시 적용할 수 있는 잘 개발된 회복적 실천 연속체가 있다. □ 학교 전체에 관계적 철학과 일관성 있는 실천 방법을 적용하는 통합적 학교 접근법이 있으며 모든 교사가 시스템을 제대로 신뢰하고 있다. □ 회복적 실천은 다음과 같은 방법으로 부적절한 행동과 사건으로 인한 피해를 해결하고 있다: 　□ 적시에 갈등과 분쟁을 다루고 있다. 　□ 잘못을 했을 때 피해를 보상하고 있다. 　□ 관련된 모든 문제를 해결하고 있다. 　□ 발생하는 일에 가장 적합한 해결책을 찾기 위해 관련된 사람들과 협력하고 있다. 　□ 문제 해결에는 많은 방법이 있다는 사실을 이해하면서 다양한 해결책을 가지고 있다. 　□ 피해 회복에 중점을 두고 있다. 　□ 더 일어날 피해를 예방하는 데 필요한 것을 찾고 있다. □ 사회 정서적 능력과 긍정적인 행동을 개발하는 데 에너지를 사용하여, 학생들이 문제 해결에 효과적으로 관여할 수 있는 역량이 있다.	

- □ 회복적 실천과 담당자들은 모두 성찰적이다. 학교는 최상의 사례를 개발하는 데 전념하고 있다. 긍정적인 통제와 지원이 결합하여 교사들은 전문가로서 실천에 대한 책임을 지고 있다.
- □ 교장, 교감, 부장들은 이 접근법에 모범이 되고 있다.
- □ 학생들은 문제 해결에 회복적 접근법을 배워서 능동적으로 효과적으로 사용하고 있다. 그 결과 학교와 가정에서 자신의 문제를 해결하기 위해 이러한 접근법을 사용하고 있다는 증거가 있다. 학부모들은 문제가 있을 때 회복적 과정을 요청하고 있다.
- □ 회복적 실천은 학교 공동체 내의 특정 환경에 맞게 조정되고 있다.(유치원, 초등학교, 중학교, 고등학교, 대학교, 특수학교, 대안학교 환경)
- □ 교사의 갈등은 학생들에게서 원하는 것을 교사들이 모델링할 필요성을 명확하게 이해하면서 회복적 접근법으로 받아들이고 조치가 취해지고 있다. 교사에게 일어나 문제에 대해서도 동일한 접근법을 적용하고 있다. 학교가 그러한 문제를 다룰 기술이 충분하지 않으면 외부의 도움을 요청할 준비가 되어 있다.
- □ 철학, 정책, 실천의 조화가 있다. 행동 관리 정책은 관계적 정책, 돌봄과 책임 정책, 존경의 정책 같은 긍정적인 관점으로 구성되어 있다.
- □ 학생들, 그들의 가족, 교사들의 문제에 대한 대화가 비난에서 실제에서 입증된 유연한 문제 해결, 언어 및 행동으로 바뀌어져 있다.
- □ 학교 공동체 내에서 교사들의 목소리뿐 아니라 모든 사람의 목소리를 중요하게 여기고 있다. 많이 듣고 적게 말하고 있다.
- □ 학교는 학급과 운동장의 규칙, 한계, 경계의 관점에서 허용할 것과 아닌 것에 대해 매우 명확하다. 학생은 학교와 교사들을 확고하고 공정하며 유연하게 경험하며 규칙은 학생과 교사 모두에게 의미가 있다. 경계는 필요에 따라 만들기도 하고 없애기도 한다.
- □ 담임교사의 개입과 책임감을 높이기 위해 행동 및 학습 문제를 관리하는 담당자의 역할을 재정립하여, 문제 학생과 연 관있는 사람이 문제를 해결하고 대인관계를 회복하는 데 중심이 된다. 담당부장은 관계 접근법으로 문제를 해결하고, 업무 분장에도 명시되어 있다.
- □ 무관용 입장을 표명하는데, 이것은 학생이 한 행동에 근거하여 학생을 배제하기보다 '우리 학교에서는 이러한 행동을 받아들이지 않는다'는 관점이다. 하나의 사건이 더 큰 문제를 촉발하기에 학교는 가능하면 이 문제를 해결하기 위해 관련된 사람들과 협력할 준비가 되어 있다.
- □ 교사의 전문성 개발을 가장 우선순위로 하고 있다. 전문성 개발에는 반드시 해야 하는 새로운 교육과정과 시스템을 반영할 뿐만 아니라 관계를 가장 중심에 두고 있으며 이 두 가지의 경쟁적인 압력 간에는 균형이 있다.
- □ 교사 간에 협력적이고 전문적인 관계가 개발되고 있다. 그리고 대화에는 문제 행동을 학생들과 그들 가족의 사고 결핍과 병적인 측면으로 간주하기보다 '문제가 문제이다'로 드러내고 있다. 해결 중심의 언어를 사용하고 비난하는 말은 피하고 있다.
- □ 상급생들은 학교에서 문제가 발생하여 자신들의 도움이 요구되면 바로 교사들을 지원하고, 하급생들의 경미하고 가벼운 문제를 분류하는 데 숙련되어 있다. 그렇다고 학생들이 교사의 할 일을 하지 않는다.
- □ 후속 조치, 데이터 수집 및 분석에 집중하고 있다. 학교 개선에 목표를 둔 문제 해결과 학습, 행동 및 실천에서의 문제를 해결하는 데 데이터 기반 접근을 하고 있다.
- □ 성과 문제의 경우 더 심각한 제재가 필요하기 전에는 관계적 접근법을 최우선으로 선택하고 있어 문제들이 악화되거나 확대되지 않는다.

로의 상황에 명확하게 답변해야 할 몇 가지 심각한 질문도 있다.

동료 또는 관심 있는 사람들과 함께 다음 점검표를 작성하면 된다. 점검표를 완료하면 추가 질문이 있다.

회복적 실천의 실행과 관련한 1단계 변화에 대한 우리의 견해는, 환경이 변화에 도움이 될 때 지속 가능한 실천으로 성공할 수 있다는 점이다. 이를 위해서는 가치 중심의 강력한 관계가 강조되어야 하고 회복적 실천의 실행은 본질적으로 관계적인 학교 비전에 부합해야 한다.

점검표에 대한 대답에 차이가 크다면, 다소 복잡한 변화 관리가 필요한 2단계 변화가 더 나은 대안일 수 있다. 학교는 실제로 현재 일어나고 있는 일과는 달리 중요하고 근본적으로 다른 일을 해야 한다. 변화 과정은 돌이킬 수 없어서 일단 시작하면 되돌아오는 것은 어렵다.

2단계 변화를 시작할 때 고려해야 할 사항은 다음과 같다.

- 변화가 필요하다는 데 동의하는가?
- 변화에 대하여 학교, 운영위원회, 교육청, 교육부로부터 권한이 주어졌는가?
- 얼마나 절박하게 필요한가?
- 현재 학교에서 일어나고 있는 일을 점검했는가?
- 학교가 정서적으로 건강한가? 아니면 교사의 잦은 전출입으로 감정적으로 과부하 환경인가? 아니면 학교 문화 때문에 출석률이 낮은가?
- 변화를 가져올 재정적 및 인적 자원이 있는가?
- 변화 과정을 지원할 수 있는 부장들이 적어도 75%가 되는가?

- 관리자가 교수학습과 학생 개발에 대한 연구를 많이 아는가?
- 의사 결정권자들은 공식적이고 비공식적 리더십을 지원하고 변화에 영향을 미치는 각각의 중요한 역할에 헌신하고 있는가?
- 실행 팀이 있는가? 적어도 시작이라도 할 수 있는가?
- 학교의 가치가 어느 정도까지 알려져 있고 실천하고 있는가?
- 지역에서 다른 학교와의 관계는 어떠한가? 관계가 있는가?
- 변화의 장벽과 장애물을 무엇이라고 보는가?

이 시점에서 당신의 노력을 더 큰 규모의 변화에 대한 지원을 구축하기 위해 소규모 변화로 회복적 실천을 시도하는 것에 중점을 둘 것인지, 전력을 다해 2단계 변화를 시도할 것인지를 분명하게 해야 한다. 당신의 평가가 어떠하든, 3부에 변화 과정을 효과적으로 관리하기 위한 세부적인 단계를 안내하고 있다. 더 고려할 내용은 다음과 같다.

- 새로운 실천을 빨리 선택할 조기 수용자가 충분히 있는가?
- 실천을 공유하는 교사들이 있는가?
- 학생과 가족의 문화에서 비난은 어느 정도까지인가?
- 두뇌 발달과 기능에 관한 최신의 연구를 교사들이 어느 정도 알고 있는가?
- 교사들이 학생들이 가지고 있는 행동 변화 능력을 믿는가?
- 관리자들과 교사들의 사회 정서적 역량은 무엇인가? 그들은 얼마나 관계적인가?
- 교사 간에 해결되지 않은 갈등이 있는가?

- 효과적인 가족 개입과 참여는 어느 정도인가? 학부모가 학교에 기꺼이 오는가?
- 장기적인 빈곤이 사람들과 그들의 가치에 어떤 영향을 미치는지 알고 있는가? (학교가 낮은 사회 경제적 지역에 있다면)

부록 3

검사 도구

(리치먼드 역장 분석 절차 2009)

SWOT 분석

SWOT 분석은 역장 분석과 유사하고, 전략적인 계획 과정의 일부가 되는 도구이며. 성취할 목적에 포함되는 강점, 약점, 기회, 위협을 평가하려는 방법이다. 이것은 이해와 토론을 발달시키는 브레인스토밍 절차로 시작하여 3~5년의 접근 방식을 통해 의사 결정과 조정을 이끌어내는 과정이다.

SWOT 분석은 원래 1960년대와 1970년대에 실패한 많은 사업계획 때문에 개발되었다. 스탠퍼드 연구소에서 개발한 자료를 보면, 이런 일이 일어난 이유는 한 팀의 사람들이 장기간에 걸쳐 포괄적인 일련의 행동에 동의하고, 감당하고, 헌신하기가 어렵기 때문이라고 한다. 당신의 상황을 생각해보면 이해가 될 것이다. 바쁘고 마쳐야 하는 일을 생각 중인데 '3년 후에 학교가 어떻게 보이고, 느껴질까?' 하는 문제에는 정확하고 확실하게 집중되지 않을 것이다. 장기간 계획은 완전한 사고방식 변화와 그 변화에 대한 헌신이 요구되기 때문이다.

따라서 브레인스토밍 과정을 거친 SWOT 분석은 능동적 사고를 가능하게 하는데 보통 4면의 다이어그램으로 구성되어 있고, 일반적으로 오른쪽의 표처럼 4개의 영역 각각에 있는 질문에 답을 하면 된다. 또한 다음 사이트를 이용해도 된다. www.mindtools.com/pages/article/worksheets/SWOT Analysis Worksheet.pdf.

당신은 또한 전반적으로 강점과 약점이 기회와 위협보다 훨씬 더 크다는 것을 알게 될 것이다. 그러나 장기적인 성과 달성을 계획할 때 기회와 위협을 고려하는 것은 여전히 중요하다.

인터넷에서 이용 가능한 자료들은 다음에 있다.

SWOT Analysis(Wikipedia), http://businessballs.com

SOAR 분석

SOAR 분석은 4면의 질문 세트의 SWOT 분석(스타브로스와 하인릭 2009)과 유사하고, 강점에 기초한 전략으로 약점과 위협보다 오히려 포부와 결과에 대한 긍정적인 평가 질문에 초점이 있다. 다양한 이해 관계자들은 공동의 포부, 목표, 전략 및 결과 달성에 대한 헌신을 창출하기 위해 학교의 강점과 기회를 발견하려고 노력한다. 이 집단은 학생, 학부모, 교사, 운영위원회보다 더 큰 집단으로 다른 학교뿐 아니라 학교 및 지역 사업의 봉사자들과 같은 폭넓은 공동체도 포함하고 있다.

강점 **목적을 성취하는 데 가지고 있는 자질**	약점 **목적을 성취하는 데 피해가 되는 자질**
* 당신은 무엇을 잘하는가? * 어떤 특정 자원을 이용할 수 있는가? * 다른 사람들이 생각하는 당신의 장점은 무엇인가? * 예시: *회복적 실천 과정의 장점 *회복적 실천을 성취할 능력 *회복적 실천으로 학부모, 학생, 교사에게 호소 *강력한 자원과 사람 *회복적 실천을 지원하는 경험, 지식, 데이터 *예상 수익률 같은 재정적 예비비 *혁신적인 측면 *학교의 질과 문화 *회복적 실천을 지원하는 절차와 시스템 *강점이 되는 태도와 행동 *경영 지원	* 당신은 무엇을 향상시킬 수 있는가? * 다른 사람보다 더 적게 가진 자원은 무엇인가? * 다른 사람들이 당신의 약점으로 여기는 것은 무엇인가? * 예시: *회복적 실천 과정의 단점 *능력 부족 *학부모, 학생, 교사에게 호소할 수 없음 *부족한 자원과 사람 *회복적 실천을 지원하지 못하는 경험 또는 지식 *변화를 지원할 수 있는 재정 부족 *핵심 교육활동에 미치는 영향 또는 방해물 *변화할 필요가 있는 절차와 시스템 *부족한 헌신 *관리자의 리더십 부족
기회 **목적을 성취하는 데 도움이 되는 외적 환경**	위협 **목적을 성취하는 데 피해를 주는 외적 환경**
* 당신에게 어떤 기회가 있는가? * 어떤 추세를 이용할 수 있는가? * 강점을 기회로 어떻게 바꿀 수 있는가? * 예시: *회복적 실천에 대한 국제적인 연구결과 *정보와 연구 *회복적 실천을 하는 학교들과 협력 관계 *새로운 접근에 대한 학생과 학부모들의 반응 *학교가 추진하는 최근 경향	* 어떤 추세가 당신에게 피해를 줄 수 있는가? * 다른 학교들이 경쟁하고 있는 것은 무엇인가? * 당신의 약점을 드러내는 위협은 무엇인가? * 예시: *법적 문제 *핵심활동 방해 *모순된 생각 *직면한 장애물 *극복할 수 없는 약점 *상위 권력 또는 다른 학교의 공격

대화는 조직이 무엇을 잘하고 있는지, 어떤 기술을 향상시킬 수 있는지 그리고 조직의 성공에 이해관계가 있는 사람들에게 주목할 만한 것에 초점을 맞춘다(스타브로스와 하인릭 2009). 대화에서는 긍정적인 면을

강조하지만, 약점과 위협을 간과하지 않으면서 기회와 결과에 대해서도 언급한다. 학교의 성공에 영향을 줄 수 있는 모든 이해 관계자를 구별하여 그들을 브레인스토밍 과정에 포함시키거나, 최소한 그들의 대표라도 포함시키는 것이 중요하다.

SOAR 분석 과정은 참가자들의 참여를 촉진하고 생각을 안전하게 표현할 수 있는 소집단을 위해 처음 시작되었다. 이러한 대화의 결과는 공통의 이해를 구축하기 위해 더 큰 집단으로 다시 피드백되고, 학

강점 **기반으로 할 수 있는 것은 무엇인가?**	기회 **이해 관계자들이 요구하는 것은 무엇인가?**
* 우리가 자랑할 만한 것은 무엇인가? 이것이 가장 큰 강점에 어떻게 반영되는가? * 우리를 독특하게 만드는 것은 무엇인가? 우리가 가장 잘할 수 있는 것은 무엇인가? 우리는 세계적 수준의 일을 벌써 하고 있는가? * 지난해 또는 2년 동안 가장 자랑스러운 업적은 무엇인가? * 결과를 얻기 위해 강점을 어떻게 활용하는가? * 우리의 강점이 현재의 현실과 시스템의 요구 및 다른 학교와의 경쟁에서 어떻게 부합하는가?	* 외부의 힘과 추세에 의해 제공되는 기회는 무엇인가? * 우리가 노력해야 하는 상위 세 가지 기회는 무엇인가? * 이해 관계자들의 요구를 어떻게 가장 잘 충족시킬 수 있는가? * 우리에게 가능성 있는 새로운 학생, 학부모, 교사는 누구인가? * 경쟁자와 어떻게 차별화할 수 있는가? 누가 우리의 새로운 시장이고, 무엇을 제공할 수 있는가? * 기회를 도전으로 어떻게 재구성할 수 있는가? 도전은 무엇인가? * 더 나아가는 데 필요한 새로운 기술은 무엇인가?
포부 **깊이 생각하는 것은 무엇인가?**	결과 **성공하고 있다고 어떻게 알 수 있는가?**
* 우리가 가치를 탐구할 때, 무엇에 포부를 두는가? * 우리를 강점과 기회에 비추어 볼 때, 우리는 누구인가? 우리는 어떻게 되어야 하는가? 우리는 어디로 가야 하는가? * 우리의 가장 강렬한 포부는 무엇인가? * 우리의 포부를 지원하는 전략적 사업은 무엇인가?	* 우리의 강점, 기회, 포부를 고려하면서, 우리의 목표가 순조롭게 되고 있다는 것을 알기 위해 어떤 척도가 적절한가? * 우리가 진행 중인 3~5개 지표(교사, 학생, 학부모 만족도)는 무엇인가? * 가장 중요한 시책을 실행하는 데 필요한 자원은 무엇인가? * 목표 달성을 한 사람들에게 가장 좋은 보상물은 무엇인가?

교의 모든 영역에 적용될 수 있으며, 가상 연결을 통한 사람들까지 포함하여 참여자들을 모두 끌어들일 수 있다.

SOAR 분석에 대해 더 많이 알고 싶으면 다음 사이트를 추천한다.

www.soar-strategy.com

FFA 분석

역장 분석은 1943년에 쿠르트 레빈이 처음 개발했고, 특별한 회복적 실천을 실행하는 것(예, 타임아웃 실로 보내는 것)과 마찬가지로 특별한 결과를 얻으려는 집단의 사람들과 작업할 때, 문제 해결을 용이하게 하는 과정으로 사용된다. 3가지 중요한 요소는 다음과 같다.

1. 목표
2. 촉진하는 힘
3. 방해하는 힘

이 과정은 2개의 부분, 즉 목표를 확인할 수 있는 A 부분과 촉진하는 힘과 방해하는 힘을 나타내는 B 부분으로 구성되어 있다.

A: 당신이 다루고 있는 것과 성취하고자 하는 것 구별하기

목표

목표는 단기, 중기, 장기 계획으로 회복적 철학이 내포된 회복적 실천의 용어로 설정하고, 현실적인 결과를 도출하고 측정하는 데 사용할 수 있는 이용 가능한 데이터를 사용하여 최적화해야 한다. 결과가 어떠하든 명확하게 정의되어야 한다.

예를 들면,

- 현재 타임아웃 실로 보내는 횟수를 절반으로 줄이기. 단기간에 완전히 없애기보다 절반으로 줄이기
- 교사들의 서클 타임 사용이 학기 말까지 9명 중 75% 사용하기. 목표에 대한 공감대 형성은 역장 분석 과정에서 중요한 첫걸음이 된다.

B: 촉진하는 힘과 방해하는 힘 구별하기

촉진하는 힘과 방해하는 힘을 구별하는 과정이 감사 과정의 일부가 되어야 한다. 감사 과정은 잘 되고 있는 것과 활용할 수 있는 미개발된 잠재력을 검증할 것이다. 방해하는 힘을 확인하는 것이 또한 중요하다. 그래야 목표 달성의 가능성을 감소시키는 힘을 줄이거나 없앨 수 있는 문제 해결 방법이 될 수 있다.

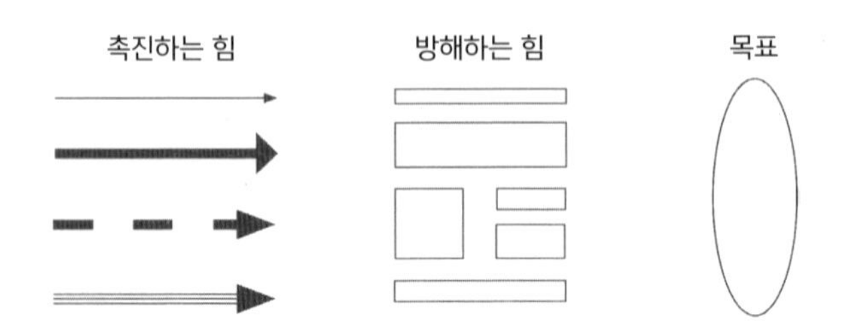

촉진하는 힘

위의 그림에서 촉진하는 힘은 다양한 넓이를 가진 화살표로 표현된다. 넓이의 차이는 각각의 힘에서 상대적인 장점을 나타내는데, 어떤 화살표는 다른 것에 비해 목표 성취에 더 많은 영향을 미치는 힘을 가지고 있다. 촉진하는 힘은 담당자들이 강화되어야 할 것을 생각하는데 도움이 될 것이며, 이미 효과가 있는 것을 활용하는 방식으로 이미 존재하는 것을 구축하는 방법에 대한 아이디어를 얻기 위해 이해 관계자들과 협의하는 데 사용될 수 있다.

예를 들면,

- 학교에는 이미 강력한 관계적인 접근법이 있고, 지역사회와 존중에 대한 강한 가치가 있어서 회복적 실천을 수행하는 것이 그리 큰일이 아니다.
- 관리자는 이미 동참하고 있어 자원 확보에 대한 제안을 기꺼이 수용할 것이다.

방해하는 힘

역장 분석 과정에서 방해하는 힘은 3가지로 구분되는데, 주어진 것, 축소 가능한 것, 제거 가능한 것이다.

1. 주어진 것은 사회 경제적 지위처럼 학교의 지리적 위치 때문에 바뀔 수 없는 것들이다.
2. 축소 가능한 것은 신중하고 창의적인 계획으로 축소될 수 있는 차

단제들이다. 예를 들어, 점심시간이 길어 학생들의 비행이 늘어났다면 개선할 수 있다. 오전에 쉬는 시간을 좀 늘리고 점심시간을 단축하여 학생들을 참여시키기 위해 고안된 흥미로운 활동들이 소개되고 몇몇 문제들을 파악할 수 있다. 데이터와 문제를 교사들과 상의하면 창의적인 해결책을 얻을 수 있다.

3. 제거 가능한 것은 다음 예시와 같이 완전히 제거할 수 있는 차단제들이다.

* 담임교사를 위해 방과 후 남기기 감독을 교장이나 학년 부장이 과도하게 하는 부분이 문제가 되고 차단제로 확인되면 정책이 변경되어 실천이 중단될 수 있다. 만약 담임교사가 방과 후 남기기를 원한다면, 그렇게 할 수도 있지만, 스스로 감독해야 한다. 담임교사는 더 이상 다른 사람들에게 자기 일을 해달라고 부탁할 수 없다. 이것은 교장의 부담을 덜어 주면서 더 심각한 복지 문제에 집중하도록 할 것이다.

* 다른 예는 학부모들이 저녁에 열리는 교사 면담 같은 학교 활동에 참여하는 것을 꺼릴 수 있다. 교사와 학생이 함께하는 창의적인 활동으로 학부모와 학교 공동체 간의 참여를 크게 향상시킬 수 있다.

관리자와 실행 팀의 노력은 차단제의 벽을 약하게 하고 촉진하는 힘을 긍정적으로 증가시키는 활동이다. 역장 분석 과정을 좀 더 알고 싶으면 다음 사이트를 참고하면 된다. www.mintools.com/pages/article/newTED_06.htm

부록 4

방과 후 남기기 표본 조사

코리건(2009) 자료 인용

이것은 방과 후 남기기라는 특정 프로토콜이 교사들이 믿고 있는 결과를 제공하는지를 확인하기 위해 개발된 간단한 표본 검사 도구이다. 유사한 프로토콜을 통해 다른 프로토콜 검사를 개발할 수 있으며 간단한 온라인 검사를 이용하여 대조 응답을 매우 간단하게 제시할 수 있다. 아울러 방과 후 남기기를 경험한 학생들의 학부모를 조사하는 것도 유용하다.

학생 설문조사

작년에 1회 이상 방과 후에 남은 학생에게 이 설문조사를 실시해야 한다. 학교는 방과 후 남기기가 학교와 학생들에게 얼마나 큰 효과가 있는지와 학생들의 생각에 관심이 있기 때문이다.

일부 학생은 문장을 읽고 이해하는 데 도움이 필요할 것이다. 상급생이나 교사들이 도움을 주되 특정 대답으로 유도하지 말아야 한다. 방과 후 남기기에 대한 학생 설문조사 결과는 분석될 것이다. 학생들에게 공지할 것은 다음과 같다.

옳고 그른 답은 없으므로 생각 그대로 답하면 됩니다. 질문을 읽고 생각하여 정직하게 답을 하고 이름은 쓰지 않아도 됩니다. 우리는 학생들이 방과 후 남기기에 대해 정말로 생각하는 것을 알고 싶습니다. 그리고 결과를 분석한 후에 피드백을 줄 것입니다.

교사 설문조사

이 설문조사를 사용하여 방과 후 남기기 시스템이 희망적인 결과를 제공하고 있다고 믿는지에 대한 교사들의 의견을 수렴할 수 있다. 이 설문조사는 교직원 회의에서 실시하거나 온라인으로 할 수 있다. 결과는 학생들의 설문조사와 같이 다음기회에 피드백 될 것이다. 무기명으로 한다.

이해 관계자들에게 피드백

교사와 학생이 방과 후 남기기 프로토콜의 목적과 결과에 관해서 동일한 견해를 공유하는지 보기 위해 두 가지 결과 세트를 비교해야 한다. 두 가지 결과 세트는 교사와 학생에게 피드백하면서, 이러한 결과의 의의와 의미에 대하여 충분한 시간을 들여 토론할 수 있다. 결과지는 무엇이 효과적인지 그렇지 않은지를 분석하는 데 도움이 될 것이다. 교사들이 소집단으로 둥글게 앉아 토론을 시도해보면 모든 사람의 목소리를 들을 수 있다. 우리 학교에 방과 후 남기기가 정착되었는가? 그렇다면 회복적 철학에 따라 어떻게 개선할 수 있느냐는 질문이 나올 수 있다.

교사용 방과 후 남기기 설문조사

네모 칸에 표시	적극 찬성	찬성	반대	적극 반대
1. 방과 후 남기기는 내가 나쁜 행동을 심각하게 받아들인다고 학생에게 알려 주는 것이다.				
2. 방과 후 남기기는 학생들이 자신의 나쁜 행동에 대해 생각하도록 돕는다.				
3. 방과 후 남기기는 학생들이 자신의 행동을 개선하는 데 도움이 된다.				
4. 학생들은 내가 시키는 모든 방과 후 남기기를 당연히 받아야 한다.				
5. 학생들은 자신들이 방과 후 남기기를 받아야 한다면 개의치 않고 받아들인다.				
6. 학생들은 할 수 있는 한 방과 후 남기기를 빠지려고 한다.				
7. 방과 후 남기기는 교사가 책임지고 있다는 사실을 학생에게 알려 주는 것이다.				
8. 일부 교사는 방과 후 남기기를 많이 실시하고 일부는 거의 하지 않는다.				
9. 학생이 방과 후 남기기를 완수하면, 나와 학생 사이의 나쁜 감정은 없어진다.				

10. 방과 후 남기기를 많이 실시한 교사에게 학생들은 더 잘 한다.				
11. 방과 후 남기기는 학교를 안전하게 만드는 좋은 방법이다.				
12. 학습을 위한 더 나은 행동을 개발하기 위한 개입으로서 방과 후 남기기의 효과를 향상시킬 수 있는 어떤 제안이 있는가?				

학생용 방과 후 남기기 설문조사

네모 칸에 표시	적극 찬성	찬성	반대	적극 반대
1. 방과 후 남기기는 학교가 나쁜 행동을 심각하게 받아들인다는 것을 나에게 알려 주는 것이다.				
2. 방과 후 남기기는 내가 저지른 나쁜 일에 대하여 생각하도록 돕는다.				
3. 방과 후 남기기는 나의 행동을 개선하는 데 도움이 된다.				
4. 내가 받은 대부분의 방과 후 남기기는 받을 이유가 없는 거다.				
5. 만약 방과 후 남기기를 받아야 한다면 기꺼이 받는다.				
6. 나는 할 수 있는 한 방과 후 남기기를 빠진다.				
7. 방과 후 남기기는 선생님이 책임지고 있다는 사실을 나에게 알려 준다.				
8. 어떤 선생님은 방과 후 남기기를 많이 실시하고 일부는 거의 하지 않는다.				
9. 방과 후 남기기를 완수하면, 나와 선생님 사이의 나쁜 감정은 없어진다.				
10. 나는 방과 후 남기기를 많이 준 선생님에게 더 잘한다.				
11. 방과 후 남기기는 학교를 안전하게 만드는 좋은 방법이다.				
12. 방과 후 남기기 시스템의 효과를 향상시키기 위해 할 수 있는 일이 무엇이라고 생각하는가?				

부록 5

전략 계획 템플릿

다음 템플릿은 당신 팀이 학교 공동체를 아우르는 회복적 실천을 하려고 1~3년의 실행 계획을 세울 때 도움이 되는 간단한 모형이다. 이것은 변화 절차에서 '3단계. 미래를 위한 비전 창출하기'의 일부로써, 팀 활동에 관한 것이다.

우리는 광범위한 목표가 포함된 4가지 핵심 결과 영역을 만들었다.

- 시스템
- 배움과 성장
- 자원
- 정책

SWOT 분석, SOAR 분석, 역장 분석(부록 3)을 사용한 감사의 결과는 광범위한 계획 영역이 다르다는 것과 완전히 적합하다는 것을 의미할 것이다. 한 페이지에 각각의 영역을 만들어서 평가할 수 있다.

각 페이지 첫 줄에는 연도, 비전문과 달성해야 할 것을 끊임없이 상기시켜주는 비전의 바탕이 되는 핵심가치(존경, 책임, 관계와 같은 3~5개 정도)를 기록하고, 세로 단마다 가능한 프로젝트, 성공을 측정하는 방법, 일정 및 담당자에 대한 내용을 기록하면 된다.

핵심 결과 영역들은 이어지는 부록 6에 상세히 나와 있다.

전략 계획(1~3년), 20_____

비전문:

가치(3~5개):

핵심 결과 영역	목표	프로젝트	측정	완료일	담당자
시스템	역할, 책임, 책무에 대한 새로운 내용이 포함된 회복적 실천 철학이 반영된 적합한 시스템 개발				
학습 및 성장	교사들의 행동이 회복적 실천을 뒷받침하는 학교 가치와 부합되도록 하기 위해 그들에게 필요한 발전의 정의와 개요				
자원	관리자와 운영위원회가 비전을 달성할 수 있도록 예산 계획을 조정하도록 보장				
정책	회복적 철학, 학습, 우수 실천에 부합하는 정책으로 조정 및 수정				

부록 6

핵심 계획 영역

다음의 핵심 영역은 학교가 스스로 발견한 활동을 기반으로 한 제안이다. SWOT 분석 또는 SOAR 분석 절차는 똑같이 신중한 계획이 필요한 다른 핵심 영역을 잘 보여 줄 것이다.

- 시스템
- 자원
- 배움과 성장(전문성 개발)
- 정책

1. 시스템

대체로 시스템의 주된 목적은 회복적 실천의 비전을 검토하고 시스템을 회복적 실천 비전에 부합하도록 적용하는 것이다. 먼저 학교에서 일반적으로 시행하고 있는 징계 시스템을 보면 다음과 같다.

- 정학, 퇴학
- 학급 관리 전략
- 방과 후 남기기
- 수업 배제
- 징계 절차
- 지역사회 봉사
- 학교가 이미 사용 중인 회복적 조치를 포함한 다른 프로토콜
- 훈계

학교가 모든 것에 관계 중심적 접근 방식을 채택하고 있다면, 검토 과정에서 모든 프로토콜과 절차에 대해 질문해야 한다. 원하는 결과를 얻었는지(결과가 무엇인지), 그 접근 방식이 학교의 비전에 어느 정도까지 부합하고, 피해 회복은 어디까지 하고, 어느 정도까지 관계를 구축하거나 유지하는가를 질문해야 한다.

실시하고 있는 시스템 및 프로토콜과 관련된 모든 주요 이해 관계자와의 협의가 필요하다. 예로, 방과 후 남기기 시스템(부록 4, 표본 조사)은 주 대상자가 될 수 있는 학생들에게 알아보는 것이 당연하다. 방과 후 남기기가 학생들에게 적합한지를 교사에게만 물어보는 것은 좋지 않다. 학생들을 질문 과정에서 배제해서는 안 된다. 학부모도 마찬가지이다.

검토 과정에 참여하는 사람들은 학교의 다른 시스템이 실행에 긍정적이거나 도움이 되지 않는 영향력을 가지고 있다 해도 놀라지 않을 것이다. 우리는 그러한 검토를 통해 등록, 교육, 선발 및 채용, 인적 자원, 기타 등등의 다른 시스템과 프로토콜을 채택하게 된다.

관리자와 교사는 검토에서 확인한 내용과 제안 사항에 대한 피드백을 받는 것이 중요하고, 이후에 개발될 수 있는 모든 것은 초안 양식이어야 한다. 우리는 이해 관계자들을 다시 만나기 전에, 새로운 방법을 시도하기 위한 제한된 실험 기간(예, 한 학기)을 제안한다.

2. 배움과 성장(전문성 개발)

일부 교사는 언제나 회복적 철학에 부합하는 가치와 행동을 가지고 있다. 그렇지만 모든 교사, 행정직원, 관리자가 새로운 시스템 프로토콜에 신속하게 적응하도록 하고, 지속적이고 종합적인 계획으로 시스템을 효과적으로 사용하도록 해야 한다. 실험에 참여하는 교사와 그 외 사람들은 기본적인 회복적 실천 교육을 우선으로 받아야 한다. 새로운 접근법을 전달할 때는 학생 수를 기억해야 한다. 학생들이 새로운 접근법의 규칙, 즉 성취하려는 것의 목적과 이유를 이해한다면 도움이 될 것이다. 다른 말로 하면, 당신이 먼저 가르칠 준비가 되어 있지 않은 것을 기대하지 말아야 한다.

다양한 회복적 기술이 회복적 실천 연속체의 전반에 걸쳐 있는 사건과 문제 행동을 다루기 위해서 필요하다. 다음은 회복적 학교 공동체 내외에서 볼 수 있는 기술 목록이다.

- 심각한 문제에 대한 공식적인 회의 촉진
- 긍정적인 학급 관계를 형성하고 유지하기 위한 서클과 학급회의 촉진
- 학급이 역기능 되는 상황을 대비하여 학급회의 촉진
- 중재와 치유서클
- 위험에 처한 학생 중재 사례(회복적 접근을 통해 개인 관리 계획 개발)
- 긍정적인 학급 관리(기본 기술)
- 사회 정서적 능력 개발
- 단계적 축소
- 회복적 실천 연속체의 비공식적 끝에 있는 공손한 대화(회복적 대화)
- 코칭과 멘토링
- 주요 지위에 있는 학생과 교사의 리더십 개발
- 교사 및 학생 소개
- 위에서 설명한 모든 기술로 교사 관계의 어려움 관리

실제로 관계를 구축하고 유지하고 복구할 수 있는 모든 것이 목록에 있어야 한다.

모든 담임교사가 공식적인 과정을 실행할 필요는 없지만, 적어도 공식적인 회의에 담당자 역할(정통적이고 정중하고 정직함)은 분명히 알고 있어야 한다. 담임교사는 다른 사람들이 다루어야 할 문제(대개 학생 문제)를 언급하는 대신 그들과 관련된 문제들을 처리할 수 있도록 충분히

숙련되어야 한다. 그래서 새로운(오래된) 책임을 다룰 수 있어야 한다. 그들은 또한 건강하고 협력적인 교실 개발에 기본이 되는 관계 관리 기술이 필요할 것이다.

장기적으로는 관리자와 실행 팀을 위한 리더십 개발이 필수적이다. 이 부분은 종종 소홀히 하는 영역인데, 회복적 접근에는 관계 기반의 리더십이 필수적이다.

새로운 행동을 보강하고 분산된 리더십을 개발하는 데 효과적으로 증명된 교사 개발 활동은 다음과 같다.

- 코칭 및 멘토링
- 전문적인 문제에 대하여 구조화된 대화하기: 특히 악의적일 수 있는 사람들(학생과 학부모)이 아니라 해결책을 찾을 수 있는 회복적 실천을 하는 사람들과 대화하기
- 목표, 기대, 가치 모델링을 논의하기 위해 관리자와 교사 간의 최소 2주에 한 번 정기회의 하기: '우리가 여기에서 하는 일'에 지속적인 관심 두기. 이 단계는 개발된 신뢰 관계가 이미 있기 때문에 성과에 대한 대화가 시작될 때 중요하다.
- 관계를 한 번에 한 가지 대화로 발전시키기(스캇 2002)
- 학교 안과 밖에서 생각이 같은 사람들과 전문적인 학습 공동체 개발하기
- 다른 교사들에게 새로운 기술을 가르쳐서 자신의 기술 강화하기
- 전략적 계획의 결과로 발생하는 다양한 회복적 프로젝트에 많은 교사가 참여하도록 격려하기

신입 교사를 위하여 회복적 실천 훈련이 포함되어야 하며 임시교사까지 확장해야 한다. 이 두 집단의 교사들은 가르치는 일의 본질적인 특성과는 아직 거리가 있고 학생들과 긍정적인 관계를 빨리 발전시켜야 하는 어려움이 있기에, 그들의 노력을 중시하고 적절한 기술을 제공하는 정책과 절차를 지원하는 것이 반드시 필요하다. 가능하다면, 하루 출장비를 주더라도 임시교사까지 포함하여 전문성 개발 기회에 참석시켜야 한다.

우리는 일 년 교육과정으로 학생들에게 회복적 패러다임이 성취하고자 하는 것과 그들이 할 수 있는 가해자, 피해자, 조력자, 방관자의 역할을 명확한 방법으로 가르치는 수업을 강력하게 권장한다. 다른 말로 하면, 우리가 먼저 가르칠 준비가 안 된 방식으로는 학생들의 참여를 기대할 수 없기에, 실행 팀(공동 위원회)은 교육과정을 연령층에 적합한 강의 계획 형태로 만드는 데 책임을 져야 한다.

학교에서 성인을 위한 전문성 개발 프로그램을 설계할 때 주의를 기울여야 한다. 성인 학습의 요구와 형태에 관해서 많은 사람은 1일 과정의 참석으로는 깊이 있는 기술을 습득하지 못한다고 알고 있다. 필요한 것은 코칭과 문제 해결이 뒷받침되는 고품질의 모델링과 시간에 따른 철저한 연습이다. 집중과 반복은 성인 두뇌의 새로운 신경 경로를 이끌어낼 것이며, 동료와 관리자와 책임자의 반복된 피드백은 새로운 무언가를 시도할 때 우리 모두가 범하는 실수를 바로 잡아 줄 것이다.

관리자의 역할은 변화 과정의 모든 측면에서, 그리고 특히 지금 배워야 하는 기술 측면에서 다른 교사들을 가르치고 지도하고 참여시켜야 하기 때문에 중요하다.

3. 자원

회복적 접근이 학교 공동체의 모든 구성원에 의해 진지하게 받아들여지기 위해서는 회복적 실천을 실행하고 끝까지 유지 보수하는 데 적절한 자원이 제공되어야 한다. 이것은 관리자와 운영위원회가 어떠한 이유로든 예산상의 장애를 없애는 데 긍정적인 태도를 취해야 한다.

최소한 회복적 실천은 학교 연간 운영 계획에 예산 항목으로 들어 있어야 하며, 운영위원회의 승인을 받아서 적어도 3~5년의 중기 계획으로 자리를 잡아야 한다. 실행 팀은 매년 예산 승인을 받아야 하며, 이것은 매년 전략적 계획에 영향을 줄 것이다.

예산이 필요한 비용 목록은 다음과 같다.

- 전문성 개발에 필요한 연간 비용(내부 워크숍 및 연수와 외부 연수비용)
- 운영비용(공식 회의 출장비)
- 운영 프로토콜을 강화하는 학교의 새로운 구조와 직책을 위한 비용(핵심 인력이 수업 외에 업무를 할 수 있는 시간 외 수당)
- 교사들의 다른 학교 방문(관외 출장비)
- 다른 국가와 국제회의 같은 주요 전문 토론회에 교사 파견 비용
- 코칭과 성과 관리 시스템 설정에 필요한 비용

4. 정책

정책을 서둘러서 문서화하지 말아야 한다. 어쨌든 포함되어야 하는 것에 모든 이해 관계자의 동의를 얻어야 하며, 중요한 교육과 연수가 있기 전에는 정책이 수립되어서는 안 된다. 개정된 것은 무엇이든 첫 번째 사례의 초안에 포함되어야 한다. 현재의 학교 정책을 검토하여 효과가 있는 것과 그렇지 않은 것에 따라 수행할 수 있지만, 교사에게 적합한 것이 아니라 학생들에게 효과가 있는 것이 무엇이며, 현재 정책과 실천이 학교 비전과 일치하는지를 고려해야 한다. 매우 열심히 일하는 일부 교사는 정책을 만들어서 문서화하면 변화가 일어난다고 기대한다.

정책을 문서화한다고 해도 변화는 일어나지 않을 것이다. 모든 실험의 결과로 나온 철학, 시스템, 절차, 학습을 반영해야 한다. 그렇지 않으면 그 당시만 학교가 좋아하는 문화를 개발하고 유지하는 데 유용한 도구가 될 수 있다. 일단 기대 행동을 나타내는 괜찮은 문서화된 정책이 있다면, 그것은 변화를 채택한 후기 다수자들을 압박할 수 있다. 그들은 학교 관리자와 운영위원회가 지금 심각하다는 것을 알게 되면 변화에 바로 참여할 것이다. 훌륭한 정책은 또한 학업 성취 문제를 효과적으로 관리하도록 도울 것이다.

다음은 정책을 구성하는 데 도움이 되는 정책 주제 목록이다. 학교는 단순히 각자의 발전에 시간과 노력을 아끼기 위해 서로를 복사하는 것이 일반적이다. 하지만 어떤 학교에서 효과가 있고 좋은 것이 다른 학교에서 효과가 없을 수 있다는 것을 기억해야 한다.

잘 만들어진 정책을 가진 학교는 대개 다음의 사항을 다루고 있다.

- 학교의 비전과 임무
- 회복적 절차가 기본이 되는 가치, 원칙, 철학
- 훈육의 목적과 행동관리에 대한 신념과 근거, 학교 공동체에서 성취하고자 하는 것(학습과 개인 개발 포함)
- 정책의 목적
- 협상이 불가능한 것(배우는 권리, 가르치는 권리, 협력하기 등)
- 학교 공동체의 모든 구성원, 즉 관리자, 교사, 학생, 학부모에게 기대하는 행동
- 정책 실행
  · 교실
  · 운동장
  · 학교 밖(소풍, 견학, 운동경기)
  · 업무 절차
  · 일반적인 문제 해결(지각, 교복, 숙제, 따돌림)
  · 교사들이 책임지는 방법이 포함된 성과 관리 시스템

참고 문헌

Adams, J., Hayes, J., and Hopson, B. (1976) *Transition: Understanding and Managing Personal Change. London: Martin Robertson.*

Ahmed, E., Harris, N., Braithwaite, J. and Braithwaite, V. (2001) *Shame Management Through Reintegration.* Cambridge, UK: Cambridge University Press.

Ahmed, E., Harris, N., Braithwaite, J.B. and Braithwaite, V.A. (eds) (2006) *Shame Management Through Reintegration.* Cambridge: Cambridge University Press.

Arbinger Institute (2006) *The Anatomy of Peace.* Mona Vale, NSW: Woodslane Press.

Australian Broadcasting Commission (2002) Interview by Geraldine Doogue with Louise Porter. ABC Radio National Life Matters. Available at www.abc.net.au/rn/talks/lm/stories/s441942.htm.

Blanchard, K. (2006) *Leading at a Higher Level: Blanchard on Leadership and Creating High Performing Organizations.* New Jersey: Pearson Education.

Blood, P. (2005) *The Australian Context – Restorative Practices as a Platform for Cultural Change in Schools.* Paper presented at the XIV World Congress of Criminology 'Preventing Crime and Promoting Justice: Voices for Change'. Philadelphia, USA, August 7–11, 2005.

Blood, P., and Thorsborne, M. (2005) *The Challenge of Cultural Change: Embedding Restorative Practices in Schools.* Paper presented at Sixth International Conference on Conferencing, Circles and other Restorative Practices: 'Building a Global Alliance for Restorative Practices and Family Empowerment'. Sydney, Australia, March 3–5, 2005.

Blood, P., and Thorsborne, M. (2006) *Overcoming Resistance to Whole-school Uptake of Restorative Practices.* Paper presented at the International Institute of Restorative Practices 'The Next Step: Developing Restorative Communities, Part 2'

Conference. Bethlehem, Pennsylvania, USA. 18–20 October 2006.

Blum, R.W., McNeeley, C.A., and Rinehart, P.M. (2002) *Improving the Odds: The Untapped Power of Schools to Improve the Health of Teens.* Minneapolis, MN: Office of Adolescent Health.

Bonnor, C. and Caro, J. (2012) *What Makes a Good School?* Sydney, Australia: New South Publishing.

Braithwaite, J. (2007) *Plenary Address.* Restorative Practices International (RPI), Inaugural Conference 16–19 October, 2007, Best Practice in Restorative Justice 'Transformational Change', Sunshine Coast, QLD, Australia.

Bridges, W. (1995) *Managing Transitions: Making the Most of Change.* Boston, USA: Nicholas Brealey Publishing.

Bridges, W. (2005) *Managing Transitions: Making the Most of Change.* London: Nicholas Brealey Publishing.

Brooks, D. (2012) *The Social Animal.* New York: Random House.

Cameron, L., and Thorsborne, M. (2001) 'Restorative Justice and School Discipline: Mutually Exclusive?' In H. Strang and J. Braithwaite (eds), *Restorative Justice and Civil Society.* Cambridge: Cambridge University Press.

Chan Kim, W., and Mauborgne, R. (2003) 'Tipping point leadership.' *Harvard Business Review,* April 2003, 60–69.

Clarke, R. (1999) *A Primer in Diffusion of Innovations Theory.* Canberra, ACT: Xamax Consultancy. Available at www.anu.edu.au/people/Roger.Clarke/SOS/InnDiff.html, accessed on 19 March 2013.

CASE (Collaborative for Academic, Social, and Emotional Learning) (2011) *What is Social and Emotional Learning (SEL)?* Chicago, IL: CASEL. Available at http://casel.org/why-it-matters/what-is-sel, accessed on 19 March 2013.

Coloroso, B. (2003) *The Bully, the Bullied, and the Bystander: From Pre-school to High School – How Parents and Teachers Can Help Break the Cycle of Violence.* Toronto, ON: HarperCollins.

Corrigan, M. (2009) *Ministry of Education, New Zealand.* Workshop handout.

Dalmau, T. (2000) *The Six Circles Lens.* Dalmau Consulting.

Dalmau, T. (2013) Personal Communication, January 2013.

Doidge, N. (2008) *The Brain that Changes Itself: Stories of Personal Triumph from the Frontiers of Brain Science.* Carlton North, VIC: Scribe Publications.

Egan, G. (1998) *The Skilled Helper: A Problem Management Approach to Helping (6th edition).* Pacific Grove, CA: Brooks/Cole.

Elbertson, N.A., Brackett, M.A., and Weissberg, R.P. (2010) 'School-Based Social and Emotional Learning (SEL) Programming: Current Perspectives.' In A. Hargreaves, A. Lieberman, M. Fullan and D. Hopkins (eds), *Second International Handbook of Educational Change.* New York: Springer.

Ferris, K. (2003) 'Achieving a cultural revolution (1).' *The Journal of the IT Management Forum 2.*

Fullan, M. (2011) *Seminar Series 204: Choosing the Wrong Drivers for Whole System Reform.* Melbourne, VIC: Centre for Strategic Education.

Garner, H. (2004) *Joe Cinque's Consolation: A True Story of Death, Grief and the Law.* Sydney, NSW: Pan MacMillan Australia.

Ghalambor, K. (2011) 'Finding our way: Leadership for an uncertain time by Margaret Wheatley.' *The Evans School Review 1,* 1, 13–16.

Gilligan, J. (1997) *Violence: Reflections on a National Epidemic.* New York: Vintage Books.

Gladwell, M. (2000) *The Tipping Point: How Little Things Can Make a Big Difference.* New York: Little, Brown.

Glaser, D. (1969) *The Effectiveness of a Prison and Parole System.* Indianapolis, IA: Bobbs-Merrill.

Gore, J., Griffiths, T., and Ladwig, J.G. (2004) 'Towards better teaching: Productive pedagogy as a framework for teacher education.' *Teaching and Teacher Education 20,* 375–387.

Government of India (1999) *The Collected Works of Mahatma Gandhi, Vol. 13.* New Delhi: Publications Division, Government of India.

Grange, P. (2013) *The Bluestone Review: A Review of Culture and Leadership in Australian Olympic Swimming.* Abridged version of the Bluestone Review submitted to Swimming Australia on 30 January 2013.

Grille, R. (2005) *Parenting for a Peaceful World.* Alexandria, NSW: Longueville Media.

Harvard University (2012) *Toxic Stress: The Facts.* Cambridge, MA: Center on the Developing Child. Available at http://developingchild.harvard.edu/topics/science_of_early_childhood/toxic_stress_response, accessed on 20 March 2013.

Heath, C., and Heath, D. (2010) *Switch: How to Change Things When Change Is Hard.* New York: Broadway Books.

Hopkins, B. (2004) *Just Schools: A Whole School Approach to Restorative Justice.* London: Jessica Kingsley Publishers.

Hopkins, B. (2006) *Acting 'Restoratively' and Being 'Restorative' – What Do We Mean? The 'DNA' of Restorative Justice and Restorative Approaches in Schools and Other Institutions and Organisations.* Paper presented at the 4th European Forum for Restorative Justice, Barcelona, June 2006.

Hopkins, B. (2009) *Just Care: Restorative Justice Approaches to Working with Children in Public Care.* London: Jessica Kingsley Publishers.

Hutchison, K. (2006) *Walking After Midnight: One Woman's Journey Through Murder, Justice and Forgiveness.* Vancouver, BC: Raincoast Books.

Illsley Clarke, J., and Dawson, C. (1998) *Growing Up Again: Parenting Ourselves, Parenting Our Children* (2nd edition). Center City, MN: Hazelden.

Johns, B.H., and Carr, V.G. (2002) *Techniques for Managing Verbally and Physically Aggressive Students* (2nd edition). Denver, CO: Love Publishing.

Kelly, V. (2012) *The Art of Intimacy and the Hidden Challenge of Shame.* Maine, USA: Maine Authors Publishing.

Knoster, T., Villa R., and Thousand, J. (2000) 'A Framework for Thinking About Systems Change.' In R. Villa and J. Thousand (eds), *Restructuring for Caring and Effective Education: Piecing the Puzzle Together.* Baltimore: Paul H. Brookes.

Kohn, A. (1996) *Beyond Discipline: From Compliance to Community.* USA:

Association for Supervision and Curriculum Development.

Kohn, A. (2000) *The Schools Our Children Deserve: Moving Beyond Traditional Classrooms and 'Tougher Standards'*. New York: Houghton Mifflin.

Kohn, A. (2006) *Beyond Discipline: from Compliance to Community.* Virginia: ASCD.

Kotter, J. (1995) 'Leading change: Why transformation efforts fail.' *Harvard Business Review,* March–April 1995.

Kotter, J. (2007) 'Leading change: Why transformation efforts fail.' *Harvard Business Review,* January 2007.

Kotter, J. (2012) *Step 3: Developing a Change Vision.* Available at www.kotterinternational.com/our-principles/changesteps/step-3, accessed on 20 March 2013.

Kotter, J. (2012a) *Leading Change.* Boston, MA: Harvard Business Review Press.

Kotter, J. (2012b) *Step 4: Communicating the Vision for Buy-in: Ensuring That as Many People as Possible Understand and Accept the Vision.* Available at www.kotterinternational.com/our-principles/changesteps/step-4, accessed on 20 March 2013.

Kotter, J.P., and Cohen, D.S. (2002) *The Heart of Change: Real Life Stories of How People Change Their Organizations.* Boston, MA: Harvard Business Review Press.

Kouzes, J., and Posner, B. (1997) *The Leadership Challenge: How to Keep Getting Extraordinary Things Done in Organisations.* San Francisco: Jossey-Bass.

Lahey, J. (2013) 'Life lessons: Children must be allowed to make mistakes says teacher Jessica Lahey – and a new study details the reasons why.' *The Sydney Morning Herald,* Good Weekend, 23 February 2013.

Lane, R. and Garfield, D. (2012) *Becoming Aware of Feelings: Integration of Cognitive-Developmental, Neuroscientific and Psycholanalytic Perspectives.* Paper presented at Bridging Paradigms: Neuroscience – Emotion – Psychotherapy Conference, George Washington University, Washington, DC, November 2012.

Le Messurier, M. (2010) *Teaching Tough Kids: Simple and Proven Strategies for Student Success.* London: Routledge.

Lee, T. (2004) 'Cultural Change Agent: Leading Transformational Change.' In C. Barker and R. Coy (eds) The Power of Culture: Driving Today's Organisation. Sydney, NSW: McGraw Hill.

Lewis, T., Aminia, F., and Lannon, R. (2001) *A General Theory of Love.* New York: Random House.

Lingard, B., Hayes, D., Mills, M., and Christie, P. (2003) *Leading Learning. Making Hope Practical in Schools.* Philadelphia: Open University Press.

Locke, J., Campbell, M.A., and Kavanagh, D.J. (2012) 'Can a parent do too much for their child? An examination by parenting professionals of the concept of overparenting.' *Australian Journal of Guidance and Counselling 22,* 2, 249–265.

MacNeill, N., and Silcox, S. (2003). 'Pedagogic leadership: Putting professional agency back into learning and teaching.' *Curriculum Leadership Journal,* January 2003. Available at www.curriculum.edu.au/leader/pedagogic_leadership:_putting_professional_agency_,4625.html?issueID=9691, accessed on 20 March 2013.

Maines, B., and Robinson, G. (1994) *The No Blame Approach to Bullying.* Paper presented to the British Association for the Advancement of Science 1994 Meeting 'Science in the World Around Us'. Psychology Section – Coping with Challenging Behaviour.

McKenzie, A. (1999) *Transformative Justice – The Brighter Side of Conflict: An Evaluation of School Community Forms in New South Wales Schools.* Paper presented at the Reshaping Australian Institutions Conference 'Restorative Justice and Civil Society', Australian National University, Canberra, February 1999.

Meyer, L.H., and Evans, I.M. (2012) *The Teacher's Guide to Restorative Classroom Discipline.* Thousand Oaks, CA: Corwin Press.

Mezirow, J. (2000) *Learning as Transformation: Critical Perspectives on a Theory in Progress.* San Francisco, CA: Jossey Bass.

Moorhead, G., and Griffin, R.W. (1998) *Managing People and Organizations:*

Organizational Behavior. Boston, MA: Houghton Mifflin.

Morrison, B. (2007) *Restoring Safe School Communities: A Whole School Approach to Bullying, Violence and Alienation.* Sydney, NSW: Federation Press.

Morrison, B., Blood, P., and Thorsborne, M. (2005) 'Practicing restorative justice in school communities: addressing the challenge of culture change.' *Public Organization Review: A Global Journal 5,* 4, 335–357.

Moxon, J. (2013) Personal communication regarding 'relational' conversations.

Nathanson, D. (1992) *Shame and Pride: Affect, Sex, and the Birth of the Self.* New York: Norton.

National Academy of Academic Leadership (n.d.) *Leadership and Institutional Change.* Available at www.thenationalacademy.org/ready/change.html, accessed on 25 March 2013.

New South Wales Department of Education and Training (2003) *Quality Teaching in NSW Public Schools.* Sydney, NSW: State of NSW Department of Education and Training Professional Support and Curriculum Development.

Ouchi, W.G. and Jonson, J.B. (1978) 'Types of organizational control and their relationshiop to emotional well being.' *Administrative Science Quarterly 23,* 2, 293–317.

Payne, R. (2009) *A Framework for Understanding Poverty.* Moorabbin, VIC: Hawker Brownlow Education.

Payne, R. (2012) *A Framework for Understanding Poverty.* Moorabbin, VIC: Hawker Brownlow Education. (Revised edition.)

Richmond, C. (2009) *Lead More, Manage Less: Five Essential Behaviour Management Insights for School Leaders.* Gosford, NSW: Scholastic.

Riestenberg, N. (2012) *Circle in the Square. Building Community and Repairing Harm in School.* Minnesota: Living Justice Press.

Rogers, E. (1994) *Diffusion of Innovations and the Mega-Cities Project.* Paper published by the Mega-Cities Project, Publication MCP-011.

Rogers, E. (2003) *Diffusion of Innovation* (5th edition). New York: Free

Press.

Sahlberg, P. (2012) Finnish Lessons: What Can the World Learn from Educational Change in Finland? Moorabbin, VIC: Hawker Brownlow Education.

Scott, S. (2002) *Fierce Conversations.* London: Piatkis.

Shaw, G., and Wierenga. A (2002) *Restorative Practices Community Conferencing Pilot Evaluation.* Manuscript held at the Faculty of Education, University of Melbourne.

Simpson, S. (2004) 'Unwritten Ground Rules: The Way We Really Do Things Around Here.' In C. Barker and R. Coy (eds) *The Power of Culture: Driving Today's Organisation.* Sydney, NSW: McGraw Hill.

Skiba, R., Simmons, A., Staudinger, L., Rausch, M., Dow, G., and Feggins, R. (2003) *Consistent Removal: Contributions of School Discipline to the School-Prison Pipeline.* Paper presented at the School to Prison Pipeline Conference: Harvard Civil Right Project, May 16–17, 2003.

Taylor, C. (2004) 'The Power of Culture: Turning the Soft Stuff Into Business Advantage.' In C. Barker and R. Coy (eds), *The Power of Culture: Driving Today's Organisation.* Sydney, NSW: McGraw Hill.

Tew, M. (2007) *School Effectiveness: Supporting Success Through Emotional Literacy.* London: Paul Chapman.

Thorsborne, M. (2011) 'Modelling Restorative Practice in the Workplace.' In V. Margraine and A. Macfarlane (eds) *Responsive Pedagogy: Engaging Restoratively with Challenging Behaviour.* Wellington, NZ: NCER.

Virk, M. (2008) Reena: *A Father's Story.* Surrey, BC: Heritage House Publishing.

Wachtel, T. (1999) *Restorative Justice in Everyday Life: Beyond the Formal Ritual.* Paper presented at the Reshaping Australian Institutions Conference: Restorative Justice and Civil Society. The Australian National University, Canberra, 16–18 February 1999.

Wachtel, T., and McCold, P. (2001) 'Restorative Justice in Everyday Life.' In H. Strang and J. Braithwaite (eds) *Restorative Justice and Civil Society.* Cambridge:

Cambridge University Press.

Wheatley, M. (1999) 'Bringing Schools Back to Life: Schools as Living Systems.' In F.M. Duffy and J.D. Dale (eds) *Creating Successful School Systems: Voices From the University, the Field and the Community.* Available at www.margaretwheatley.com/articles/lifetoschools.html, accessed on 25 March 2013.

Whitlock, J. (2003) *Fostering School Connectedness. Research Facts and Findings.* New York: ACT for Youth Upstate Center of Excellence, a collaboration of Cornell University, University of Rochester and the New York State Center for School Safety. Available at www.actforyouth.net/resources/rf/rf_connect_1103.pdf, accessed on 25 March 2013.

York Region District School Board (2013) Positive Climates for Learning. Available at www.yrdsb.edu.on.ca/pdfs/w/council/PositiveClimateforLearningIntro ductory.

pdf, accessed on 25 March 2013.

York Region District School Board (2013). Personal Communication, Positive Climates for Learning team.

Zehr, H. (2002) *The Little Book of Restorative Justice.* Intercourse, PA: Good Books.

Zehr, H. (2004) *Plenary Address.* Restorative Justice: New Frontiers Conference, Massey University.

Zehr, H. (2007) *Plenary Address.* Restorative Justice Conference, PD Seminars, Auckland.

Zigarmi, P., and Hoekstra, J. (2006) 'Leading Change.' In K. Blanchard (ed.), *Leading at a Higher Level: Blanchard on Leadership and Creating High Performing Organizations.* Upper Saddle River, NJ: Pearson Education.

Zigarmi, P., Blanchard, K., Zigarmi, D., and Hoekstra, J. (2006) 'Organizational Leadership.' In K. Blanchard (ed.) *Leading at a Higher Level: Blanchard on Leadership and Creating High Performing Organizations.* Upper Saddle River, NJ: Pearson Education.

Zuieback, S. (2012a) *Leadership Practices for Challenging Times: Principles,*

Skills and Processes That Work. Ukiah, CA: Synectics, LLC. Available at www.stevezuieback.com/blog/below-the-green-line-theory-to-practice, accessed on 25 March 2013.

Zuieback, S. (2012b) *Below the Green Line – Theory to Practice.* Available at www.stevezuieback.com/blog/below-the-green-line-theory-to-practice/, accessed on 15 January 2013.